互联网环境下
零售商
商业模式选择研究

李 佩　魏 航 | 著

上海远东出版社

图书在版编目(CIP)数据

互联网环境下零售商商业模式选择研究/李佩，魏航著. —上海：上海远东出版社，2019
ISBN 978-7-5476-1525-6

Ⅰ.①互… Ⅱ.①李… ②魏… Ⅲ.①零售业—网络营销—商业模式—研究 Ⅳ.①F713.32②F713.365.2

中国版本图书馆 CIP 数据核字(2019)第 159768 号

责任编辑 祁东城
封面设计 李 廉

互联网环境下零售商商业模式选择研究

李 佩 魏 航 著

出 版 上海遠東出版社
(200235 中国上海市钦州南路 81 号)
发 行 上海人民出版社发行中心
印 刷 昆山亭林印刷有限公司
开 本 710×1000 1/16
印 张 12
字 数 208,000
版 次 2019 年 9 月第 1 版
印 次 2019 年 9 月第 1 次印刷
ISBN 978-7-5476-1525-6/F·646
定 价 68.00 元

前　言

近年来，传统互联网和移动互联网技术的迅速普及改变了商品采购、销售、服务等各个环节，也使作为商品交换媒介的零售商面临着巨大的机遇和挑战。一方面，互联网技术的进步带动了网络零售市场迅速发展。2013 年中国网络零售市场交易额高达 1.85 万亿元，超过美国成为全球第一大网络零售市场，2014 年、2015 年中国网络零售市场交易额上升到 2.8 万亿元、3.8 万亿元，同比增加 36.2%；另一方面，互联网的发展对传统零售产生了巨大冲击。从 2010 年开始，中国社会消费品零售总额增速呈放缓态势，2014 年社会消费品零售总额比上年增长 12%，到 2015 年增速继续放缓，只增长 10.7%。社会消费品增速下降给传统零售企业带来巨大冲击，继 2014 年关店 201 家后，2015 年上半年主要传统零售企业(含百货、超市)在中国共关闭 121 家门店，零售业关店现象频繁出现。

互联网的迅速发展为零售业带来的机遇和挑战使得不少零售商为了适应市场环境而不断改变商业模式。零售商商业模式是以经营模式(包括盈利方式和价值主张)及零售商在价值链中的位置为核心要素，在产品生产并送达给消费者的整个过程中，通过零售商和上下游企业对交易活动中关键要素的投入，形成一定竞争优势并实现自身价值的方式。这样，零售商商业模式的核心要素包括两个方面：一是经营模式，包括盈利模式和价值主张；二是零售商在价值链中的位置，零售商可以通过对价值链上下游企业的投资合作改变其在价值链中的位置，这些投资合作策略中最为重要的就是纵向整合。

因此，本书主要讨论零售商商业模式的两个核心部分：一是零售商的经营模式；二是零售商的纵向整合。①对于互联网环境下零售商的经营模式来说，呈现两个基本特点：一是多样性，零售商从最早的分销模式，发展到平台模式，最后又衍生出了分销与平台混合模式；二是多变性，随着互联网的发展，零售商的经营模式选择是不断变化的，零售商可以由分销模式转向平台模式（例如百思买）、由平台模式转向分销模式（例如 Zappos）、由分销模式转向混合模式（例如京东、苏宁）、由平台模式转向混合模式（例如天猫）。②对于互联网环境下零售商的纵向整合来说，也呈现多样性特征，零售商既可以选择后向整合策略来向供应链上游扩张，例如天猫、当当等，也可以选择前向整合策略来向供应链下游发展，例如京东、苏宁、国美等，还有不少零售商选择不进行纵向整合，例如银泰百货等。经营模式和纵向整合策略的多样化使得零售商商业模式的选择也呈现多样化趋势，那么，零售商究竟应该选择何种商业模式呢？

目前国内外学者关于零售商商业模式的研究大多以传统零售业为背景，没有考虑互联网发展对零售商商业模式选择的影响。同时，在现有研究中，大多从单一角度分析零售商商业模式的选择，并未从整体上构建商业模式选择的框架体系。在相关理论文献中，一方面，对于涉及的渠道结构研究，大多以分销模式为研究对象，没有考虑零售商采取平台模式的情形；另一方面，对于经营模式和纵向整合选择的研究中，较少有考虑产品质量和服务水平、产品之间竞争性对策略选择的影响，特别是在纵向整合的研究中，也没有分析不同经营模式对零售商纵向整合策略的影响。基于此，本书考虑互联网发展对零售商商业模式选择的影响，本书聚焦于两个方面：一是零售商的经营模式选择，二是零售商的纵向整合策略选择。由于产品或产品之间的特性会对零售商商业模式选择产生影响，本书分别以单产品和多产品为研究对象，从经营模式和纵向整合这两个角度研究了零售商商业模式选择。因此，本书核心框架体系包括以下几点。

(1) 单产品的零售商经营模式选择。该部分以单产品为研究对象，考虑由制造商、零售商和服务提供商组成的三级供应链，制造商决策产品质量、服务提供商决策销售产品时的服务水平，通过对比零售商采取分销模式和平台模式的利润，给出了佣金费率外生时零售商经营模式选择条件，分析不同经营模式对制造商、服务提供商利润的影响，最后进一步讨论了佣金费率内生时零售商经营模式选择条件。

（2）不同经营模式下单产品的零售商纵向整合策略选择。该部分考虑了由制造商、零售商和服务提供商组成的三级供应链，制造商和服务提供商能够通过投资分别提高产品质量和服务水平，对比分销模式和平台模式下零售商不进行纵向整合、后向整合策略和前向整合策略的利润，给出了不同经营模式下零售商最优的纵向整合策略选择条件，并设计了一种纵向整合改进策略来提高供应链中各个企业的利润。

（3）竞争性产品的零售商经营模式选择。该部分从产品之间竞争性的角度研究零售商对分销模式、平台模式和混合模式的选择及当市场环境改变时经营模式的转变机制，通过对比零售商在分销模式、平台模式、混合模式下的利润，给出了零售商最优的经营模式选择条件，并分析了当市场环境改变时零售商不改变经营模式和转为混合模式的利润，得到了零售商经营模式转变机制，最后结合我国网络零售业发展现状验证了本书的主要研究结论。

（4）不同经营模式下竞争性产品的零售商纵向整合策略选择。该部分从产品之间竞争性的角度研究不同经营模式下零售商的纵向整合策略选择。通过分别对比分销模式、平台模式和混合模式下，零售商采取不进行纵向整合、前向整合策略和后向整合策略的利润，给出了不同经营模式下零售商最优纵向整合策略选择条件，并分析不同经营模式对零售商纵向整合策略选择的影响。

本书的主要研究结论和管理启示如下。(1)考虑单产品时，当佣金费率外生时，若佣金费率和服务成本一大一小，分销模式占优，其他情况下平台模式占优；当佣金费率内生时，若固定成本和服务成本一大一小，平台模式占优，其他情况下分销模式占优。(2)考虑单产品时，不进行纵向整合并非零售商的最优策略，零售商至少应该选择一种纵向整合策略；经营模式会影响零售商对前向整合策略和后向整合策略的选择。在分销模式下，服务成本系数高于质量成本系数时后向整合策略占优，反之前向整合策略占优；在平台模式下，受佣金费率的影响，只有当服务成本系数较高且佣金费率较小时后向整合策略占优，其他情况下前向整合策略占优。(3)考虑竞争性产品时，随着产品之间价格影响系数、佣金费率、固定成本的增加，最优经营模式由分销模式逐渐变为混合模式、平台模式；随着间接网络外部性的增加，最优经营模式由平台模式逐渐变为混合模式、分销模式。当市场环境变化时，最初采取分销模式(平台模式)的零售商，若产品的潜在需求变化为正且佣金费率较高(较低)，随着潜在需求变化的增加，零售商更倾向于转向混合模式；若产品的潜在需求变化为负且佣金费率较低(较高)，随着潜在需求变化的增加，零售商更倾向于不改变经营模式。(4)考虑竞争性产品时，随着潜在需求的增加，在任意经营模式下零售商最优策略由不进行纵向整合变为后向整合、前向整合。随着产品之间竞争程度的增加，分销模式和平台模式下零售商最优策略由后向整合变为不进行整合、前向整合；混合模式下，后向整合策略或者不进行纵向整合的界限并不明晰。随着佣金费率的增加，在平台模式下零售商最优策略由前向整合变为后向整合、不进行纵向整合；在混合模式下零售商最优策略由前向整合或者后向整合采取平台模式的制造商变为不进行纵向整合，再进一步变为后向整合采取分销模式的制造商。

目　录

第一章 绪　论

第一节　研究背景

一直以来,“零售商”被认为是制造商(分销商)完成产品销售的最重要媒介,承担着产品分配的职能,制造商(分销商)的产品(服务)通过零售商最终送达给消费者(Berry, 1995)。无论是承担分销职能的零售商(超市、便利店、专营店、网络零售商等),还是承担平台职能的零售商(百货商场、电商平台等),都会直接面对消费者,位于分销渠道最终环节,起到实现产品最终价值的作用,因此,由零售商组成的零售业对整个国民经济的发展起着重大的作用。近年来,随着现代通讯技术的发展,传统互联网和移动互联网技术的迅速普及,互联网时代随之到来。互联网的出现,改变了商品从采购、销售到服务的各个环节,也使作为商品交换媒介的零售商面临着巨大机遇和挑战。

互联网技术进步带动了网络零售市场的迅速发展。互联网的发展改变了消费者的购买行为,消费者网络购物逐年增加。根据 CNNIC 发布的《中国互联网络发展状况统计报告》显示,2016 年中国网络购物用户规模达到 4.67亿,占网民比例的 63.8%,较 2015 年增长 12.9%。手机网络购物用户规模达到 4.41 亿,占手机网民的 63.4%,增长率为 29.8%。网络购物用户增加带动了网络零售市场交易规模的增加。如图 1.1 所示,2009 年中国网络零售市场交易规模为 0.26 万亿元,到 2013 年中国网络零售市场交易额高达 1.85 万亿,成为超过美国的全球第一大网络零售市场,2014 年、2015 年中

图 1.1 2009—2015 年中国网络零售市场交易规模

资料来源：作者根据 2009—2015 年度《中国网络零售市场数据监测报告》整理。

国网络零售市场交易额上升到 2.8 万亿元、3.8 万亿元，同比增加 36.2%①。

互联网技术进步带动了网络零售业的飞速发展，对传统零售业产生了巨大冲击。随着房租和运营成本的增加，传统零售商面临着高竞争、高成本、难扩张、低回报等难题，在经济增长减速和网络零售冲击的背景下，传统零售业面临着低增速和负利润的严峻挑战。如图 1.2 所示，从 2010 年开始，我国社会消费品零售总额增速呈放缓态势，2014 年社会消费品零售总额 26.2万亿元，比上年只增长 12%，到 2015 年增速继续放缓，只增长 10.7%。社会消费品增速下降给传统零售企业带来巨大冲击，传统零售商关店现象频

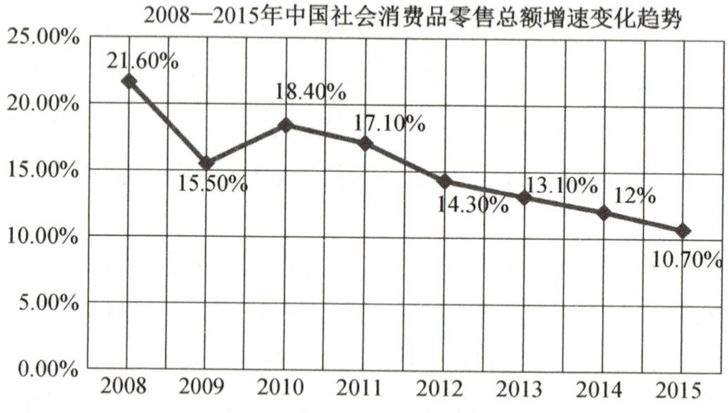

图 1.2 2008—2015 年中国社会消费品零售总额增速变化趋势

资料来源：作者根据国家统计局 2008—2015 年发布的中国社会消费品零售总额数据整理。

① 作者根据 2009—2015 年度《中国网络零售市场数据监测报告》整理。

繁出现。继2014年关店201家后，2015年上半年主要传统零售企业(含百货、超市)在中国共关闭121家门店，其中不仅包括万达百货、王府井百货等国内百货品牌，还有如百盛、华堂商场(伊藤)、玛莎百货等外资百货品牌也难逃关店命运①。

互联网迅速发展为零售业带来的机遇和挑战使得不少零售商为了适应市场环境而不断改变其内部运作和外部扩张方式，这就涉及零售商商业模式的改变。目前，相关理论文献中没有对商业模式(Business Models)的概念有明确界定(Teece, 2010)。国外学者中，Rappa(2004)等从价值链角度考虑，认为商业模式是在考虑上下游企业的基础上，通过对企业在价值链中的定位来确定采取何种活动来创造价值的方式。Zott和Amit(2010)认为企业的商业模式是核心企业与其周边上下游企业构成的相互关联的系统。国内学者中，张艳(2013)认为零售商商业模式是在特定的市场环境下，零售商以盈利方式和经营模式为核心要素，通过对经营管理中的边际要素进行创造性的开发，进而形成竞争优势，产生较高的市场辨识度和影响力，以此获得持续稳定的收益回报。彭虎锋和黄漫宇(2014)提到大多数学者都承认商业模式包括企业的价值主张、盈利模式、企业与利益相关方的关系。基于上述文献，零售商商业模式是以经营模式(盈利模式和价值主张)及零售商在价值链中的位置为核心要素，在产品生产并送达给消费者整个过程中，通过零售商和上下游企业对交易活动中关键要素的投入，形成一定竞争优势并实现自身价值的方式②。

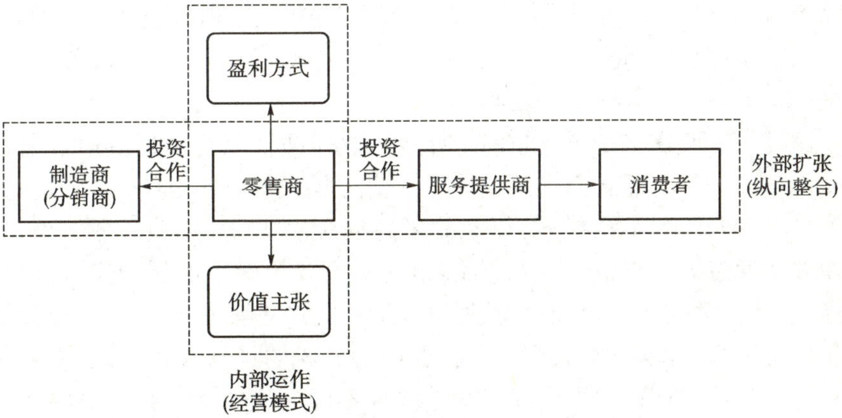

图1.3 零售商商业模式定义架构图

① http://www.ebrun.com/20160410/171805.shtml。
② 本书在文献综述部分对零售商商业模式的定义有更详细的综述分析。

这样，如图1.3所示，零售商商业模式的核心要素包括两个方面：一是经营模式，涉及零售商的内部运作，包括盈利模式和价值主张；二是零售商在价值链中的位置，涉及零售商的外部扩张，零售商可以通过对价值链上下游企业的投资合作改变其在价值链中的位置，进而实现零售商对上下游价值链上企业的控制，这些投资合作策略中较为重要的就是纵向整合。因此，本书研究零售商商业模式的两个重要方面，一是涉及零售商内部运作的经营模式选择；二是涉及零售商外部扩张的纵向整合。接下来从经营模式和纵向整合这两个方面来看互联网发展对零售商商业模式的影响。

一、互联网环境下零售商经营模式变革

一般来说，零售商的获利方式包括两种：一是零售商向制造商（分销商）采购商品并销售给消费者，制造商（分销商）并不负责产品的最终销售，零售商通过赚取进销差价来获利。在这种获利方式下，零售商承担产品销售过程中的分销职能，一些传统的超市、便利店、杂货店以及早期的家电零售企业等都主要通过这种方式来获取收益，例如家乐福、沃尔玛、7—11便利店、早期的京东和苏宁等。二是零售商为制造商（分销商）提供销售产品的场地、设施等，吸引制造商（分销商）进入商场（平台）来销售产品，零售商通过向制造商（分销商）按照销售额收取一定比例佣金来获利。在这种获利方式下，零售商承担产品销售过程中连接制造商与消费者之间的中介平台作用，一些传统的百货商店、网络零售商等主要通过这种方式来获取收益，例如从1984年第一家厂商进驻北京王府井百货开专柜起，王府井百货90%的销售收入来自于佣金（张艳，2013），网络零售商中天猫和京东的非自营部分、当当网也主要通过收取佣金来获利①。

这样，按照获利方式和产品所有权的不同，张艳（2013）、Hagiu和Wright（2015）等将零售商的经营模式分为分销模式（reseller）/自营模式、平台模式（platform）/联营模式，以及二者的混合模式（hybrid）。分销模式/自营模式指通过向卖方报价买入商品，再向买方要价卖出商品的经营模式；平台模式/联营模式指企业并不通过具体的交易来获利，而是对交易过程中的买卖双方进行匹配，从促成交易中获取佣金分成的经营模式；混合模式是指同时通过分销（自营）和平台（联营）这两种不同的模式来获得收益的经营模式，这种混合模式兼具其他两种模式的特征。为了概念的统一性，在下文中将自营模式统称为分销模式、联营模式统称为平台模式。

① http://b2b.toocle.com/detail—6166413.html。

在零售业的发展过程中,零售商最早采取的是分销模式,即从制造商购买产品后转售给消费者,例如家乐福,沃尔玛等。随着社会的进步,消费者的物质需求多样化,平台模式作为一种连接制造商(分销商)与消费者的经营模式逐渐发展起来,例如百货商场等。这种平台模式更侧重于中介连接作用,零售商为制造商(分销商)提供销售产品的场所和其他服务,在平台上,制造商(分销商)可以直接将产品销售给消费者,零售商通过收取租金或佣金的方式来获取收益。同时,随着互联网的发展、分销模式与平台模式并存发展的现象使得零售市场上还出现一种新型的经营模式,即分销与平台混合模式,例如京东网站销售的产品不但包括自营的产品,还有其他制造商(供应商)的产品,苹果 iTunes 上的数字音乐商店,尽管苹果公司没有完全拥有商店内销售音乐的版权,但是其却有重新包装和定价权,这些权利使得商店同时拥有分销模式与平台模式的特征(Hagiu 和 Wright, 2015)。

现如今,随着互联网技术的进步,产品供给方和需求方可以跨越交易空间约束,自由地完成产品交易,平台模式在更多领域得到广泛应用。例如电子书(Kindle)、旅游(携程,去哪儿)、古董及艺术品(Etsy)、零售(ebay,阿里巴巴)、出版及杂志(Macmillan and Random House, The New Yorker)、软件和游戏开发(Android),这使得一些原本采取分销模式的零售商逐渐向平台模式转型。例如百思买(美国一家大型电器零售商),原来采取分销模式,后来却逐渐允许苹果、三星、微软等品牌在其实体店铺中建立自己的微型商铺来销售产品(苹果于 2011 年,微软和三星于 2013 年),这些品牌控制着自己的产品陈列和库存,三星甚至还有自己的收银服务(Ovide 和 Zimmerman, 2013),到 2013 年百思买改名为 Rakuten. com 时,其已经全部转为平台模式(Heller, 2013)。然而,这些原本采取分销模式的零售商逐渐向平台模式转型的现象并不意味着分销模式的衰退,市场上还有一些原本采取平台模式的零售商正开始转向分销模式。例如 Zappos,一家美国最大的鞋类线上零售商,1999 年开始通过为鞋类制造商和消费者搭建平台的模式来盈利,但是在 2009 年被亚马逊以 8. 47 亿美元收购后又转为纯分销商(Hagiu 和 Wright, 2015)。

当然,零售商从分销模式直接转向平台模式或者从平台模式直接转向分销模式可能需要较长时间,Zappos 也是花了近 10 年时间才从平台模式转向分销模式,这就使得一些采取分销模式或平台模式的零售商会选择转向分销与平台混合模式(下文简称混合模式)。如表 1. 1 所示,京东从 2011 年开始逐渐向混合模式转型,在 2013 年 7 月举办开放平台招商大会时京东宣布计划到 2016 年平台业务将占到总体业务的一半。继京东之后,苏宁电器也加紧平台战略动作，2012年开始苏宁云商正式开放其线上平台，京东和苏宁都逐渐完成了从分销模式向混合模式的过渡。最初采取平台模式的天猫也于2012年开始自建天猫超市，并于2014年包下美的、九阳、苏泊尔等10余个知名品牌12条生产线，以天猫网络定制的方式销售产品，天猫旗下喵鲜生通过海外跨境直采渠道，采取一站式进货方式销售产品，这些都是天猫从平台模式向混合模式转型的尝试。但是，任何一种经营模式的改变必然会耗费大量的人力、物力和财力，因此还有不少零售商选择不改变经营模式，例如聚美优品等。

表1.1　2011—2014年我国主要网络零售商经营模式变化

零售商	变化时间	模式变化
天猫	2012年	平台—分销与平台混合
京东	2011年	分销—分销与平台混合
苏宁易购	2012年	分销—分销与平台混合
国美在线	2014年	分销—分销与平台混合
亚马逊	1999年	分销—分销与平台混合
1号店	2010年	分销—分销与平台混合
当当网	2014年	分销—分销与平台混合
易迅网	—	分销
聚美优品	—	分销
唯品会	—	分销

资料来源：作者根据2011—2014年度《中国网络零售市场数据监测报告》整理。

因此，互联网环境下零售商经营模式发展呈现两个基本特点：一是多样性，零售商从最早的分销模式，发展到平台模式，最后又衍生出了混合模式；二是多变性，随着互联网的发展，零售商的经营模式选择是不断变化的，零售商可以由分销模式转向平台模式（例如百思买）、由平台模式转向分销模式（例如Zappos）、由分销模式转向混合模式（例如京东、苏宁）、由平台模式转向混合模式（例如天猫）。零售商经营模式发展的上述特点无疑会给其商业模式选择带来一定的难度，零售商究竟应该选择何种经营模式？

二、互联网环境下零售商纵向整合变化

互联网改变了消费者的消费方式、延展了供应链销售环节的长度。从

传统时代到互联网时代，消费者的购买行为更加倾向于自主性、多样性、个性化，以制造商为导向的供应链逐渐转为以消费者需求为导向的供应链。传统零售中，不论是外资的家乐福、沃尔玛，还是国内的国美、苏宁，无一不是以低价策略作为其核心竞争力。但是，随着竞争的加剧，零售商开始期望摆脱传统以低价来吸引消费者的销售手段，提升毛利率。为此，有的零售商开始加强与制造商的合作关系，越过批发商直接对接制造商来达到低价的目标，同时，也逐渐开始重视消费者个性化需求，联合制造商生产并销售那些优质且符合消费者需求的产品；有的零售商则通过自建物流仓储中心，利用季节性价格差异囤货或金融市场对冲，既保证产品销售的稳定性，又能为消费者提供更周到的服务。

由于零售商侧重投资合作的方向不同，零售商纵向整合的方向也不相同。按照纵向整合的方向不同，Lin 等(2014)将纵向整合策略分为：后向整合策略、前向整合策略。后向整合策略又称后向一体化策略，指企业（零售商）与上游企业（制造商）进行合作，或采取投资、兼并、收购等方式控制上游企业，进而把分销和生产的过程结合起来，例如天猫的"包销定制"和当当的"自出版"平台；前向整合策略，又称前向一体化策略，指企业（零售商）与下游企业（服务提供商）进行合作，或采取投资、兼并、收购等方式控制下游企业，进而把分销和服务的过程结合起来，例如京东的自建物流、延保服务等。

对于侧重与上游制造商合作的零售商来说，通过依托资源优势逐渐向价值链上游渗透，整合上游制造商。例如阿里巴巴旗下的天猫商城，2014 年天猫电器城依靠消费者的大量购买数据，与一些大型家电品牌进行合作，尝试"包销定制"的模式，美的、九阳、kg、飞利浦、沁园、美妙、东菱等 15 个品牌专门开辟 24 条生产线为天猫消费者量身定制产品，包销定制模式创下了惊人的销售记录，定制产品的销售数量已超过这些品牌全年 20%的产能；2015 年开始当当网也推出"自出版"平台，以买断版权的形式与作者签约，向图书产业链上游渗透①。除此之外，还有不少零售商通过采取自有品牌战略向供应链上游渗透，例如沃尔玛在中国推出了 13 个系列的自有品牌，乐购也已经针对中国市场开发了近 2 000 种自有品牌商品②。更有甚者，一些网络零售商也开始积极布局自有品牌战略，京东、当当、凡客等已成为自有品牌的生力军。

① http://www.linkshop.com.cn/web/archives/2014/301918.shtml;
http://tech.163.com/15/0520/18/AQ314546000915BF.html.

② http://www.bbtnews.com.cn/2018/0425/238624.shtml;
http://finance.ifeng.com/roll/20110308/3606979.shtml.

对于侧重与服务提供商合作的零售商，通过向价值链下游进行投资，整合下游的服务提供商，包括物流服务、售后服务等。在物流服务中，京东从2004年开始陆续在北京、上海、广州设立物流配送中心，截至2014年4月1日，京东共建成了包括86个总面积150万平方米的仓库、1 620个配送站、214个自提点在内的物流体系，借助此物流系统，目前，京东已经在43个城市实现"下单当日投递"，在265个城市实现"下单次日投递"，两者合计占京东订单总量的70%；天猫也通过菜鸟联盟为其进驻商家提供物流服务，首期在12个城市推出当日达服务、在90个城市推出次日达服务；国美、苏宁等传统零售巨头也纷纷申请了快递业务经营许可，通过建立物流平台来应对市场变化①。在售后服务中，国美电器最早在2006年就开始提供特色的售后服务向供应链下游延伸；京东也于2008年开始陆续推出了"京东电器管家""京东售后上门服务"等服务类产品。

当然，零售商采取任何纵向整合策略时都需要承担较高的投资成本，经营风险相对较大，仍有不少零售商将自己的业务范围局限在传统零售领域，例如银泰百货等。因此，互联网环境下零售商纵向整合策略也呈现多样性的特征，零售商既可以选择后向整合策略来向供应链上游扩张，例如天猫、当当等，也可以选择前向整合策略来向供应链下游发展，例如京东、苏宁、国美等，还有不少零售商选择不进行纵向整合，例如银泰百货等。那么，在考虑商业模式的选择时，零售商是否应该选择纵向整合？如果选择纵向整合，零售商应选择何种纵向整合策略？

三、互联网环境下零售商商业模式选择

互联网的发展，一方面为消费者提供了多品种、多商家、多服务的选择，增加消费者购物的便利性，使得消费者的需求不断增加；另一方面又使得中间环节的进入壁垒逐渐降低，制造商(服务提供商)与消费者之间的信息交流更加便捷，二者可以撇开零售商实现"面对面"的交易，加大了零售商之间的竞争。同时，互联网的发展还使得消费者可以很便利地在不同零售商之间对比产品的品种、价格、服务和质量等，也降低了消费者对零售商的黏性。因此，面对激烈的市场竞争及消费者黏性的降低，产品服务作为独立环节从生产或销售环节剥离，零售商职能范围逐渐扩大，不但承担产品的销售功能，还承担产品信息的收集、分析、配送服务等功能，中介作用显著，零售商

---

① http://www.cn156.com/article-61572-1.html;
http://finance.qq.com/a/20140527/020161.htm.

的商业模式也会发生改变。

本书主要从经营模式和纵向整合角度来分析零售商商业模式的选择。其中,零售商经营模式是从收益获取方式和产品所有权角度出发,涉及零售商自身的内部运作,而纵向整合是从零售商在产品价值链中所处的环节出发,涉及零售商与其上下游企业的纵向关系。因此,如图 1.4 所示,从经营模式和纵向整合角度考虑的零售商商业模式,本质上就是零售商的内部运作和外部扩张,这两方面相互联系又相互制约,共同构成了零售商商业模式的核心。

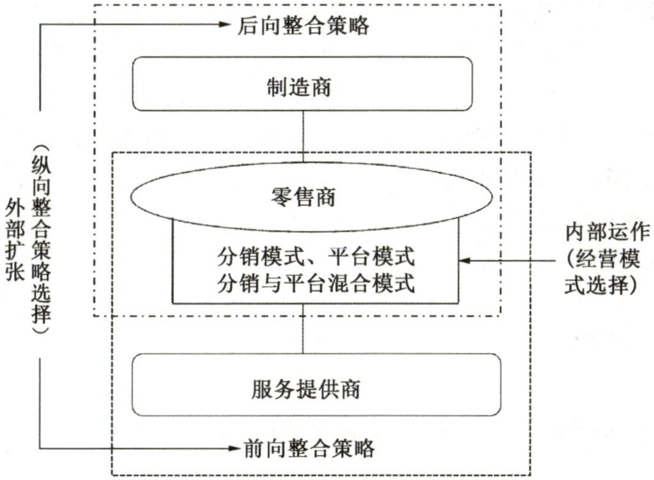

图 1.4　零售商商业模式选择架构图

由于零售商商业模式选择架构中既包括内部运作又包括外部扩张,需要从价值链角度来分析商业模式的改变。传统价值链由制造商、零售商和消费者组成,服务提供商大多作为制造商(零售商)的业务部门而不是独立个体存在。此时,零售商只负责产品销售而不会采取纵向整合,主要有两种经营模式:分销模式和平台模式。随着互联网技术发展,消费者购买行为不断改变,满足消费者需求的重要性日益凸显,服务提供商成为产品价值链的重要组成部分。因此,互联网环境下价值链由制造商、零售商、服务提供商和消费者组成。这样,对于零售商的商业模式选择,从内部运作来看,有三种经营模式:分销模式、平台模式和混合模式;从外部扩张来看,也有三种策略:不进行纵向整合、前向整合策略和后向整合策略。零售商经营模式和纵向整合策略的多样化使得商业模式的选择也呈现多样化的趋势。那么,零售商究竟应该选择何种商业模式呢?基于此,考虑互联网发展对零售商商业模式的影响,从经营模式和纵向整合这两方面研究零售商商业模式选择是本书的研究重点。

第二节 研究意义

目前国内外学者关于零售商商业模式的研究大多以传统零售业为背景,没有考虑互联网发展对零售商商业模式选择的影响。同时,在现有的相关研究中,大多从单一角度分析零售商商业模式的选择,并未从整体上构建商业模式选择的框架体系。本书在现有理论研究的基础上,从内部运作和外部扩张角度出发,以经营模式和纵向整合为核心,构建零售商商业模式选择框架。在综合考虑了产品质量、服务水平、产品之间价格竞争等因素的基础上,研究零售商最优的经营模式选择和纵向整合策略选择。本书既填补了零售商商业模式研究的部分理论空白,又能帮助解决在互联网环境下面对激烈竞争的零售商在商业模式选择等方面遇到的困难。因此,本书的研究具有一定的理论意义和现实意义。

一、理论意义

(一) 拓展和完善了零售商商业模式选择框架

现有对商业模式的研究大多以一般行业为研究对象,针对零售商的研究相对较少。少数相关研究中,也没有针对零售业态特征提出具体的商业模式架构,并且大多以经营模式或盈利方式来指代商业模式。但是,零售商商业模式的构成要素并非只有经营模式或盈利模式,还包括一些关键资源和价值网络,这些因素共同作用使零售商商业模式拥有多维度的架构。基于此,本书从内部运作和外部扩张角度出发,以经营模式和纵向整合为核心构建零售商商业模式选择框架。

(二) 从多个角度研究零售商经营模式选择

从内部运作角度来看,零售商商业模式主要涉及经营模式,现有文献大多将关注点集中在盈利方式,较少有考虑经营模式的选择。少数研究零售商经营模式选择的文献中,没有从整个供应链角度出发,考虑产品或产品之间的特性对零售商经营模式选择的影响。基于此,本书分别考虑单产品和多产品的情形下,从产品质量、服务水平或产品竞争性角度研究零售商经营模式选择。

（三）从多个角度研究零售商纵向整合策略选择

从外部扩张角度来看，零售商商业模式主要涉及纵向整合策略，现有文献大多从经济学或战略管理角度出发研究制造商的纵向整合对社会福利、企业绩效的影响，较少有从更微观的运营角度考虑零售商对不同纵向整合策略的选择。现有文献既没有考虑产品或产品之间的特性对零售商纵向整合策略选择的影响，也没有从零售商商业模式的整体架构出发，考虑不同经营模式对零售商纵向整合策略的影响。基于此，本书分别考虑单产品和多产品的情形下，从产品质量、服务水平或产品竞争性角度研究不同经营模式下零售商纵向整合策略选择。

二、现实意义

（一）从经营模式角度为零售商商业模式选择提供建议

互联网发展给零售商带来了双重影响。一方面，为零售商提供了更多的选择机会，不但可以选择分销模式或者平台模式，还可以选择二者的混合模式。另一方面，由于不同经营模式下的盈利方式、管理方法和契约模式有着显著不同，使得零售商在不同模式下的转换会造成大量的沉没成本或固定投资成本。例如，分销模式下零售商需要具备一定的仓储功能，而平台模式下零售商仓储功能大多交由制造商（供应商）来完成，若零售商在分销模式与平台模式之间转换，则会造成大量的仓储设施闲置。因此，本书通过对零售商经营模式的理论和实证分析，为零售商经营模式选择提供了实践依据。

（二）从纵向整合角度为零售商商业模式选择提供建议

随着互联网技术的进步，零售商之间不但需要面对激烈的内部竞争，还需要面对供应链上下游企业对其的挤压和冲击，这就使得零售商必须要突破传统经营领域的局限，这就涉及零售商的纵向整合。从微观层面来说，零售商纵向整合策略就是处于供应链中间环节的零售商向上下游纵向一体化的选择问题。由于存在资源的局限性，零售商很难做到同时投资和控制供应链上下游的所有环节，这就使得大部分零售商会侧重于向单一方向发展。因此，本书通过对零售商两种不同纵向整合策略的分析，为不同经营模式下零售商的纵向整合策略选择提供了实践依据。

第二章
零售商商业模式研究现状述评

本书主要从经营模式和纵向整合这两个方面研究零售商商业模式选择问题，与本书内容相关的文献大致可以分为三大类：商业模式、经营模式和纵向整合。

第一节　商业模式相关研究

一、商业模式的定义

目前，在经济学或者商业研究的领域都没有对商业模式（Business Models）的概念有明确界定（Teece，2010）。按照对商业模式界定的侧重点不同，学术界对商业模式的定义主要分为以下三种：价值理论、经营运作和系统运作。

1. 价值理论

从价值理论角度，现有研究大多认为商业模式是企业创造价值的方式、机制、逻辑或者架构等。国外学者中，Timmers（1998）认为商业模式是产品、服务和信息流的架构，包括各种商业活动参与者及职能、参与者获得的收益及来源。Linder（2000）认为商业模式是组织价值的创造，商业模式应包括要素、运营和变革三个层面。Chesbrough（2002）从技术方面考虑，认为商业模式是技术开发和企业价值创造之间的协调转换机制。Osterwalder（2004）从客户价值角度考虑，认为商业模式是企业获得利润的逻辑，包括各个构成要素及各要素之间的交互关系。Rappa（2004）等从价值链角度考虑，认为商业模式是在考虑上下游企业的基础上，通过对企业在价值链中的定位来确定采取何种活动来创造价值的方式。Debei 和 Avison(2010)认为商业模式是以能力和资源为基础，通过构建目标企业的价值网络，为顾客创造价值和为企业本身获取价值，最终为企业创造价值的过程。国内学者中，乔为国(2009)整合了多位学者关于商业模式的定义，认为商业模式是企业获取利润的基本逻辑，即企业在价值链或价值网络中向顾客提供产品和服务以及获取利润的方式。王琴(2011)认为商业模式是一种创造客户价值并实现企业价值的过程。

2. 经营运作

从经营运作角度，现有研究大多认为商业模式是企业在进行商业活动时，创造利润和机会的运作过程。国外学者中，Amit 和 Zott(2001)认为商业模式是在商业机会的开拓过程中，创造机制内容、结构和交易治理机制设计等。Magrett(2002)认为商业模式是解释厂商运作方式的逻辑。Morris 等(2005)认为商业模式是企业的经济运作模式。国内学者中，魏炜和朱武祥(2007，2011)认为商业模式是目标企业与其利益相关者的交易结构，包括交易主体(参与交易各方)、交易内容(交易标的)、交易方式(如何交易)以及交易定价(获取利润)。张敬伟和王迎军(2011)认为商业模式是企业的经营形态。程愚等(2012)把商业模式定义为企业经营活动的基本模型，在此基础上，完整的商业模式实际上是指导企业创造利润的商业逻辑框架，包括经营套路和经营之道等。

3. 系统运作

从系统运作的角度，现有研究相对较少，这些少量研究认为商业模式是企业进行生产运作、实现价值的系统性活动。国外学者中，Zott 和 Amit(2010)从交易关联的本质出发，将商业模式定义为包括目标企业和目标企业边界在内的相互依存的系统性活动。Masanell 和 Ricart(2010)认为商业模式是企业为实现其战略目标而做出的系统性反应。Girotra 和 Netessine(2013)认为商业模式是包括产品生产到送达给消费者整个过程的系统。国内学者中，彭虎锋和黄漫宇(2014)认为商业模式是对相互联系的结构、活动和流程进行清晰界定的系统，这个系统反映了企业为顾客创造价值和获取自身价值的组织逻辑。罗珉和李亮宇(2015)考虑了互联网环境下的商业模式，认为商业模式是在充满不确定性且边界模糊的互联网下，通过供需双方社群平台的隔离机制来维护组织稳定和实现连接红利的模式群。

上述研究对商业模式的界定大多没有针对特定类型的企业，具有普遍意义，对于本书所涉及的零售商商业模式的定义相对较少。唐鸿(2006)将零售商业模式定义为零售业业态，包括消费者购买产品准则、产品定位与零售终端商业模式的匹配关系。张艳(2013)认为零售商商业模式是在特定的市场环境下，零售商以盈利方式和经营模式为核心要素，通过对经营管理中的边际要素进行创造性的开发，进而形成竞争优势，产生较高的市场辨识度和影响力，以此获得持续稳定的收益回报。郭守亭等(2016)认为零售商商业模式是零售商在一定的市场环境下，为消费者、关联企业、员工和股东创造价值从而实现自身价值的逻辑关系，包括了参与逻辑的众多要素及要素之间组合关系的概念性工具，是零售企业在一定的价值网络中进行价值主张、价值创造、价值传递并最终实现价值的过程。

基于上述分析，综合张艳(2013)、Girotra 和 Netessine(2013)、Rappa(2004)等学者对商业模式的定义，零售商商业模式是以经营模式及零售商在价值链中的位置为核心要素，在产品生产并送达给消费者整个过程中，通过零售商和上下游企业对交易活动中关键要素的投入，形成一定竞争优势并实现自身价值的方式。

二、商业模式的要素

现有研究大多认为价值、资源、运作过程和盈利方式是构成商业模式的要素。国外学者中，Hamel(2000)认为商业模式由核心战略、价值网络、战略资源、客户界面这四大要素构成。Lindgardt 和 Cantrell(2000)指出企业的商业模式由价值主张和运营模式两部分组成，而价值主张和运营模式又由一系列子要素组成，企业可以通过改变任何一种或几种要素及其相互之间的关系来获得理想的商业模式。Alt 和 Zimmermann(2001)把商业模式的构成要素分为：结构(Structure)、流程(Process)、使命(Mission)、技术(Technology)、收入(Revenue)和法律问题(Legal Issues)。Osterwalder 等(2005，2011)认为商业模式由九个基本构造模块组成，即价值主张、关键业务、客户关系、渠道通路、客户细分、重要合作、核心资源、收入来源和成本结构。Christensen 和 Kagermann(2010)认为商业模式包括四个部分：客户价值、关键过程、核心资源和盈利方式，企业可以从这四个模块出发对商业模式进行改进。国内学者中，孔翰宁等(2007)从商业模式创新角度出发，认为商业模式包括价值主张、盈利方式、核心资源和生产过程这四大部分构成。原磊(2007)提出了“3-4-8”商业模式体系，其中，“3”表示由伙伴价值、顾客价值、企业价值所组成的联系界面，“4”表示由价值主张、价值网络、价值维护、价值实现所组成的构成单元，“8”表示由目标群体、价值内容、网络形态、合作关系、隔绝机制、业务定位、成本管理、收入模式所构成的组成因素。金超(2009)提出了"5R 模型",认为商业模式由产品、融资、经营、传播和社会价值链等 5 个部分组成,企业通过改变各个部分的数量、内容和界面,就可以设计出新的商业模式。盛亚等(2015)认为价值网络、价值主张、核心资源和盈利方式构成了商业模式的核心要素。

上述研究对商业模式要素构成的分析具有普遍意义,针对零售业商业模式构成要素的研究较少,少量相关研究认为经营模式和盈利模式构成了零售商商业模式的核心要素(张艳,2013)。结合对商业模式要素构成的普遍分析和张艳(2013)的研究,本书认为零售商商业模式的构成要素主要有经营模式、关键资源和价值链位置,其中,关键资源获取和价值链重构主要通过纵向整合来实现。

三、商业模式的分类

在现有对商业模式分类的研究中,针对零售这个特定行业的研究相对较少。在这些少量的相关文献中,主要从价值理论和渠道理论出发来对零售商商业模式进行分析。

从价值理论的角度来看,现有研究按照主导因素、价值链延伸和价值获取对象的不同将零售商商业模式分为不同种类。黄培(2003)按照主导因素的不同,将零售商商业模式分为价值主导型和成本主导型。高闯和关鑫(2006)从价值链角度提出了延展型企业商业模式的概念,认为延展型企业商业模式是将原本在企业外部的价值活动内部化,向零售企业所在的价值链两端的企业,包括供应商和顾客方向进行价值链延伸,从这个角度可以将零售商商业模式划分为前向一体化延展型企业商业模式和后向一体化延展型企业商业模式。原磊(2009)按照获取价值的对象不同,将零售商商业模式分为三种类型:一是从企业自身价值中获取收益的模式,二是从消费者价值中获取收益的模式,三是从商业伙伴价值中获取收益的模式。

从渠道理论的角度来看,现有研究按照经营模式、战略发展、销售渠道和发展变革的不同将零售商商业模式分为不同种类。王素娟和胡奇英(2011)以苏宁、国美的经营模式变化为例,按照经营模式的不同将零售商商业模式分为两种:一是允许制造商派驻促销员在零售商店铺中向消费者推荐和销售产品,零售商通过对制造商产品进行代销并按照固定比例划扣销售额以获得收益的方式;二是不允许制造商派驻促销员,通过向制造商采购产品并销售给消费者的方式获得收益。魏农建等(2012)从战略的角度,提出适合零售商的商业模式包括长尾式商业模式、非绑定式商业模式和多边平台式商业模式,他认为基于产业链的多边平台式商业模式是零售商的未来发展方向。Cao(2014)、李玉龙和李雪欣(2015)从销售渠道角度将零售商商业模式分为线上渠道模式(Online)、线下渠道模式(Offline)和线下线上相融合的渠道模式(Online to Offline,即O2O)。盛亚等(2015)从电子商务发展对我国传统零售商影响出发,提出了以苏宁电器为代表的"店商+电商+零售服务提供商"云商模式,以上海第一食品为代表的坚持"以传统门店为主、电子商务为辅"的模式,以海澜之家为代表的"线上线下业务同时开展"的商业模式。陈可(2016)按照零售商的发展过程将零售商商业模式分为传统零售模式和电商模式。

上述研究大多以单一维度(价值或渠道)作为对零售商商业模式分类的标准,没有综合考虑二者的互动关联性。基于此,综合王素娟和胡奇英(2011)、高闯和关鑫(2006)等学者对零售商商业模式的分类,本书从价值和渠道角度,按照零售商在价值链中扩张的不同方向(不整合、前向整合、后向整合)和不同销售渠道(分销模式、平台模式、混合模式),将商业模式分为不同的种类。

第二节　经营模式相关研究

与商业模式相同,国内外学者对经营模式也没有明确的定义,但大多数学者都认为经营模式与盈利模式密切相关(张艳,2013)。对零售商经营模式的文献综述将从零售商盈利模式出发,得到零售商经营模式的类型,并分析不同经营模式的区别、影响零售商经营模式选择的因素。同时,由于对于经营模式选择的研究还涉及产品销售渠道的选择,因此,相关文献综述包括盈利模式、渠道结构和经营模式这三个方面的内容。

一、盈利模式

现有对盈利模式的研究大多认为创造价值或实现利润的方法即为盈利模式。国外学者中,Linder 和 Cantrell(2001)将盈利模式定义为创造价值的商业系统。Osterwalder 和 Pigneur(2002)认为盈利模式是在为顾客和合作伙伴创造价值的同时产生持续收益的方法。Rappa(2003)将盈利模式定义为企业在价值链中确定好自身的位置,并帮助企业获利的方法。Schneider(2004)认为盈利模式是一系列用来识别客户、开发客户、向客户提供服务的业务流程集合。国内学者中,王方华和徐飞(2005)将盈利模式定义为企业整合自身和利益相关者的资源,并用来实现价值、获得收益的机制和架构。

郭金龙和林文龙(2005)认为盈利模式是企业通过经营要素寻找利润来源,并挖掘合适经营方式、实现盈利的系统方法。原小能(2011)认为盈利模式就是企业获取利润的方式。上述对盈利模式的定义具有普遍性,针对零售业,王国顺和黄金(2012)认为零售商的盈利模式是零售商为销售对象创造价值、帮助供应商实现价值,并实现在利益分配中占有主导地位、获取利益的盈利方式。结合王国顺和黄金(2012)的观点,本书将盈利模式定义为企业在为客户创造价值过程中获取利润的盈利方式。

对于盈利模式的分类,现有研究大多根据零售商的获利方式来进行划分。高世宁(2007)将零售商的盈利模式分为:资本经营模式、低价格策略与连锁经营模式、专卖店精品店模式、多元化发展模式。王国顺和黄金(2012)将现有零售企业盈利模式主要分为后台毛利模式、商品毛利模式和资本经营模式这三种。张艳(2013)认为零售商盈利模式包括套利和复式套利、销售分成、租金。王瑞丰和韦恒(2014)在考虑业务类型的基础上,将盈利模式分为核心业务前台盈利、核心业务后台盈利、核心业务以外盈利、核心业务联动盈利。韩冰(2015)针对百货业这个零售的特殊形态,认为我国百货业的盈利模式包括两类:进销差价模式和通道费模式。

二、渠道结构

对于经营模式选择的研究,涉及产品销售渠道的选择,因此渠道结构的研究也与零售商经营模式选择密切相关。零售商的经营模式主要包括分销模式、平台模式和混合模式,三者的区别不仅在于盈利方式和产品定价权的不同,还在于销售渠道的不同。分销模式下由零售商来负责产品销售、平台模式下由制造商负责销售,从这个角度来看,不同经营模式的选择与产品销售渠道的选择较为接近。

对于渠道选择的相关研究,国外学者中,McGuire 和 Staelin(1983)研究了两家制造商通过排他性的零售商销售两种有部分替代性产品的情况,研究发现当替代性较高时,制造商更偏好由各自的零售商来销售产品,其他情况下偏好使用制造商的直销渠道。Coughlan(1985)在考虑产品差异化的基础上,研究了双寡头垄断市场中的直销渠道选择问题,研究发现相对于寻找独立的中间商来销售产品,直销渠道会带来较强的价格竞争和较低的价格水平。Chiang 等(2003)认为制造商引入直销渠道可以减少批发价格,有利于零售商。Cattani 等(2006)研究了制造商引入直销渠道的定价策略。Dong 等(2011)以客户关系管理下的客户获取与保持为视角,比较了整合渠道(直销渠道)和不整合渠道(代理),研究发现,当客户获取与保持是独立的，则直销渠道更合适，当客户获取损害客户保持，则代理更合适。Arya等(2015)研究发现中间商可以通过简单的成本契约缓解双重边际效应。

国内学者中，黄松等(2014)研究了由单一制造商和单一零售商组成的双渠道供应链在发生扰动时的定价与生产决策问题。刘汉进等(2015)在考虑了不同渠道效率和产品渠道接受度的基础上，研究了制造商引入在线渠道时采用不同的定价策略对渠道所产生的效应。赵连霞(2015)在单一制造商和单一零售商组成的供应链系统中，分析了制造商开通网上销售渠道、零售商同时拥有网络渠道和传统渠道的混合定价决策模型。张桂涛等(2016)研究了多个制造商利用双渠道销售产品的情况，结果表明当消费者偏好较大时，双渠道有利于制造商，但不利于零售商。浦徐进和龚磊(2016)研究了制造商主导的二级双渠道供应链，分析由于促销努力带来的“搭便车”现象对供应链定价和促销策略的影响。范小军和刘艳(2016)考虑零售商作为价格领导者以及服务在决策中的价值，将消费者区分为高服务偏好的消费者和低服务偏好的消费者，研究了制造商引入直接在线渠道与传统零售商竞争的问题。李莉等(2016)考虑产品数字属性对渠道需求的影响，构建了制造商与零售商独立决策和制造商占非主导地位两种情况下的双渠道定价决策模型。王先甲等(2017)研究了制造商具有生产规模不经济时的双渠道供应链协调策略问题。

在上述对渠道结构的研究中，大部分文献只考虑了零售商承担了分销职能的情形，即本书研究的纯分销模式，而在平台模式中，零售商类似于一种代理模式，需要收取一定的佣金费用。李莉等(2016)的研究中虽然考虑了制造商直销渠道时需要支付佣金的情况，研究的渠道结构类似于混合模式，但其研究的重点在于不同渠道地位时的定价策略，而非经营模式选择(渠道选择)。

三、经营模式

现有文献对盈利模式的定义和分类大多是从创造价值或获取利润的角度来考虑，但创造价值或获取利润只是零售商经营运作过程的结果，经营运作过程还包括零售商在产品价值链的定位、销售产品业务范围、采取何种方式实现价值或获取利润等。因此，我们认为零售商经营模式包含盈利模式但又不局限于盈利模式，将零售商的经营模式定义为根据零售商的经营宗旨，为实现目标价值定位而采取的某一类方法的总称。

按照获利方式和产品所有权的不同，Hagiu和Wright(2015)把零售商的经营模式分为分销模式(reseller)、平台模式(platform)以及混合模式(hybrid)。分销模式指通过向卖方报价买入商品,再向买方要价卖出商品,通过赚取买卖之间差价来获利的模式;平台模式指零售商通过对买卖双方进行匹配,从促成交易中获取一定佣金的模式;混合模式是指同时通过分销和平台这两种不同的模式来获得收益的模式。对零售商经营模式的研究,主要包括不同经营模式的区别、影响零售商对经营模式选择的因素这两个方面的内容,对于已有的文献回顾也从这两个方面展开。

对于不同经营模式之间的区别研究,现有文献主要集中在分销模式和平台模式的区别。一部分学者认为二者的主要区别在于对定价(服务、管理)权的控制。Tsay 和 Agrawal(2004a)认为在分销模式中,零售价格由分销商决定,可以减少制造商之间的直接价格竞争。Hagiu 和 Wright(2014)认为分销模式拥有较多的控制权,并且更容易与消费者沟通交流,而平台模式相对有更高的成本。Abhishek 等(2015)认为分销模式和平台模式的区别在于定价权的控制。另一部分学者则认为分销模式和平台模式的区别在于销售责任的负责主体不同,Hagiu 和 Wright(2015)认为分销模式和平台模式的区别在于订货满足的责任主体不同,分销模式下零售商负责订货的满足,而平台模式下制造商(供应商)负责订货满足。

对于影响经营模式选择的因素研究,现有文献大多考虑了网络效应、产品信息、渠道竞争、外溢等因素对零售商经营模式选择的影响。Hagiu(2007)考虑了网络效应和供应商拥有的产品质量信息对零售商经营模式选择的影响,研究发现当由网络效应导致的"鸡生蛋"问题较为激烈时,分销模式要优于平台模式,当供应商的投资激励较为重要或者供应商拥有销售产品质量信息优势时,平台模式要优于分销模式。Abhishek 等(2015)考虑了制造商通过传统渠道、网络渠道销售同一产品的情况,其中网络渠道包括代理(平台模式)和分销(分销模式)两种模式,认为对于定价权的控制是影响网络零售商选择不同模式的重要因素,而传统渠道又会影响网络渠道的定价,从而不同渠道竞争会影响零售商商业模式的选择。研究发现由于物流等的限制,开始占优的是分销模式,当物流技术的改进减少了订货满足成本,平台模式开始逐渐占优。Hagiu 和 Wright(2015)侧重于从经济学角度考虑了产品信息和网络效应对零售商商业模式选择的影响,认为当营销行为产生的外溢导致对供应商对加入平台的非乐观预期时,分销模式更占优,当供应商相对于零售商有一些成本优势(劣势)时,对于长尾(短尾)产品更容易倾向平台模式。

第三节　纵向整合相关研究

目前在经济学或管理学研究中，对纵向整合的定义较多，研究涉及的领域也较为宽泛，包括产业经济学、会计学、战略管理等不同学科。根据本书所涉及的领域，考虑以下四个方面的文献综述：纵向整合的定义和分类、纵向整合的成因、纵向整合对企业绩效的影响和纵向整合策略的选择。

一、纵向整合的定义和分类

纵向整合，也称纵向一体化、垂直一体化（Coase，1937），现有文献大多认为纵向整合是将原有外部的一些生产、分销等活动转由内部运作来实现。Coase（1937）认为纵向整合是指将原来在公开市场购买投入以及销售产出的行为转由厂商完成投入产出活动的行为。Porter（1997）认为纵向整合是企业将不同的经济活动结合起来，包括生产、分销等，并用内部交易来代替市场交易去实现经济目标的行为。杨公仆等（2005）指出纵向一体化又称垂直一体化，是企业参与商品（服务）生产或销售阶段多个连续过程的行为。吴利华等（2008）认为纵向整合战略是注重对合资、企业联盟等介于市场和企业内部组织的中间组织形态运用的纵向一体化模式。郑方（2010）将纵向一体化定义为企业将纵向链条中的业务活动从市场转为企业内部进行，是对纵向链条的整合。

按照不同的分类方法可以将纵向整合分为不同种类。Porter（1997）认为按照整合的方向，纵向整合可分为整合下游销售服务环节的前向整合和整合上游生产环节的后向整合；按照整合紧密程度，纵向整合又可分为包括新建、收购、兼并等行为的完全纵向整合，与包括通过签长期合同来建立契约关系等行为的有限纵向整合。吴利华等（2008）按照企业在价值链或产业链的发展方向，将纵向整合分为生产整合、前向整合和后向整合，其中，生产整合则主要针对钢铁这个特殊的行业，通过生产整合将技术上相互联系的各个环节连接起来，实现生产成本的节约，前向整合是指纵向整合的行为沿着价值链和产业链向下游环节延伸，后向整合是指纵向整合的行为是沿着价值链和产业链向上游环节延伸。

二、纵向整合的成因

对于纵向整合的成因，现有学者大多认为交易成本、不确定性、机会主义行为、获得控制权是导致企业采取纵向整合策略的原因。国外学者中，Coase(1937)认为企业进行纵向整合可以带来交易费用的节约。Williamson(1971)指出机会主义与交易专用性投资共同作用于企业的纵向一体化决策。Green(1974)认为当存在范围或规模的不经济性时，足够严格的配给也可能导致上下游企业一体化。Arrow(1975)认为供应链中产品的供给不确定性和需求的不确定性可能导致纵向整合。Klein 等(1978)认为纵向整合能够降低机会主义者占有专用性资产准租金的风险。Carlton(1979)认为转移风险是纵向一体化的成因。Klein(1980)指出机会主义行为会使企业进行纵向一体化。Grossman 等(1986)分别从成本和收益的角度提出获得剩余控制权是纵向一体化的原因。Porter(1997)认为确保供需、降低不确定性、规模经济、提高与供应商或顾客的侃价能力、进入高回报产业、提高进入壁垒、防止被封阻和提高差异化是纵向整合的动因。国内学者中，张仁华等(1997)认为企业纵向一体化是为了获取范围经济。芮明杰(2005)认为纵向一体化通过有效规避分工和专业化的负面效应来提高经济的运行效率。郭鹏等(2007)认为企业进行纵向一体化的原因在于降低成本和获取竞争优势。周勤等(2007)认为企业的纵向整合是为了应对动态变化的外部环境、培育企业核心竞争力、保持竞争优势。孙维峰(2009)认为从产业组织理论视角来看，纵向一体化的原因在于：增强垄断势力、产品生命周期、技术经济、消除外部性、风险分担、逃避营业税和规避管制等；从新制度经济学视角来看，纵向一体化的原因在于规避市场缺陷。

三、纵向整合对企业绩效的影响

现有考虑纵向整合对企业绩效影响的文献大多集中在战略管理领域，许多学者进行了多视角的研究，但所得结论并不一致。现有文献主要有三种不同结论。第一，正向关系。有些文献认为纵向整合与企业绩效之间存在正线性相关(Buzzell，1983；Chipty，2001；Hastings 和 Gilbert，2005；吴利华等，2008；Forbes 和 Lederman，2010)；还有些文献则认为纵向整合与企业绩效之间并非完全线性，但也存在正向关系，Healy 等(1992)以美国的 50 起重大兼并案为研究对象，分析采取兼并战略后企业的绩效变化，发现兼并能够改善企业绩效，Keister(1998)研究发现在 20 世纪 80 年代后期中国的企业集团的集权程度与企业绩效正相关，集权程度越高绩效越好，Krickx(2000)认为纵向一体化与企业绩效之间存在模糊的正相关关系。第二，负向关系。一些文献认为纵向整合与企业绩效存在负向关系，例如 Barrera 和 Rey(1995)、李青原和唐建新(2010)等。第三，非单调关系。巴泽尔等

(2000)的研究表明纵向一体化水平与投资收益率之间呈U形关系,杨盈盈(2004)等以中国上市公司的并购为样本,研究发现上市公司的并购使得企业绩效出现先升后降的趋势。

四、纵向整合的选择

纵向整合策略选择涉及纵向整合的分类,现有文献大多按照纵向整合的方向来分类,包括前向整合和后向整合。在这两种纵向整合策略选择的相关研究中,Wu等(2007)考虑需求不确定性,发现需求不确定性的概率密度分布会影响供应链结构,较高的不确定性会使企业倾向于纵向整合。Arya和Mittendorf(2013)研究了前向整合策略是如何影响具有竞争性的企业的策略投资,研究发现制造商扩大品牌促销而不是单单对自身销售渠道的投资时,前向整合策略所带来的战略投资不但有利于企业还有利于消费者。Lin等(2014)考虑了两条由供应商、制造商和零售商组成的具有竞争性的三级供应链,制造商有三种不同的策略选择:前向整合、后向整合和不整合,研究了纵向整合策略对竞争环境下的制造商利润、产品价格和质量的影响,研究表明前向整合策略和后向整合策略在不同情况下能实现均衡,但是不整合不能实现均衡。

第四节　本书的主要内容

现有文献对于零售商商业模式选择的研究大多从盈利方式等单一角度来进行分析,并未从经营模式和纵向整合这两个方面构建商业模式选择的框架体系。在经营模式的相关研究中,一方面,对于涉及的渠道结构研究,大多以分销模式为研究对象,没有考虑零售商采取平台模式的情形;另一方面,对于影响经营模式选择的因素,也较少有考虑产品质量和服务水平、产品之间的竞争性对零售商经营模式选择的影响。在纵向整合的相关研究中,一方面,现有文献较少有考虑产品质量和服务水平、产品之间的竞争性对零售商纵向整合的影响;另一方面,也较少有分析不同经营模式下零售商的纵向整合策略选择。

基于此,本书研究互联网环境下零售商商业模式选择中的两个重要问题:一是从内部运作角度出发的经营模式选择,二是从外部扩张角度出发的纵向整合策略选择。由于产品或产品之间的特性会对零售商商业模式选择产生影响,本书分别考虑单产品和多产品的情形下,从经营模式和纵向整合这两个角度研究了零售商商业模式选择。因此，本书核心研究内容主要包括：一、考虑单产品的情形，从产品质量和服务水平的角度，研究零售商经营模式选择；二、考虑单产品的情形，从产品质量和服务水平的角度，研究不同经营模式下零售商纵向整合策略选择；三、考虑竞争性产品的情形，研究零售商经营模式选择；四、考虑竞争性产品的情形，研究不同经营模式下零售商纵向整合策略选择。

本书上述核心研究内容之间存在紧密联系，按照理论分析、模型构建、结论分析的顺序分为七章，本书各章的具体研究内容如下。

第一章：绪论。概述了本书的研究背景，从经营模式和纵向整合角度提出互联网环境下零售商商业模式选择架构。

第二章：零售商商业模式研究现状述评。归纳总结了商业模式、经营模式和纵向整合这三个方面的现有文献，分析了从经营模式和纵向整合角度研究零售商商业模式的理论意义和现实意义。最后，介绍了本书的研究内容。

第三章：单产品的零售商经营模式选择。随着零售业特别是网络零售的迅速发展，零售商商业模式组成中的经营模式选择问题成为影响其获得竞争优势的关键。以单产品为研究对象，从产品质量、服务水平角度研究零售商对分销模式和平台模式的选择问题。考虑由制造商、零售商和服务提供商组成的三级供应链，制造商决策产品质量、服务提供商决策销售产品的服务水平，通过对比零售商采取分销模式和平台模式的利润，给出了佣金费率外生时零售商经营模式选择条件，分析零售商采取不同经营模式时对制造商、服务提供商利润的影响，最后进一步讨论了佣金费率内生时零售商经营模式选择条件。

第四章：单产品的零售商纵向整合策略选择。由于纵向整合也是构成零售商商业模式的主体，以单产品为研究对象，研究了不同经营模式下零售商的纵向整合策略选择。产品质量和服务水平是影响零售商获得竞争优势的关键因素，零售商通过不同的纵向整合策略实现对产品质量或服务水平的控制。考虑了由制造商、零售商和服务提供商组成的三级供应链，制造商和服务提供商能够通过投资分别提高产品质量和服务水平，对比分销模式和平台模式下零售商采取不进行纵向整合策略、后向整合策略和前向整合策略的利润，给出了不同经营模式下零售商最优纵向整合策略选择条件，并设计了一种纵向整合改进策略来提高供应链中各个企业的利润。

第五章：竞争性产品的零售商经营模式选择。以竞争性产品为研究对象，从产品之间竞争性的角度研究零售商对分销模式、平台模式和混合模式的选择及当市场环境改变时经营模式的转变机制。通过对比零售商在分销模式、平台模式、混合模式下的利润,给出了零售商最优的经营模式选择条件,并分析了当市场环境改变时零售商不改变经营模式和转为混合模式的利润,得到了零售商经营模式转变机制,最后结合中国网络零售业发展现状验证了本章的主要研究结论。

第六章:竞争性产品的零售商纵向整合策略选择。由于纵向整合也是构成零售商商业模式的主体,以竞争性产品为研究对象,从产品之间竞争性的角度研究不同经营模式下零售商的纵向整合策略选择。通过分别对比分销模式、平台模式和混合模式下,零售商采取不进行纵向整合、前向整合策略和后向整合策略的利润,给出了不同经营模式下零售商最优纵向整合策略选择条件,并分析不同经营模式对零售商纵向整合策略选择的影响。

第七章:结论与展望。概况全文,总结本书的管理启示,以及对未来研究重点和方向进行展望。

第三章
单产品的零售商经营模式选择

本书主要研究零售商商业模式的两个重要方面:经营模式和纵向整合,接下来本章首先以单产品为研究对象,研究零售商经营模式选择问题。由于零售商处于供应链的中间环节,零售商经营模式的选择必然受供应链上下游企业决策的影响。制造商位于零售商上游,负责产品生产制造,决定产品质量;服务提供商位于零售商下游,负责销售服务和配送,决定服务水平。产品质量和服务水平通过影响消费者购买决策成为影响零售商经营模式选择的重要因素。基于此,考虑由制造商、零售商和服务提供商组成的三级供应链中,零售商对分销模式和平台模式的选择问题。首先,分别给出零售商在分销模式和平台模式下的均衡利润;其次,通过对比佣金费率外生时,零售商在不同经营模式下的利润,给出零售商最优经营模式选择条件,并分析不同经营模式对制造商、服务提供商利润的影响;最后,考虑佣金费率内生的情形,进一步讨论了零售商最优经营模式选择条件。

第一节　研 究 背 景

在传统零售中,零售商是制造商完成产品销售的最重要媒介。零售商通过向制造商(分销商)报价买入商品、再向消费者要价卖出商品来获利,承担着产品分配的职能,这种经营模式称为分销模式(reseller)。近年来,随着电子商务的快速发展,这些采取分销模式的零售商面临着巨大的机遇和挑战。一方面,电子商务发展改变消费者购买行为,网络购物的消费者逐年增加,截至 2015 年底,中国网购用户规模达到 4.13 亿,占网民规模的比例高达

80%;另一方面,电子商务发展降低了零售市场的进入壁垒,制造商(分销商)与消费者之间的信息交流更加便捷,二者可以撇开零售商实现“面对面”的交易,例如华为、小米等制造商可以通过自建的网络渠道销售产品,这些都对采取分销模式的零售商造成巨大冲击。

为了降低与上游制造商(分销商)之间的竞争,改变传统的盈利渠道,一些采取分销模式的零售商逐渐开始向平台模式(platform)转型。在平台模式下,零售商通过对交易双方进行匹配,从促成交易中获取一定佣金。例如百思买(美国一家大型电器零售商),受网络零售商的冲击逐渐开始允许苹果、三星、微软等品牌在其实体店铺中建立自己的微型商铺来销售产品(苹果于2011年,微软和三星于2013年),这些品牌控制着自己的产品陈列和库存,三星甚至还有自己的收银服务(Ovide 和 Zimmerman, 2013),到2013年百思买改名为 Rakuten. com 时,已经全部转为平台模式(Heller, 2013)。然而,这些采取分销模式的零售商逐渐转向平台模式的现象并不意味着分销模式的衰退,市场上还有一些原本采取平台模式的零售商正开始转向分销模式。例如 Zappos,一家美国最大的鞋类线上零售商,1999年开始采取为鞋类制造商和消费者搭建平台的模式来盈利,但是在2009年被亚马逊以8.47亿美元收购后又转为纯分销商(Hagiu 和 Wright, 2015)。那么,零售商究竟应该选择何种经营模式呢?

第二节　模型描述

一、符号描述

首先,给出涉及的一些变量与符号的定义:

θ	产品的基本需求
t_i	i 模式下产品质量对需求的影响
s_i	i 模式下服务水平对需求的影响
q_i	i 模式下产品需求
p_i	i 模式下产品的销售价格
w_i	i 模式下产品的批发价格
λ_i	i 模式下的服务价格

（续表）

k	服务的成本影响系数
F	销售产品的固定成本
α	平台模式下零售商向制造商收取的佣金费率
Π_i^j	i 模式 j 企业的利润

其中，$i=r$，p 分别表示分销模式与平台模式，$j=R$，M，S 分别表示零售商、制造商和服务提供商。

二、问题描述

随着电子商务的迅速发展，经营模式的选择成为影响零售商取得竞争优势的关键。在零售市场上，一些原本采取分销模式的零售商逐渐转向平台模式，还有一些原本采取平台模式的零售商却又转向分销模式。同时，随着消费者购买行为的改变，产品质量和服务水平逐渐成为影响消费者购买决策的重要因素。因此，考虑产品质量和服务水平时，零售商应该选择何种经营模式成为本章研究的核心问题。如图 3.1 所示，假设市场上有一家零售商、一家制造商（或分销商）和一家服务提供商（物流、维修等服务）共同完成一种产品的生产和销售，零售商需要决策选择何种经营模式。

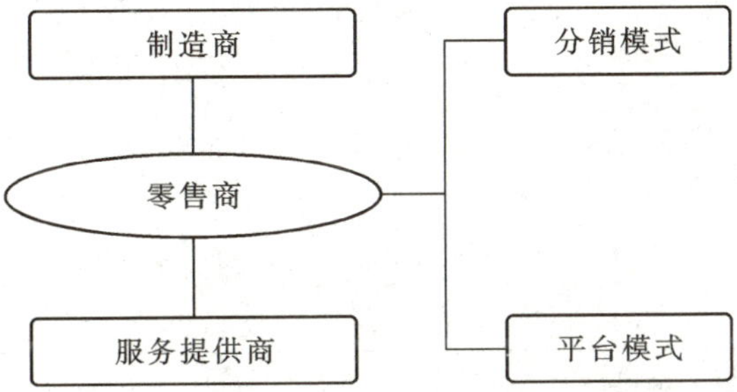

图 3.1　研究框架图

三、模型假设

本章基本假设说明如下。

假设 3.1　不同经营模式下，零售商和制造商销售产品的固定成本不同。①当零售商采取分销模式时，零售商需承担销售产品的固定成本 F（仓储、维护等），制造商的固定成本为 0；②当零售商采取平台模式时，零售商固定成本为 0，制造商需承担固定成本 F。

假设 3.2 零售商采取平台模式时，会按照销售额和佣金费率向制造商收取佣金。根据 Abhishek 等(2015)，零售商对于通过其平台销售产品的制造商按照销售额和佣金费率收取佣金，佣金费率 α 满足 $0 \leqslant \alpha \leqslant 1$。

假设 3.3 根据 Arya 和 Mittendorf(2013)，产品质量对需求的影响为 t_i，制造商需承担 t_i^2 的成本；服务水平对需求的影响为 s_i，服务提供商需承担 $k s_i^2$ 的成本，其中，$k > 1$ 表示提高服务水平的成本高于提高质量的成本，$k < 1$ 表示提高服务水平的成本低于提高质量的成本。

四、基本模型

根据 Arya 和 Mittendorf(2013)和假设 3.1 至假设 3.3，产品需求受基本需求、产品价格、产品质量和服务水平的影响，采用线性需求函数，产品需求函数为：$q_i = \theta + t_i + s_i - p_i$。不同经营模式下，产品价格的决策主体和承担成本的主体不同。分销模式下，由零售商来决策产品价格和承担销售产品的固定成本；平台模式下，由制造商来决策产品价格和承担销售产品的固定成本，零售商按照销售额收取佣金来获利。这样，在不同经营模式下，零售商、制造商和服务提供商的利润函数如下：

表 3.1　不同经营模式下零售商、制造商和服务提供商的利润函数

不同经营模式/企业		利润函数
分销模式	零售商	$\Pi_r^R = (p_r - w_r - \lambda_r) q_r - F$
	制造商	$\Pi_r^M = w_r q_r - t_r^2$
	服务提供商	$\Pi_r^S = \lambda_r q_r - k s_r^2$
平台模式	零售商	$\Pi_p^R = \alpha p_p q_p$
	制造商	$\Pi_p^M = (1-\alpha) p_p q_p - \lambda_p q_p - t_p^2 - F$
	服务提供商	$\Pi_p^S = \lambda_p q_p - k s_p^2$

第三节　不同经营模式下的均衡利润

零售商采取分销模式时，如图 3.2 所示，零售商、制造商和服务提供商的决策顺序如下：首先，制造商决策产品质量 t_r 和批发价格 w_r，其次，服务提供商决策服务水平 s_r 和服务价格 λ_r，最后，由零售商来决策产品价格 p_r。这样，制造商按照批发价格 w_r 将产品销售给零售商，并承担保证产品质量水平的

成本t_r^2，制造商的利润函数为

$$\Pi_r^M = w_r q_r - t_r^2;$$

服务提供商按照价格 λ_r 为零售商提供服务，并承担保证服务水平的成本 $k s_r^2$，服务提供商的利润函数为

$$\Pi_r^S = \lambda_r q_r - k s_r^2;$$

零售商需要按照批发价格 w_r 从制造商采购产品、服务价格λ_r 支付给服务提供商费用，并决策产品价格p_r，承担销售产品的固定成本 F，零售商的利润函数为

$$\Pi_r^R = (p_r - w_r - \lambda_r) q_r - F。$$

用逆向归纳法求解可得零售商、制造商和服务提供商的均衡利润。

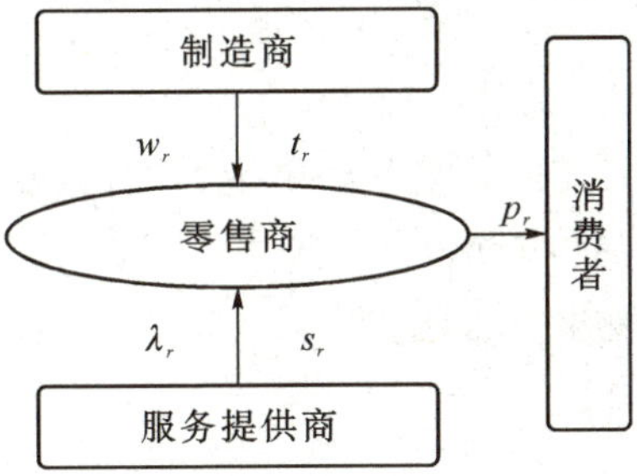

图 3.2　分销模式下的决策顺序图

定理 3.1　零售商采取分销模式时，满足 $k > \frac{2}{15}$ 时存在均衡，产品的批发价格为 $w_r = \frac{\theta(8k-1)}{15k-2}$，质量水平为 $t_r = \frac{\theta k}{15k-2}$，服务价格为$\lambda_r = \frac{4\theta k}{15k-2}$，服务水平为$s_r = \frac{\theta}{15k-2}$，产品价格为$p_r = \frac{\theta(14k-1)}{15k-2}$，产品需求为 $q_r = \frac{2\theta k}{15k-2}$，零售商、制造商和服务提供商的利润分别为$\Pi_r^R = \frac{4\theta^2 k^2}{(15k-2)^2} - F$，$\Pi_r^M = \frac{\theta^2 k}{15k-2}$，$\Pi_r^S = \frac{\theta^2 k(8k-1)}{(15k-2)^2}$。■

性质 3.1　采取分销模式时，基本需求、固定成本等因素对零售商、制造商和服务提供商的利润影响如下：

(a) 随着产品基本需求增加，零售商、制造商和服务提供商的利润均增加；

(b) 随着固定成本增加,零售商的利润减少;

(c) 随着产品服务成本系数增加,零售商、制造商和服务提供商的利润均减少。■

从性质 3.1 可以看出,分销模式下,随着产品基本需求的增加,产品实际需求会增加,进而零售商、制造商和服务提供商的利润均增加;随着固定成本的增加,由于分销模式下零售商需要承担销售产品的固定成本,零售商利润逐渐减少;随着服务成本系数的增加,服务成本增加,服务提供商的服务水平下降,产品需求减少,零售商、制造商和服务提供商的利润均减少。

零售商采取平台模式时,如图 3.3 所示,零售商、制造商和服务提供商的决策顺序如下:首先,零售商给出佣金费率 α,其次,服务提供商决策服务水平s_p 和服务价格λ_p,最后,由制造商来决策产品价格 p_p 和产品质量t_p。这样,服务提供商按照价格λ_p 为制造商提供服务,并承担保证服务水平的成本$k s_p^2$,服务提供商的利润函数为

$$\Pi_p^S = \lambda_p q_p - k s_p^2;$$

制造商按照服务价格 λ_p 支付给服务提供商费用,按照销售额和佣金费率α支付零售商佣金,决策产品价格p_p,承担销售产品的固定成本 F 和保证产品质量水平的成本t_p^2,制造商的利润函数为

$$\Pi_p^M = (1-\alpha) p_p q_p - \lambda_p q_p - t_p^2 - F;$$

零售商根据佣金费率 α 收取制造商佣金,零售商的利润函数为

$$\Pi_p^R = \alpha p_p q_p。$$

用逆向归纳法求解可得零售商、制造商和服务提供商的均衡利润。

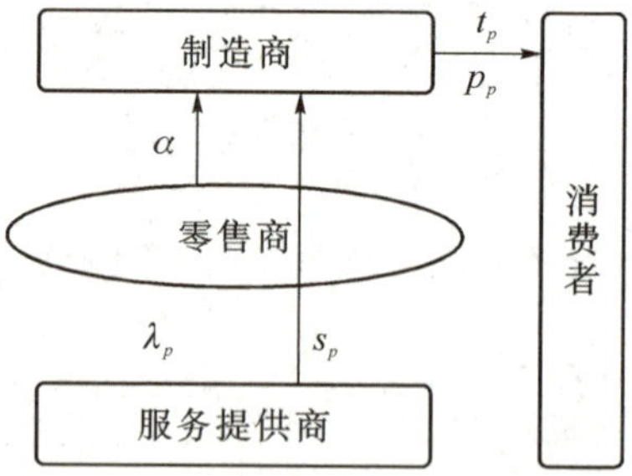

图 3.3 平台模式下的决策顺序图

定理 3.2 零售商采取平台模式时,满足 $k > \frac{1-\alpha}{2(3+\alpha)}$ 时存在均衡,产

品质量水平为$t_p=\dfrac{\theta(1-\alpha)k}{2k(3+\alpha)+\alpha-1}$,服务水平为$s_p=\dfrac{\theta(1-\alpha)}{2k(3+\alpha)+\alpha-1}$,服务价格为$\lambda_p=\dfrac{\theta(1-\alpha)(3+\alpha)k}{2k(3+\alpha)+\alpha-1}$,产品价格为$p_p=\dfrac{\theta(5+\alpha)k}{2k(3+\alpha)+\alpha-1}$,产品需求为$q_p=\dfrac{2\theta k}{2k(3+\alpha)+\alpha-1}$,零售商、制造商和服务提供商的利润分别为$\Pi_p^R=\dfrac{2\theta^2\alpha(5+\alpha)k^2}{[2k(3+\alpha)+\alpha-1]^2}$,$\Pi_p^M=\dfrac{\theta^2(1-\alpha)(3+\alpha)k^2}{[2k(3+\alpha)+\alpha-1]^2}-F$,$\Pi_p^S=\dfrac{\theta^2(1-\alpha)k}{2k(3+\alpha)+\alpha-1}$。■

性质 3.2 采取平台模式时,基本需求、固定成本等因素对零售商、制造商和服务提供商的利润影响如下:

(a) 随着产品基本需求的增加,零售商、制造商和服务提供商的利润均增加;

(b) 随着固定成本的增加,制造商的利润减少;

(c) 随着产品服务成本系数的增加,零售商、制造商和服务提供商的利润均减少;

(d) 随着佣金费率的增加,若服务成本系数较小$\left[\dfrac{1-\alpha}{2(3+\alpha)}<k<\dfrac{5+7\alpha}{2(15+\alpha)}\right]$,零售商的利润逐渐减少,若服务成本系数较大$\left[k>\dfrac{5+7\alpha}{2(15+\alpha)}\right]$,零售商的利润逐渐增加;制造商和服务提供商的利润均减少。■

对比性质 3.1 和性质 3.2 可以看出,两种经营模式相同之处在于:随着产品基本需求的增加,零售商、制造商和服务提供商的利润均增加;随着服务成本系数的增加,零售商、制造商和服务提供商的利润均减少。两种经营模式不同之处在于:平台模式下制造商需要承担销售产品的固定成本,随着固定成本的增加,制造商利润逐渐减少,而零售商的利润不会受影响;随着佣金费率的增加,制造商和服务提供商的利润均减少,零售商利润的变化并不单调。这是因为佣金费率增加使得制造商分给零售商的销售收入增加,制造商利润减少,降低了制造商提高产品质量的能力,引起需求下降,进而服务提供商的利润也会减少;同时,虽然佣金费率增加会使零售商从制造商获得的销售收入分成增加,但是,较高的佣金费率又会降低制造商提高产品质量的能力,使得产品需求下降,减少了零售商的利润,佣金费率对零售商利润的影响主要取决于这两方面因素作用的大小。

第四节　佣金费率外生时零售商最优经营模式选择

当零售商的市场势力较强时，制造商只能通过零售商的销售渠道销售产品，对于零售商给定的佣金费率，制造商只能接受，此时，佣金费率为零售商外生给定的。本节讨论佣金费率外生给定的情况。首先，通过对比不同经营模式下零售商的利润，给出零售商最优经营模式选择条件，随后，对比不同经营模式下制造商和服务提供商的利润，分析不同经营模式选择对制造商和服务提供商的影响。

命题 3.1　零售商的最优经营模式选择满足以下条件：若 $U_1 > F$，分销模式占优；若 $U_1 < F$，平台模式占优。

其中，

$$U_1=\frac{2\theta^2k^2[k^2(72-1\,077\alpha-217\alpha^2)+4k(-6+79\alpha+17\alpha^2)-2(-1+12\alpha+\alpha^2)]}{[2k(3+\alpha)+\alpha-1]^2(15k-2)^2}。$$

■

从命题 3.1 可以看出，零售商对经营模式的选择受两方面因素的影响，一是除固定成本外的分销模式与平台模式的利润差 U_1，二是分销模式与平台模式的固定成本差 F。显然，当固定成本较高时，平台模式下零售商不需要承担销售产品的固定成本，平台模式占优；当固定成本较低时，分销模式下零售商可以获得销售产品的全部收益，分销模式占优。现如今，随着人工、房租等成本的上涨，采取分销模式的零售商的利润急剧下降，越来越多的零售商开始采取平台模式。

分销模式与平台模式的利润差 U_1 主要受佣金费率和服务成本的影响，因此，佣金费率和服务成本也会影响零售商经营模式的选择，命题 3.2 给出了这两种因素变化对零售商经营模式选择的影响。

命题 3.2　若不考虑固定成本，零售商的最优经营模式选择满足以下条件：

(a) 当佣金费率较小时 $(0<\alpha<\alpha_1)$，若 $k>k_1$ 时，分销模式占优，若 $k<k_1$ 时，平台模式占优；

(b) 当佣金费率适中时 $(\alpha_1<\alpha<\alpha_2)$，平台模式占优；

(c) 当佣金费率较大时 $(\alpha>\alpha_2)$，若 $k>k_2$ 时，平台模式占优，若 $k<k_2$ 时，分销模式占优。(α_1、α_2、k_1、k_2 的值见书后证明) ■

随着服务成本系数的增加，服务提供商的服务成本也增加，服务成本与服务成本系数正相关，这里用服务成本来指代服务成本系数。命题 3.2 的结论可以如图 3.4 所示，若佣金费率较低且服务成本较高，或者佣金费率较高且服务成本较低时，分销模式占优；若佣金费率较低且服务成本较低，或者佣金费率适中，或者佣金费较高且服务成本较高时，平台模式占优。根据性质 3.2 可知，随着佣金费率的增加，若服务成本系数较小，平台模式下零售商的利润逐渐减少，反之零售商的利润逐渐增加。也就是说当佣金费率较低时，若服务成本系数较大，平台模式下零售商的利润较小，分销模式占优；当佣金费率较高时，若服务成本系数较小，平台模式下零售商的利润也较小，分销模式占优。这样，佣金费率与服务成本共同作用使得佣金费率和服务成本一大一小时，分销模式占优，其他情况下平台模式占优。

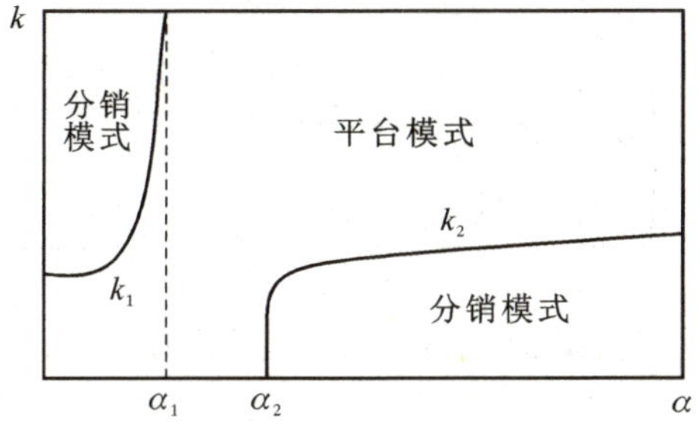

图 3.4　佣金费率和服务成本对零售商经营模式选择的影响

命题 3.1 和命题 3.2 给出了零售商最优的经营模式选择条件，接下来将通过对比分销模式和平台模式下制造商和服务提供商的利润，分析零售商的经营模式选择对制造商和服务提供商利润的影响。

命题 3.3　若不考虑固定成本，不同经营模式下制造商的利润满足：

(a) 当佣金费率较小时 ($0<\alpha<\alpha_2$)，零售商采取平台模式时制造商的利润更高；

(b) 当佣金费率适中时 ($\alpha_2<\alpha<\alpha_3$)，满足$\frac{2}{15}<k<k_4$ 或 $k>k_3$，零售商采取分销模式时制造商的利润更高，满足$k_4<k<k_3$，零售商采取平台模式时制造商的利润更高；

(c) 当佣金费率较大时 ($\alpha>\alpha_3$)，零售商采取分销模式时制造商的利润更高。(α_3、k_3、k_4 的值见书后证明) ■

对比命题 3.3 和命题 3.2 的结论可知，零售商的最优经营模式选择会影响制造商的利润，图 3.5 中空白部分表示零售商最优经营模式选择与制造商利润最大化一致，阴影部分则表示二者不一致。具体来说，当佣金费率较低且服务成本较低时，零售商选择平台模式与制造商利润最大化一致；当佣金费率适中时，零售商选择平台模式与制造商利润最大化一致；当佣金费率较高且服务成本较低时，零售商选择分销模式与制造商利润最大化一致。这是因为当佣金费率较低且服务成本较低时，制造商给零售商的收益分成较少、利润较高，而由于总收益较高且成本较低，零售商的利润也较高；当佣金费率适中时，零售商与制造商能够从适当的收益分成比例中获得双赢；当佣金费率较高且服务成本较低时，零售商选择分销模式不会与制造商进行收益分成，并且成本较低，制造商的利润较高，而由于总需求较高，零售商的利润也较高。

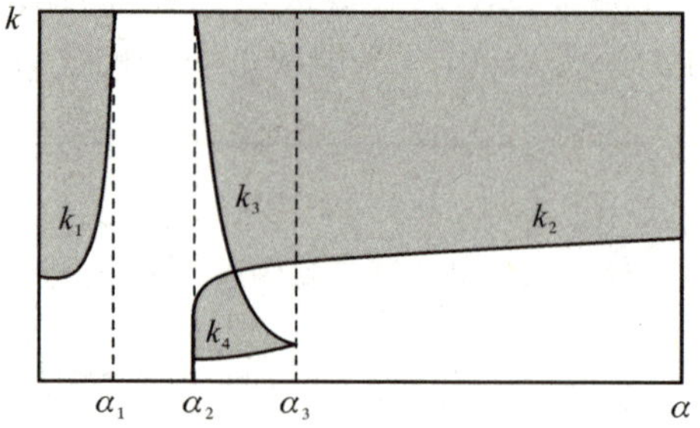

图 3.5　零售商最优经营模式与制造商利润最大化的关系

命题 3.4　不同经营模式下服务提供商的利润满足：

(a) 当佣金费率较小时 ($0 < \alpha < \alpha_5$)，零售商采取平台模式时服务提供商的利润更高；

(b) 当佣金费率适中时 ($\alpha_5 < \alpha < \alpha_4$)，若$\alpha_5 < \alpha < \alpha_2$，满足 $k < k_5$ 或 $k > k_6$，零售商采取平台模式时服务提供商的利润更高，满足$k_5 < k < k_6$，零售商采取分销模式时服务提供商的利润更高，若$\alpha_2 < \alpha < \alpha_4$，满足$k < k_6$，零售商采取分销模式时服务提供商的利润更高，满足 $k > k_6$，零售商采取平台模式时服务提供商的利润更高；

(c) 当佣金费率较大时 ($\alpha_4 < \alpha < 1$)，零售商采取分销模式时服务提供商的利润更高。(α_4、α_5、k_5、k_6 的值见书后证明) ■

对比命题 3.4 和命题 3.2 的结论可知，零售商的最优经营模式选择会影响服务提供商的利润，图 3.6 中空白部分表示零售商最优经营模式选择与服务提供商利润最大化一致，阴影部分则表示二者不一致。具体来说，当佣金费率较低且服务成本较低时，零售商选择平台模式与服务提供商利润最大化一致；当佣金费率适中且服务成本较高时，零售商选择平台模式与服务提供商利润最大化一致；当佣金费率适中且服务成本较低时，零售商选择分销

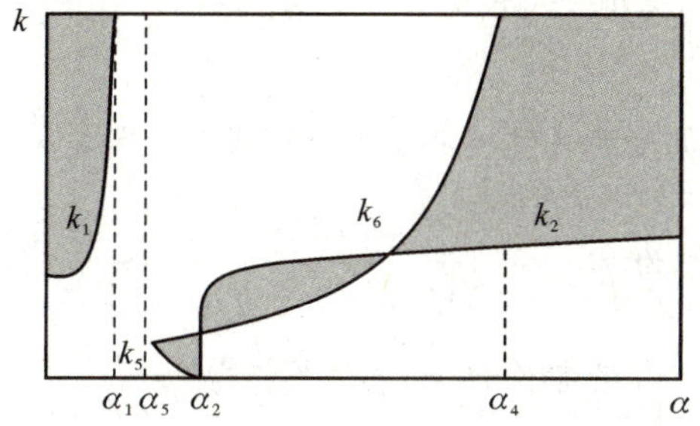

图 3.6　零售商最优经营模式与服务提供商利润最大化的关系

模式与服务提供商利润最大化一致；当佣金费率较高且服务成本较低时，零售商选择分销模式与服务提供商利润最大化一致。这是因为服务提供商的利润受产品需求和服务价格的影响，而零售商的利润同样也受产品需求、服务价格的影响，服务价格对二者的利润起反向作用，只有当产品需求增加所带来的利润增加程度能消除这种反向作用时，才能实现零售商与服务提供商的双赢。

第五节　佣金费率内生时零售商最优经营模式选择

在第 4 部分的分析中考虑零售商拥有较强市场势力的情况，此时，佣金费率是外生的，零售商给出一个固定的佣金费率时没有考虑制造商是否接受。然而，在现实生活中，有不少强势制造商拥有开拓直销渠道的能力，这时零售商在制定佣金费率时就需要考虑制造商是否接受，即为佣金费率内生的情况。

根据定理 3.1 和定理 3.2，分销模式下制造商的均衡利润为 $\Pi_r^M = \dfrac{\theta^2 k}{15k-2}$，平台模式下制造商的均衡利润为 $\Pi_p^M = \dfrac{\theta^2(1-\alpha)(3+\alpha)k^2}{[2k(3+\alpha)+\alpha-1]^2} - F$。当零售商选择平台模式时，制造商通过零售商的平台将产品直接销售给消费者，零售商按照佣金费率和销售额收取佣金。佣金费率的高低直接关系到制造商的利润，要使制造商愿意进驻零售商的平台，零售商给定的佣金费率至少需要使制造商在平台模式下的利润与分销模式下的利润相等，即满足 $\Pi_p^M = \Pi_r^M$。接下来，首先，确定佣金费率并分析固定成本、服务成本系数等对零售商佣金费率的影响。其次，给出佣金费率内生时，零售商最优经营模式选择。最后，分析固定成本、服务成本系数等因素对零售商最优经营模式选择的影响。

定理 3.3 当佣金费率内生时，平台模式下，满足 $k > \frac{1-\alpha^*}{2(3+\alpha^*)}$ 时存在均衡，产品质量为 $t_p = \frac{\theta(1-\alpha^*)k}{2k(3+\alpha^*)+\alpha^*-1}$，服务水平为 $s_p = \frac{\theta(1-\alpha^*)}{2k(3+\alpha^*)+\alpha^*-1}$，服务价格为 $\lambda_p = \frac{\theta(1-\alpha^*)(3+\alpha^*)k}{2k(3+\alpha)+\alpha-1}$，产品价格为 $p_p = \frac{\theta(5+\alpha^*)k}{2k(3+\alpha^*)+\alpha^*-1}$，产品需求为 $q_p = \frac{2\theta k}{2k(3+\alpha^*)+\alpha^*-1}$，零售商、制造商和服务提供商的利润分别为 $\Pi_p^R = \frac{2\theta^2\alpha^*(5+\alpha^*)k^2}{[2k(3+\alpha^*)+\alpha^*-1]^2}$，$\Pi_p^M = \frac{\theta^2(1-\alpha^*)(3+\alpha^*)k^2}{[2k(3+\alpha^*)+\alpha^*-1]^2} - F$，$\Pi_p^S = \frac{\theta^2(1-\alpha^*)k}{2k(3+\alpha^*)+\alpha^*-1}$。其中 α^* 为满足 $\max\left\{\frac{2\theta^2\alpha_1^*(5+\alpha_1^*)k^2}{[2k(3+\alpha_1^*)+\alpha_1^*-1]^2}, \frac{2\theta^2\alpha_2^*(5+\alpha_2^*)k^2}{[2k(3+\alpha_2^*)+\alpha_2^*-1]^2}\right\}$ 的 α_1^* 或 α_2^*，

$$\alpha_1^* = -\{2\sqrt{\theta^2k^3(15k-2)[8F(15k-2)+3\theta^2k(5k+2)]}+F(180k^3+36k^2-23k+2)+27\theta^2k^3+2\theta^2k^2-\theta^2k\} \div [F(15k-2)(2k+1)^2+\theta^2k(19k^2+2k+1)],$$

$$\alpha_2^* = \{2\sqrt{\theta^2k^3(15k-2)[8F(15k-2)+3\theta^2k(5k+2)]}-F(180k^3+36k^2-23k+2)-27\theta^2k^3-2\theta^2k^2+\theta^2k\} \div [F(15k-2)(2k+1)^2+\theta^2k(19k^2+2k+1)]。■$$

从定理 3.3 可以看出，当佣金费率内生时，基本需求、固定成本、服务成本系数成为影响佣金费率高低的重要因素，性质 3.3 将具体给出这些因素对佣金费率的影响。

性质 3.3 佣金费率内生时，基本需求、固定成本和服务成本系数对佣金费率的影响满足以下条件：

(a) 随着基本需求的增加，佣金费率逐渐减少；

(b) 随着固定成本的增加，佣金费率逐渐减少；

(c) 当 $\Delta_4 > 0$ 时，随着服务成本系数的增加，佣金费率逐渐增加；当 $\Delta_4 < 0$ 时，随着服务成本系数的增加，佣金费率逐渐减少。其中，

$$\Delta_4 = [15(\alpha^*-1)^3 - 450(\alpha^*-1)(\alpha^*+3)^2k^4 + 15(61\alpha^{*3}+397\alpha^{*2}+495\alpha^*-441)k^3 - 8(\alpha^{*3}+35\alpha^{*2}+63\alpha^*-99)k^2 + 2(51\alpha^{*3}+83\alpha^{*2}-191\alpha^*+57)k] \div \{4(2-15k)^2k[-\alpha^*+2(\alpha^*+3)k+1]\}。■$$

性质 3.3 表明，首先，随着基本需求的增加，佣金费率逐渐减少，这是因为基本需求增加会使分销模式下制造商的收益增加，零售商需要制定较低的佣金费率来使制造商进驻平台。其次，随着固定成本的增加，佣金费率逐渐减少，这是因为固定成本增加使得平台模式下制造商的成本增加，为了使制造商愿意进驻零售商的平台，零售商会制定较低的佣金费率。最后，服务成本系数对佣金费率的影响则更为复杂，受服务成本系数本身的大小、固定成本高低的影响。接下来将分析固定成本和服务成本系数对零售商经营模式选择的影响。

命题 3.5 当佣金费率内生时，零售商最优经营模式选择满足以下条件：若$U_1^* > F$，分销模式占优；若$U_1^* < F$，平台模式占优。其中，$U_1^* = \frac{4\theta^2 k^2}{(15k-2)^2} - \frac{2\theta^2\alpha^*(5+\alpha^*)k^2}{[2k(3+\alpha^*)+\alpha^*-1]^2}$，$\alpha^*$ 满足 $F = \frac{\theta^2(1-\alpha^*)(3+\alpha^*)k^2}{[2k(3+\alpha^*)+\alpha^*-1]^2} - \frac{\theta^2 k}{15k-2}$。■

从命题 3.5 可以看出，当佣金费率内生时，零售商经营模式选择主要受固定成本和服务成本系数的影响，命题 3.6 将具体分析这两方面因素对零售商经营模式选择的影响。

命题 3.6 当佣金费率内生时，零售商经营模式选择满足以下条件：

(a) 当服务成本系数较低时$\left[\frac{1-\alpha^*}{2(3+\alpha^*)} < k < \frac{7+5\alpha^*}{2(9-\alpha^*)}\right]$，若 $F < F_1$，分销模式占优，若 $F > F_1$，平台模式占优；

(b) 当服务成本系数较高时$\left[k > \frac{7+5\alpha^*}{2(9-\alpha^*)}\right]$，若 $F < F_2$，平台模式占优；若 $F > F_2$，分销模式占优。α^* 满足 $F = \frac{\theta^2(1-\alpha^*)(3+\alpha^*)k^2}{[2k(3+\alpha^*)+\alpha^*-1]^2} - \frac{\theta^2 k}{15k-2}$。■

命题 3.6 的结论表明，当佣金费率内生时，固定成本对零售商经营模式的影响与佣金费率外生时并不完全相同。与命题 3.2 的分析相同，这里也用服务成本来指代服务成本系数。佣金费率内生与外生时零售商的经营模式选择的不同之处在于：当佣金费率内生时，若服务成本和固定成本一大一小，平台模式占优，其他情况下分销模式占优；当佣金费率外生时，若服务成本和佣金费率一大一小，分销模式占优，其他情况下平台模式占优。由此可见，佣金费率内生与外生时，服务成本与固定成本(佣金费率)对零售商经营模式选择的影响相反。根据性质 3.3，固定成本与佣金费率呈反向变化，而佣金费率内生与外生的主要区别在于佣金费率的确定方式不同，因此，受固定成本对佣金费率的影响，使得佣金费率内生与外生时零售商的经营模式选择相反。

第六节　本 章 小 结

本章考虑由制造商、零售商和服务提供商组成的三级供应链，制造商和服务提供商分别决策产品质量和服务水平，研究了零售商销售单一产品的情形下对分销模式和平台模式的选择问题。通过分别对比零售商在这两种经营模式下的利润，给出了佣金费率外生时零售商最优经营模式选择条件，并分析了零售商的不同经营模式选择对制造商和服务提供商的影响，最后研究了佣金费率内生时零售商最优经营模式选择。

本章的主要研究结论如下。第一，佣金费率外生时，若佣金费率和服务成本一大一小，分销模式占优，其他情况下平台模式占优。第二，佣金费率外生时，若佣金费率较低且服务成本较低，或佣金费率适中，零售商选择平台模式与制造商利润最大化一致；若佣金费率较高且服务成本较低，零售商选择分销模式与制造商利润最大化一致。第三，佣金费率外生时，若佣金费率较低且服务成本较低，或佣金费率适中且服务成本较高，零售商选择平台模式与服务提供商利润最大化一致；若佣金费率适中且服务成本较低，或佣金费率较高且服务成本较低，零售商选择分销模式与服务提供商利润最大化一致。第四，佣金费率内生时，若固定成本和服务成本一大一小，平台模式占优，其他情况下分销模式占优。

综上，本章综合考虑产品质量和服务水平等因素，通过分析得到零售商最优的经营模式选择条件，具有一定的理论和实践价值。由于本章是以单一产品为研究基础，没有考虑不同产品之间的竞争关系，但是在现实生活中，零售商销售的产品之间可能会存在一定的竞争，这些竞争也会影响到零售商经营模式的选择，考虑竞争性产品时零售商的经营模式选择将是值得进一步研究的内容之一。同时，经营模式和纵向整合共同构成了零售商商业模式的两个方面，因此，考虑不同经营模式下的纵向整合策略选择也是需要探讨的方向，本书将在下一章讨论相关问题。

第四章
单产品的零售商纵向整合策略选择

本书主要研究零售商商业模式的两个重要方面:经营模式和纵向整合,上一章以单产品为研究对象,研究了零售商的经营模式选择,本章将同样以单产品为研究对象,研究不同经营模式下零售商的纵向整合策略选择。除了经营模式的不同外,产品质量和服务水平会通过影响消费者购买决策成为影响零售商纵向整合策略选择的重要因素。基于此,以单产品为研究对象,在考虑产品质量和服务水平的基础上,研究不同经营模式下的零售商纵向整合策略选择。考虑了由制造商、零售商和服务提供商组成的三级供应链,制造商和服务提供商能够通过投资分别提高产品质量和服务水平,分别对比分销模式和平台模式下零售商采取不进行纵向整合策略、后向整合策略和前向整合策略的利润,给出了不同经营模式下零售商最优纵向整合策略选择条件,并设计了一种纵向整合改进策略来提高供应链中各个企业的利润。

第一节 研究背景

零售商一直以来都承担着产品分配的职能,制造商的产品通过零售商最终送达给消费者(Berry, 1995)。随着电子商务技术的进步,我国网络零售发展迅速。根据商务部的统计,2015 年中国电子商务交易额达到约 20.8 万亿元,同比增长 27%。网络零售在迅速发展的同时也呈现出一系列问题,根据国家工商总局发布的《中国消费者权益保护年度报告》显示,2015 年消费者在网络购物时对商品质量和销售服务等方面进行投诉的比例显著增加。网络零售环境下，消费者会更加关注产品的感知效应（Liu 和 Arnett，2000），包括产品质量和服务水平等预期效用（王崇和王祥翠，2011），当实际效用低于预期效用时便会对消费者的购买意愿产生影响。因此，面对激烈的市场竞争，零售商取得竞争优势的途径就是要提升消费者的体验效用，依靠高质量的产品和高水平的服务，赢得消费者的青睐。

在传统供应链中，各环节主体分工协作，制造商负责生产环节，零售商负责销售环节，服务提供商负责配送服务环节，产品质量和服务水平分别由制造商和服务提供商来决定，零售商只能通过纵向整合来控制产品质量或服务水平。按照纵向整合的方向，纵向整合策略分为后向整合策略、前向整合策略（Lin 等，2014）。对于这两种不同的纵向整合策略，不同的零售商有不同选择。有些零售商会选择后向整合来向供应链上游扩张，例如 2014 年天猫电器城包下美的、九阳、苏泊尔等 10 余个知名品牌 12 条生产线，以天猫网络定制、规模化生产方式，向消费者提供更具性价比的产品，2015 年当当网也推出“自出版”平台，以买断版权的形式与作者签约，向图书产业链上游渗透；有些零售商会选择前向整合来向供应链下游发展，例如京东从 2004 年开始陆续在北京、上海、广州设立物流配送中心，到目前为止，京东拥有了在 43 个城市实现“下单当日投递”、在 265 个城市实现“下单次日投递”的配送能力。

不同零售商选择不同纵向整合策略，这是因为后向整合策略和前向整合策略在不同情况下各有优劣。后向整合策略下，零售商通过对制造商的兼并、收购、投资进入产品生产环节来控制产品质量，满足消费者对高质量产品的需求，扩大利润，但也需要为此增加许多投入；前向整合策略下，零售商通过对服务提供商的兼并、收购、投资进入产品后市场环节来控制服务水平，满足消费者对高水平服务的需求，扩大利润，相应的投入也需要增加。那么，在考虑产品质量和服务水平时，零售商是否应该选择纵向整合？如果选择纵向整合，零售商应选择何种纵向整合策略？

与此同时，无论是后向整合策略还是前向整合策略，只能实现零售商对产品质量或服务水平的控制，零售商是否能通过对整条供应链的整合达到同时控制产品质量和服务水平呢？答案是否定的。在现实生活中，零售商要实现对整条供应链的整合需要庞大的人力、物力和财力，成功的案例是少之又少，大部分零售商只会选择后向整合策略或前向整合策略（Lin 等，2014）。那么，对于这些选择后向整合策略或前向整合策略的零售商来说，是否有途径实现或部分实现同时控制产品质量和服务水平呢？

当然，除了产品质量和服务水平外，零售商在做纵向整合策略选择决策时，还需要考虑盈利方式和产品控制权，这就涉及经营模式选择的问题。按照盈利方式和产品控制权不同，Hagiu 和 Wright(2015)把零售商的经营模式主要分为分销模式(reseller)、平台模式(platform)[①]。分销模式下，零售商通过向卖方报价买入商品，再向买方要价卖出商品，通过赚取买卖之间的差价来获利，由零售商来决策产品价格，例如早期的京东商城等；平台模式下，零售商通过对买卖双方进行匹配，从促成交易中获取一定佣金，由制造商来决策产品价格，例如早期的天猫商城等。这两种不同经营模式下产品价格决策权和收益方式各不相同，那么，这些不同经营模式是否又会对零售商的纵向整合策略选择产生影响呢？

第二节　模型描述

一、符号描述

首先，给出涉及的一些变量与符号的定义：

θ	零售商的基本需求
t_i^j	i 模式 j 策略下产品质量对需求的影响
s_i^j	i 模式 j 策略下服务水平对需求的影响
q_i^j	i 模式 j 策略下产品需求
p_i^j	i 模式 j 策略下产品的销售价格
w_i^j	i 模式 j 策略下产品的批发价格
λ_i^j	i 模式 j 策略下的服务价格
k	服务成本系数
F	销售产品的固定成本
α	平台模式下零售商向制造商收取的佣金费率
φ	i 模式 j 策略下的成本分担比例
Π_i^{jk}	i 模式 j 策略 k 企业的利润

① 除了平台模式和分销模式外，还有一种经营模式是混合模式，其部分产品是通过分销模式来销售，另外部分产品是通过平台模式来销售，由于兼具分销模式与平台模式的特征，本章不再重复讨论混合模式。

其中，$i=r,\ p$ 分别表示分销模式与平台模式，$j=N,\ F,\ B$ 分别表示零售商不采取整合策略、采取前向整合策略、采取后向整合策略，$k=R,\ M,\ S$ 分别表示零售商、制造商和服务提供商。

二、问题描述

随着零售市场竞争的加剧，产品质量和服务水平成为零售商取得竞争优势的关键因素。一般来说，制造商是产品质量的决策者，服务提供商是服务水平的决策者。当零售商之间的竞争转向产品质量和服务水平的竞争时，零售商如何协调与制造商和服务提供商之间的关系、提高产品质量和服务水平就显得尤为重要。

现实生活中，零售商通过纵向整合来控制产品质量或服务水平。如图4.1所示，零售商有两种不同的纵向整合策略：①后向整合策略，又称后向一体化策略，指企业（零售商）与上游企业（制造商）进行合作，或采取投资、兼并、收购等方式控制上游企业，进而把分销和生产的过程结合起来；②前向整合策略，又称前向一体化策略，指企业（零售商）与下游企业（服务提供商）进行合作，或采取投资、兼并、收购等方式控制下游企业，进而把分销和服务的过程结合起来。同时，由于经营模式会直接影响零售商的盈利模式和成本，不同经营模式下零售商的纵向整合策略也存在不同，目前，零售商主要有两种不同的经营模式：分销模式和平台模式。

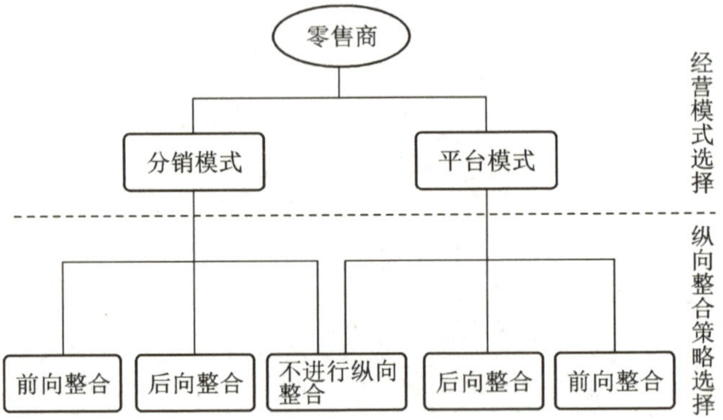

图 4.1 研究框架图

基于此，假设市场上有一家零售商、一家制造商和一家服务提供商组成的供应链，考虑产品质量和服务水平对产品需求的影响，研究采取不同经营模式的零售商的纵向整合策略选择问题。如图4.1所示，有两种不同经营模式的零售商需要做出不进行纵向整合、前向整合策略和后向整合策略的选择，包括以下六种不同的情形。

（1）分销模式下，①零售商不采取纵向整合策略（*RN* 策略），②零售商采取后向整合策略（*RB* 策略），③零售商采取前向整合策略（*RF* 策略）[①]。

（2）在平台模式下，④零售商不采取纵向整合策略（*PN* 策略），⑤零售商采取后向整合策略（*PB* 策略），⑥零售商采取前向整合策略（*PF* 策略）[②]。

这样，零售商需要做出三方面的决策。第一，在分销模式下，零售商是否应该进行纵向整合？如果进行纵向整合，应该选择何种纵向整合策略？第二，在平台模式下，零售商是否应该进行纵向整合？如果进行纵向整合，应该选择何种纵向整合策略？第三，后向整合策略或前向整合策略下，零售商只能实现分别控制产品质量或服务水平，那么，是否有办法实现同时控制这两方面因素呢？

三、模型假设

本章基本假设说明如下：

假设 4.1 不同经营模式下，零售商和制造商销售产品的固定成本不同。当零售商采取分销模式时，零售商销售需承担固定成本 F（仓储、维护等成本），制造商承担的固定成本为 0；当零售商采取平台模式时，零售商承担的固定成本为 0，制造商需承担固定成本 F。

假设 4.2 零售商采取平台模式时，会按照销售额和佣金费率向制造商收取佣金。根据 Abhishek 等（2015）的研究，零售商对于通过其平台销售产品的制造商按照销售额和佣金费率收取佣金，佣金费率 α 满足 $0 \leqslant \alpha \leqslant 1$。

假设 4.3 根据 Arya 和 Mittendorf（2013）的研究，产品质量对需求的影响为 t_i^j，制造商需承担 ${t_i^j}^2$ 的成本，即质量成本系数为 1；服务水平对需求的影响为 s_i^j，服务成本系数为 k，服务提供商需承担 $k {s_i^j}^2$ 的成本，其中，$k > 1$ 表示提高服务水平的成本高于提高质量的成本，$k < 1$ 表示提高服务水平的成本低于提高质量的成本。

---

① 在现实生活中，一些小型的社区便利店、超市大多采取 *RN* 策略，一些大型连锁超市大多采取 *RB* 策略（例如屈臣氏将 75%的店内空间留给其他品牌），一些家电零售企业大多采取 *RF* 策略（例如苏宁、国美等各自拥有配送服务功能）。

② 在现实生活中，一些小型的平台企业大多采取 *PN* 策略（例如小红书等海淘平台），一些大型连锁超市大多采取 *PB* 策略（例如天猫的定制化小家电），一些家电零售企业大多采取 *PF* 策略（例如京东的物流配送服务）。

四、基本模型

根据 Arya 和 Mittendorf(2013)的研究以及假设 4.1 至假设 4.3,产品需求受基本需求、产品价格、产品质量和服务水平的影响,采用线性需求函数,产品需求函数为:$q_i^j=\theta+t_i^j+s_i^j-p_i^j$。不同经营模式和纵向整合策略下,产品价格、产品质量、服务水平等变量的决策主体不同,零售商的利润函数也不同。具体如下。

(1) 不同经营模式下,产品价格的决策主体和承担成本的主体不相同。分销模式下,由零售商来决策产品价格和承担销售产品的固定成本;平台模式下,由制造商来决策产品价格和承担销售产品的固定成本,零售商按照销售额收取佣金来获利。

(2) 不同纵向整合策略下,产品质量和服务水平的决策主体不同。不采取纵向整合时,制造商决策产品质量,服务提供商决策服务水平;后向整合时,零售商与制造商作为共同决策的主体,零售商决策产品质量,服务提供商决策服务水平;前向整合时,零售商与服务提供商作为共同决策的主体,制造商决策产品质量,零售商决策服务水平。

这样,在不同经营模式和纵向整合策略下,零售商的利润函数如下:

表 4.1　　不同经营模式和纵向整合策略下零售商的利润函数

不同经营模式和纵向整合策略		利润函数
不进行纵向整合	分销模式	$\Pi_r^{NR}=(p_r^N-w_r^N-\lambda_r^N)q_r^N-F$
	平台模式	$\Pi_p^{NR}=\alpha p_p^N q_p^N$
后向整合	分销模式	$\Pi_r^{BR}=(p_r^B-\lambda_r^B)q_r^B-t_r^{B2}-F$
	平台模式	$\Pi_p^{BR}=(p_p^B-\lambda_p^B)q_p^B-t_p^{B2}-F$
前向整合	分销模式	$\Pi_r^{FR}=(p_r^B-w_r^F)q_r^F-ks_r^{F2}-F$
	平台模式	$\Pi_p^{FR}=\alpha p_p^F q_p^F+\lambda_p^F q_p^F-ks_p^{F2}$

第三节　分销模式下的纵向整合策略选择

分销模式下,零售商采取不同纵向整合策略时,产品价格、产品质量、服务水平等变量的决策主体不同,零售商、制造商和服务提供商的决策顺序也不相同。分销模式下不同纵向整合策略的决策顺序遵循以下规律。第一,零售商为产品销售的主体，处于供应链核心地位，零售商最后做出决策。第二，按照供应链上下游企业的供需关系，不进行纵向整合时，制造商做出决策后服务提供商再做决策。第三，后向整合时，任何经营模式下，零售商和制造商作为共同主体处于供应链核心地位，最后做出决策；前向整合时，零售商和服务提供商作为共同主体处于供应链核心地位，最后做出决策。这样，如图 4.2 所示，零售商、制造商和服务提供商的决策顺序如下。

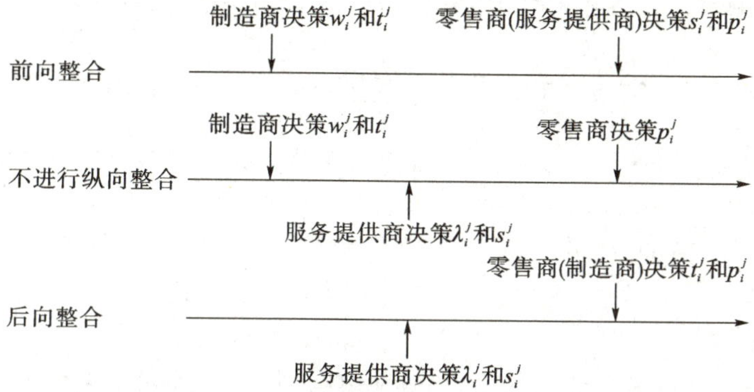

图 4.2　分销模式的决策顺序图

① RN 策略下，制造商决策批发价格 w_i^j 和产品质量t_i^j，随后服务提供商决策服务价格λ_i^j 和服务水平s_i^j，最后由零售商来决策产品价格p_i^j。

② RB 策略下，服务商提供商决策服务价格λ_i^j 和服务水平s_i^j，随后零售商决策产品质量t_i^j 和产品价格p_i^j。

③ RF 策略下，制造商决策批发价格w_i^j 和产品质量t_i^j，随后零售商决策服务水平s_i^j 和产品价格p_i^j。

一、分销模式下不同纵向整合策略的利润

在 RN 策略下，制造商按照批发价格 w_r^N 将产品销售给零售商，并承担保证产品质量水平的成本t_r^{N2}，制造商的利润函数为

$$\Pi_r^{NM} = w_r^N q_r^N - t_r^{N2};$$

服务提供商按照价格 λ_r^N 为零售商提供服务，并承担保证服务水平的成本 $k s_r^{N2}$，服务提供商的利润函数为

$$\Pi_r^{NS} = \lambda_r^N q_r^N - k s_r^{N2};$$

零售商需要决策产品价格 p_r^N，并承担销售产品的固定成本 F，按照批发价格 w_r^N 从制造商采购产品并按照服务价格λ_r^N 向服务提供商支付费用，零售商的利润函数为

$$\Pi_r^{NR} = (p_r^N - w_r^N - \lambda_r^N)q_r^N - F。$$

用逆向归纳法求解可得零售商、制造商和服务提供商的均衡利润。

定理 4.1 零售商采取 RN 策略时，满足 $k > \frac{2}{15}$ 时存在均衡，产品的批发价格为 $w_r^N = \frac{\theta(8k-1)}{15k-2}$，产品质量为 $t_r^N = \frac{\theta k}{15k-2}$，服务价格为 $\lambda_r^N = \frac{4\theta k}{15k-2}$，服务水平为 $s_r^N = \frac{\theta}{15k-2}$，产品价格为 $p_r^N = \frac{\theta(14k-1)}{15k-2}$，产品需求为 $q_r^N = \frac{2\theta k}{15k-2}$，零售商、制造商和服务提供商的利润分别为 $\Pi_r^{NR} = \frac{4\theta^2 k^2}{(15k-2)^2} - F$，$\Pi_r^{NM} = \frac{\theta^2 k}{15k-2}$，$\Pi_r^{NS} = \frac{\theta^2 k(8k-1)}{(15k-2)^2}$。■

从 RN 策略下零售商、制造商和服务提供商的均衡利润可以看出，随着服务成本系数的增加，零售商、制造商和服务提供商的利润均减少，这是因为服务成本系数增加会使得服务提供商的服务成本增加，愿意提供的服务水平下降，产品需求减少，零售商、制造商和服务提供商的利润均减少。

在 RB 策略下，零售商后向整合制造商，零售商作为产品质量和产品价格的决策主体。服务提供商按照价格λ_r^B 为零售商提供服务，并承担保证服务水平的成本 $k s_r^{B2}$，服务提供商的利润函数为

$$\Pi_r^{BS} = \lambda_r^B q_r^B - k s_r^{B2};$$

零售商需要决策产品价格 p_r^B，按照服务价格λ_r^B 支付给服务提供商费用，并承担销售产品的固定成本 F 和保证产品质量水平的成本t_r^{B2}，零售商的利润函数为

$$\Pi_r^{BR} = (p_r^B - \lambda_r^B)q_r^B - t_r^{B2} - F。$$

用逆向归纳法求解可得零售商和服务提供商的均衡利润。

定理 4.2 零售商采取 RB 策略时，满足 $k > \frac{1}{6}$ 时存在均衡，产品质量为 $t_r^B = \frac{\theta k}{6k-1}$，服务价格为$\lambda_r^B = \frac{3\theta k}{6k-1}$，服务水平为 $s_r^B = \frac{\theta}{6k-1}$，产品价格为 $p_r^B = \frac{5k\theta}{6k-1}$，产品需求为 $q_r^B = \frac{2\theta k}{6k-1}$，零售商和服务提供商的利润分别为

$\Pi_r^{BR}=\dfrac{3\theta^2k^2}{(6k-1)^2}-F$，$\Pi_r^{BS}=\dfrac{\theta^2k}{6k-1}$。■

RB 策略下的结论与 *RN* 策略的结论类似，随着服务成本系数的增加，零售商和服务提供商的利润均减少，这是因为服务成本系数增加会使得服务提供商的服务成本增加，服务水平下降，产品需求减少，零售商和服务提供商的利润下降。

在 *RF* 策略下，零售商前向整合服务提供商，零售商作为服务水平和产品价格的决策主体。制造商按照批发价格w_r^F将产品销售给零售商，并承担保证产品质量水平的成本t_r^{F2}，制造商的利润函数为

$$\Pi_r^{FM}=w_r^Fq_r^F-t_r^{F2};$$

零售商需要决策产品价格 p_r^F，按照w_r^F从制造商采购产品，并承担销售产品的固定成本 F 和保证产品服务水平的成本$k\,s_r^{F2}$，零售商的利润函数为

$$\Pi_r^{FR}=(p_r^B-w_r^F)q_r^F-k\,s_r^{F2}-F。$$

用逆向归纳法求解可得零售商和制造商的均衡利润。

定理 4.3 零售商采取 *RF* 策略时，满足$k>\dfrac{2}{7}$时存在均衡，产品的批发价格为$w_r^F=\dfrac{\theta(4k-1)}{7k-2}$，产品质量为$t_r^F=\dfrac{\theta k}{7k-2}$，服务水平为$s_r^F=\dfrac{\theta}{7k-2}$，产品价格为$p_r^F=\dfrac{\theta(6k-1)}{7k-2}$，产品需求为$q_r^F=\dfrac{2\theta k}{7k-2}$，零售商和制造商的利润分别为$\Pi_r^{FR}=\dfrac{\theta^2k(4k-1)}{(7k-2)^2}-F$，$\Pi_r^{FM}=\dfrac{\theta^2k}{7k-2}$。■

RF 策略下的结论与 *RN* 策略、*RB* 策略的结论类似，随着服务成本系数的增加，零售商和制造商的利润均减少，这是因为服务成本系数增加会使得服务成本增加，服务水平下降，零售商和制造商的利润下降。

二、分销模式下不同纵向整合策略的选择

当零售商采取分销模式时，在不同纵向整合策略下，根据定理 4.1 至定理 4.3，比较这三种情况下零售商的利润可以得出最优的零售商纵向整合策略。

命题 4.1 分销模式下，存在均衡时，零售商的最优纵向整合策略满足以下条件：(a)零售商的任何纵向整合策略都优于不整合策略；(b)若$k>1$，零售商采取后向整合策略更优；若$\dfrac{2}{7}<k<1$，零售商采取前向整合策略更

优。■

当 $k>1$ 时，提高服务水平的成本要大于提高产品质量的成本，后向整合策略更优（整合制造商）；当 $\frac{2}{7}<k<1$ 时，提高服务水平的成本要小于提高产品质量的成本，前向整合策略更优（整合服务提供商）。因此，命题 4.1 的结论表明，当零售商选择分销模式时：第一，任何纵向整合策略都优于不整合策略；第二，产品质量成本和服务成本成为影响零售商选择纵向整合策略的关键因素，零售商会选择整合具有成本优势的一方，即若提高产品质量的成本更低，零售商选择整合制造商（后向整合策略）更优，若提高服务水平的成本更低，零售商选择整合服务提供商（前向整合策略）更优。

命题 4.1 的结论主要由两方面因素决定。一是需求。当服务成本系数较低时 $(k<1)$，前向整合策略需求最大，当服务成本系数较大时 $(k>1)$，后向整合策略需求最大。如表 4.2 所示，对比不进行纵向整合、后向整合策略和前向整合策略下的产品质量、服务水平和产品需求的关系满足：当 $k<1$ 时，$RN<RB<RF$，前向整合策略下零售商的需求最大，当 $k>1$ 时，$RN<RF<RB$，后向整合策略下零售商的需求最大。二是成本。零售商采取后向整合策略时需要按服务价格支付给服务提供商服务费用，零售商采取前向整合策略时需要按照批发价格支付给制造商采购费用，对比服务价格和批发价格可知，当服务成本系数较低时 $(k<1)$，$w_r^F<\lambda_r^B$，前向整合策略占优，当服务成本系数较大时 $(k>1)$，$w_r^F>\lambda_r^B$，后向整合策略占优。因此，前向整合策略与后向整合策略在需求和成本上各具优劣，零售商对这两种策略的选择主要取决于服务成本系数的大小。

表 4.2　　分销模式下不同纵向整合策略均衡时不同变量的对比

不同变量	不进行纵向整合	后向整合策略	前向整合策略	对比
批发价格	$w_r^N=\frac{\theta(8k-1)}{15k-2}$	—	$w_r^F=\frac{\theta(4k-1)}{7k-2}$	$RN<RF$
产品质量	$t_r^N=\frac{\theta k}{15k-2}$	$t_r^B=\frac{\theta k}{6k-1}$	$t_r^F=\frac{\theta k}{7k-2}$	1. $k<1$ 时 $RN<RB<RF$ 2. $k>1$ 时 $RN<RF<RB$
服务价格	$\lambda_r^N=\frac{4\theta k}{15k-2}$	$\lambda_r^B=\frac{3\theta k}{6k-1}$	—	$RN<RB$

（续表）

不同变量	不进行纵向整合	后向整合策略	前向整合策略	对比
服务水平	$s_r^N=\frac{\theta}{15k-2}$	$s_r^B=\frac{\theta}{6k-1}$	$s_r^F=\frac{\theta}{7k-2}$	1. $k<1$时 $RN<RB<RF$ 2. $k>1$时 $RN<RF<RB$
产品需求	$q_r^N=\frac{2\theta k}{15k-2}$	$q_r^B=\frac{2\theta k}{6k-1}$	$q_r^F=\frac{2\theta k}{7k-2}$	1. $k<1$时 $RN<RB<RF$ 2. $k>1$时 $RN<RF<RB$

命题 4.2 分销模式下，若存在均衡，与不进行纵向整合策略相比，零售商采取后向整合策略时，对服务提供商来说更优；零售商采取前向整合策略时，对制造商来说更优。■

从命题 4.2 可以看出，与不进行纵向整合策略相比，制造商和服务提供商在纵向整合策略下利润更大。由于产品质量、服务水平、产品需求均满足 $RN<RB$，服务价格也满足 $RN<RB$，从而，后向整合策略下服务提供商的利润更大；由于产品质量、服务水平、产品需求均满足 $RN<RF$，批发价格也满足 $RN<RF$，从而，前向整合策略下制造商的利润更大。

当零售商采取分销模式时，采取纵向整合策略能为整合方和被整合方带来两方面优势。一是经济性。零售商通过纵向整合策略可以将供应链上下游活动内部化，减少了双重加价行为，达到内部控制和协调的经济性，制造商（服务提供商）也能借助零售商经济性的溢出效应来增加收益。二是增强市场势力。由于产品质量和服务水平是影响消费者购买产品的重要因素，零售商采取纵向整合策略能够使其拥有对产品质量或服务水平的决策权，这不仅会降低采购成本（省去了中间环节），还可以通过增加产品质量或服务水平来扩大需求。同样，制造商（服务提供商）也能借助需求的扩大及服务水平（产品质量）的溢出效应来增加收益。从而，无论对于零售商还是制造商（服务提供商），任何纵向整合策略都要优于不采取纵向整合。

对于具体纵向整合策略的选择，根据资源能力理论可知，知识、资源、技能、协调会影响企业纵向整合策略的选择。由于企业的本质是能力和资源的集合，企业保持良好运作的关键是有效保护和开发最大的潜在能力，企业应该关注具有优势或者待开发的稀有资源，并对此进行一体化（白玉和杨敏，2008）。因此，零售商会选择整合具有成本优势的一方，即当制造商具有成本优势时，零售商会选择后向整合策略，当服务提供商具有成本优势时，零售商会选择前向整合策略。

第四节　平台模式下的纵向整合策略选择

与分销模式相同，平台模式下，零售商采取不同纵向整合策略时产品价格、产品质量、服务水平等变量的决策主体不同，零售商、制造商和服务提供商的决策顺序也不相同，决策顺序遵循以下规律。第一，制造商为产品销售的主体，处于供应链核心地位，制造商最后做出决策。第二，后向整合时，零售商和制造商作为产品销售的共同主体处于供应链核心地位，最后做出决策；前向整合时，零售商和服务提供商虽然作为共同决策的主体，但制造商为产品销售的主体，处于供应链核心地位，制造商最后做出决策。这样，如图 4.3 所示，零售商、制造商和服务提供商的决策顺序如下。

① PN 策略下，零售商给定佣金费率α，随后服务提供商决策服务价格λ_i^j和服务水平s_i^j，最后由制造商决策产品质量t_i^j 和产品价格p_i^j。

② PB 策略下，服务商提供商决策服务价格λ_i^j 和服务水平s_i^j，随后零售商决策产品质量t_i^j 和产品价格p_i^j。

③ PF 策略下，零售商给定佣金费率α、决策服务水平s_i^j 和服务价格λ_i^j，制造商决策产品质量t_i^j 和产品价格p_i^j。

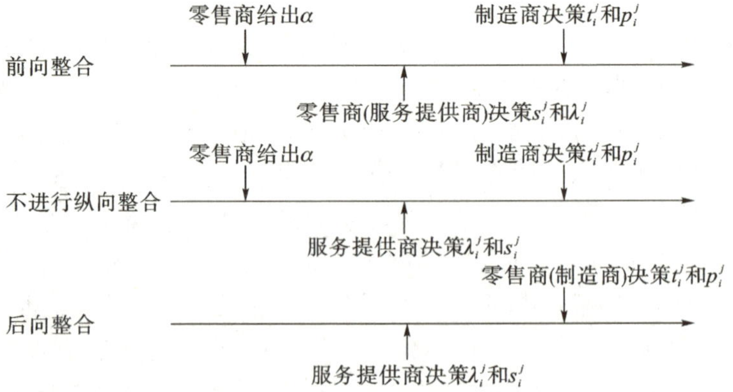

图 4.3　平台模式的决策顺序图

一、平台模式下不同纵向整合策略的利润

在 PN 策略下，服务提供商按照价格λ_p^N 为制造商提供服务，并承担保证服务水平的成本 $k s_p^{N2}$，服务提供商的利润函数为

$$\Pi_p^{NS} = \lambda_p^N q_p^N - k s_p^{N2};$$

制造商决策产品价格 p_p^N，按照销售额和佣金费率 α 向零售商支付佣金，承担销售产品的固定成本 F 和保证产品质量水平的成本t_p^{N2}，按照服务价格λ_p^N 向服务提供商支付费用，制造商的利润函数为

$$\Pi_p^{NM} = (1-\alpha)\, p_p^N q_p^N - \lambda_p^N q_p^N - t_p^{N2} - F;$$

零售商根据佣金费率 α 收取制造商佣金，零售商的利润函数为

$$\Pi_p^{NR} = \alpha\, p_p^N q_p^N。$$

用逆向归纳法求解可得零售商、制造商和服务提供商的均衡利润。

定理 4.4 零售商采取 PN 策略时，满足$k > \dfrac{1-\alpha}{2(3+\alpha)}$ 时存在均衡，产品质量为$t_p^N = \dfrac{\theta(1-\alpha)k}{2k(3+\alpha)+\alpha-1}$，服务水平为$s_p^N = \dfrac{\theta(1-\alpha)}{2k(3+\alpha)+\alpha-1}$，服务价格为$\lambda_p^N = \dfrac{\theta(1-\alpha)(3+\alpha)k}{2k(3+\alpha)+\alpha-1}$，产品价格为$p_p^N = \dfrac{\theta(5+\alpha)k}{2k(3+\alpha)+\alpha-1}$，产品需求为$q_p^N = \dfrac{2\theta k}{2k(3+\alpha)+\alpha-1}$，零售商、制造商和服务提供商的利润分别为$\Pi_p^{NR} = \dfrac{2\theta^2\alpha(5+\alpha)k^2}{[2k(3+\alpha)+\alpha-1]^2}$，$\Pi_p^{NM} = \dfrac{\theta^2(1-\alpha)(3+\alpha)k^2}{[2k(3+\alpha)+\alpha-1]^2} - F$，$\Pi_p^{NS} = \dfrac{\theta^2(1-\alpha)k}{2k(3+\alpha)+\alpha-1}$。■

PN 策略均衡时的结论表明，第一，随着服务成本系数的增加，零售商、制造商和服务提供商的利润均减少，这是因为服务成本系数增加会使得服务提供商服务成本增加，其愿意提供的服务水平下降，产品需求减少，零售商、制造商和服务提供商的利润均减少。第二，随着佣金费率的增加，制造商和服务提供商的利润均减少，零售商利润的变化取决于服务成本系数的高低，当服务成本系数较低时$\left[\dfrac{1-\alpha}{2(3+\alpha)} < k < \dfrac{5+7\alpha}{2(15+\alpha)}\right]$，零售商的利润减少，当服务成本系数较高时$\left[(k > \dfrac{5+7\alpha}{2(15+\alpha)}\right]$，零售商的利润增加。显然，佣金费率的增加会使得制造商的利润减少，制造商愿意提供的产品质量水

平下降，产品需求下降，服务提供商的利润减少。同时，虽然佣金费率增加会使零售商从制造商获得的收益分成增加，但产品质量、服务水平和价格变化又会使得需求下降，减少了零售商的利润。因此，佣金费率对零售商利润的影响主要取决于这两方面因素作用的大小。

在 PB 策略下，零售商后向整合制造商，零售商作为产品质量和产品价格的决策主体。服务提供商按照价格 λ_p^B 为零售商提供服务，并承担保证服务水平的成本 $k s_p^{B2}$，服务提供商的利润函数为

$$\Pi_p^{BS} = \lambda_p^B q_p^B - k s_p^{B2};$$

零售商需要决策产品价格 p_p^B，按照服务价格λ_p^B 向服务提供商支付费用，并承担销售产品的固定成本 F 和保证产品质量水平的成本t_p^{B2}，零售商的利润函数为

$$\Pi_p^{BR} = (p_p^B - \lambda_p^B)q_p^B - t_p^{B2} - F。$$

用逆向归纳法求解可得零售商和服务提供商的均衡利润。

定理 4.5 零售商采取 PB 策略时，满足$k > \frac{1}{6}$时存在均衡，产品质量为$t_p^B = \frac{\theta k}{6k-1}$，服务价格为$\lambda_p^B = \frac{3\theta k}{6k-1}$，服务水平为$s_p^B = \frac{\theta}{6k-1}$，产品价格为$p_p^B = \frac{5k\theta}{6k-1}$，产品需求为$q_p^B = \frac{2\theta k}{6k-1}$，零售商和服务提供商的利润分别为：$\Pi_p^{BR} = \frac{3\theta^2 k^2}{(6k-1)^2} - F$，$\Pi_p^{BS} = \frac{\theta^2 k}{6k-1}$。■

对比定理 4.5 和定理 4.2 可以发现，PB 策略与 RB 策略下零售商、制造商和服务提供商的均衡利润相同。这是由于零售商与制造商进行整合后，零售商来决策产品价格和承担销售产品的固定成本，这就使得 PB 策略与 RB 策略下供应链的构成主体相同（零售商、服务提供商）、各主体的决策变量相同（零售商决策产品质量和产品价格、服务提供商决策服务价格和服务水平）、决策顺序相同，从而，在分销模式和平台模式下，零售商和服务提供商的均衡利润也相同。

在 PF 策略下，零售商前向整合服务提供商，零售商作为服务水平和服务价格的决策主体。制造商决策产品价格p_p^F，按照销售额和佣金费率 α 向零售商支付佣金，承担销售产品的固定成本 F 和保证产品质量水平的成本t_p^{F2}，按照服务价格λ_p^F 向零售商支付费用，制造商的利润函数为

$$\Pi_p^{FM} = (1-\alpha)p_p^F q_p^F - \lambda_p^F q_p^F - t_p^{F2} - F;$$

零售商根据佣金费率 α 收取制造商佣金，按照λ_p^F 向制造商收取服务费用，并承担保证产品服务水平的成本 $k s_p^{F2}$，零售商的利润函数为

$$\Pi_p^{FR} = \alpha p_p^F q_p^F + \lambda_p^F q_p^F - k s_p^{F2}。$$

用逆向归纳法求解可得零售商和制造商的均衡利润。

定理 4.6 零售商采取 PF 策略时，满足 $k > \frac{1}{6-2\alpha}$ 时存在均衡，产品质量为 $t_p^F = \frac{\theta(1-\alpha)k}{6k-1-2\alpha k}$，服务水平为 $s_p^F = \frac{\theta}{6k-1-2\alpha k}$，服务价格为 $\lambda_p^F = \frac{3\theta(1-\alpha)^2 k}{6k-1-2\alpha k}$，产品价格为 $p_p^F = \frac{\theta(5-3\alpha)k}{6k-1-2\alpha k}$，产品需求为 $q_p^F = \frac{2\theta k}{6k-1-2\alpha k}$，零售商和制造商的利润分别为 $\Pi_p^{FR} = \frac{\theta^2 k}{6k-1-2\alpha k}$，$\Pi_p^{FM} = \frac{\theta^2(1-\alpha)(3+\alpha)k^2}{(6k-1-2\alpha k)^2} - F$。■

PF 策略均衡时的结论表明，第一，随着服务成本系数的增加，零售商和制造商的利润均减少，这是因为服务成本系数增加会使服务成本增加、服务水平下降，产品需求减少，零售商和制造商的利润均减少。第二，随着佣金费率的增加，零售商的利润增加，制造商利润的变化主要取决于服务成本系数的高低，当服务成本系数较低时$\left(\frac{1}{6-2\alpha} < k < \frac{1+\alpha}{8\alpha}\right)$，制造商的利润会增加，当服务成本系数较高时$\left(k > \frac{1+\alpha}{8\alpha}\right)$，制造商的利润会减少。显然，佣金费率增加会使零售商从制造商获得的收益分成增加。同时，虽然佣金费率增加会使制造商分给零售商的收益增加，但服务水平和产品价格的变化又会使得需求增加，进而增加了制造商的利润。因此，佣金费率对制造商利润的影响主要取决于这两方面因素作用的大小。

二、平台模式下不同纵向整合策略的选择

当零售商采取分销模式时，在不同纵向整合策略下，根据定理 4.4 至定理 4.6 比较这三种情况零售商的利润可以得出最优的零售商纵向整合策略。

命题 4.3 平台模式下，存在均衡时，零售商的最优纵向整合策略满足以下条件：(a)零售商的任何纵向整合策略都优于不整合策略；(b)若 $F < U_1$，零售商采取后向整合策略更优；若 $F > U_1$，零售商采取前向整合策略更优。其中，$U_1 = \theta^2 k \cdot \frac{(-18-6\alpha)k^2 + 9k - 1}{(6k-1-2\alpha k)(6k-1)^2}$。■

当 $F < U_1$ 时，后向整合策略下零售商承担的固定成本小于前向整合策略与后向整合策略的收益之差，后向整合策略更优（整合制造商）；当 $F > U_1$ 时，后向整合策略下零售商承担的固定成本大于前向整合策略与后向整合策略的收益之差，前向整合策略更优（整合服务提供商）。因此，当零售商选择平台模式时，其最优的纵向整合策略与分销模式时相比，二者的相同之处在于任何纵向整合策略都优于不整合策略，二者的不同之处在于除了产品质量成本和服务成本系数外，佣金费率也是影响零售商选择纵向整合策略的关键因素，接下来将具体分析这些因素是如何影响零售商的纵向整合策略选择。

命题 4.4 平台模式下，存在均衡时，(a)当 $k < k^*$ 时，前向整合策略占优；(b)当 $k > k^*$，若佣金费率较小 ($\alpha < \alpha^*$)，后向整合策略占优；若佣金费率较大($\alpha > \alpha^*$)，前向整合策略占优。■

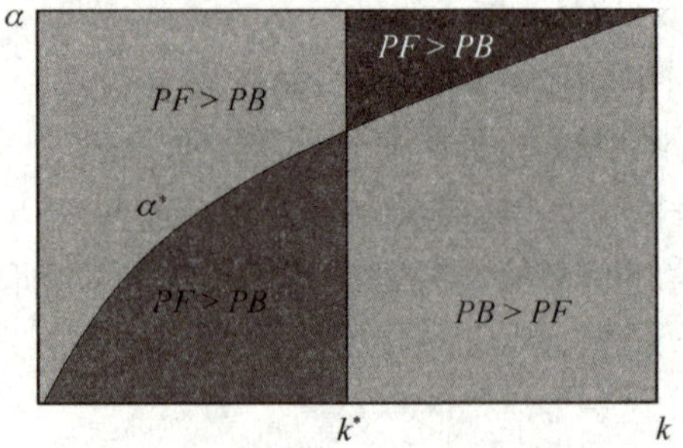

图 4.4 平台模式下佣金费率和服务成本对纵向整合策略选择的影响

命题 4.4 的结论可以如图 4.4 所示，假设 $\theta = 1$，$F = 1$，平台模式下，佣金费率和服务成本系数共同影响零售商纵向整合策略的选择。当服务成本系数较高且佣金费率较低时，后向整合策略占优，其他情况下，前向整合策略占优。与分销模式下零售商纵向整合策略的结论相同之处在于：当服务成本系数较低时前向整合策略占优，不同之处在于：当服务成本系数较高时，零售商的决策还受佣金费率的影响。这是因为当服务成本系数较高时，如表 4.3 所示，不同纵向整合策略之间的产品质量和服务价格满足：$PN < PF < PB$ 或 $PF < PN < PB$，服务水平满足：$PN < PB < PF$，此时，与前向整合策略相比，当后向整合策略在产品质量上取得优势要高于前向整合策略在服务价格、服务水平上取得的优势时，后向整合策略占优，反之则前向整合策略占优。

表 4.3　　平台模式不同纵向整合策略均衡时不同变量的对比

不同变量	不进行纵向整合	后向整合策略	前向整合策略	对比
产品质量	$t_p^N=\frac{\theta(1-\alpha)k}{2k(3+\alpha)+\alpha-1}$	$t_p^B=\frac{\theta k}{6k-1}$	$t_p^F=\frac{\theta(1-\alpha)k}{6k-1-2\alpha k}$	1. $k<\frac{1}{4}$ 时，$PN<PB<PF$ 2. $k>\frac{1}{4}$ 时，$PN<PF<PB$
服务价格	$\lambda_p^N=\frac{\theta(1-\alpha)(3+\alpha)k}{2k(3+\alpha)+\alpha-1}$	$\lambda_p^B=\frac{3\theta k}{6k-1}$	$\lambda_p^F=\frac{3\theta(1-\alpha)^2k}{6k-1-2\alpha k}$	1. $\frac{1}{6-2\alpha}<k<\frac{2-\alpha}{2(5-3\alpha)}$ 时，$PN<PB<PF$ 2. $\frac{2-\alpha}{2(5-3\alpha)}<k<\frac{7-3\alpha}{4(3+\alpha)}$ 时，$PN<PF<PB$ 3. $k>\frac{7-3\alpha}{4(3+\alpha)}$ 时，$PF<PN<PB$
服务水平	$s_p^N=\frac{\theta(1-\alpha)}{2k(3+\alpha)+\alpha-1}$	$s_p^B=\frac{\theta}{6k-1}$	$s_p^F=\frac{\theta}{6k-1-2\alpha k}$	$PN<PB<PF$
产品需求	$q_p^N=\frac{2\theta k}{2k(3+\alpha)+\alpha-1}$	$q_p^B=\frac{2\theta k}{6k-1}$	$q_p^F=\frac{2\theta k}{6k-1-2\alpha k}$	$PN<PB<PF$

命题 4.5　平台模式下，存在均衡时，与不进行纵向整合策略相比，零售商采取后向整合策略时，对服务提供商来说更优；零售商采取前向整合策略时，对制造商来说更优。■

从命题 4.5 可以看出，与分销模式相同，平台模式下，与不进行纵向整合相比，零售商采取任何纵向整合策略时，制造商和服务提供商利润更大。如表 4.3 所示，由于产品质量、服务水平均满足 $PN<PB$，产品需求也满足 $PN<PB$，同时，服务价格满足 $PN<PB$，后向整合策略下服务提供商的利润更大；由于产品质量、服务水平均满足 $PN<PF$，产品需求也满足 $PN<PF$，前向整合策略下制造商的利润更大。

与分销模式相比，平台模式下零售商可以通过佣金费率获得制造商的部分收益，类似于收益共享契约，零售商能够部分减少与制造商之间由独立决策所带来的双重边际效应。因此，前向整合策略下，制造商不但能够与零售商之间实现部分协调，还能利用零售商对服务水平决策的溢出效应获得收益，在大多数情况下，零售商会选择前向整合服务提供商来取得服务水平的决策权及服务的收益。例如京东通过自建物流体系，鼓励进驻京东平台的商家选择京东服务，并为进驻商家提供不同的服务选择来获得收益，主要包括 FBP、LBP 和 SOPL[①]，而进驻京东平台的商家也能够通过京东的优质服务来吸引更多的消费者，从而实现京东平台与进驻商家的双赢。

第五节 纵向整合改进策略

零售商无论采取前向整合策略还是后向整合策略，其目的主要是通过整合供应链的上下游企业来获得对产品质量或服务水平的控制权、减少双重加价行为以获得更多的市场需求。那么，对于零售商而言，如果能够实现整条供应链的纵向整合，这么做是否优于前向整合策略或后向整合策略？如果供应链纵向整合策略优于前向整合策略或后向整合策略，零售商是否有办法来改进前向整合策略或后向整合策略？

一、供应链纵向整合策略的利润

这里考虑零售商采取供应链纵向整合策略（I 策略）的情形，即零售商同时进行前向整合和后向整合。此时，零售商、制造商和服务提供商实现了完全的纵向一体化，其利润函数为

$$\Pi^I = p^I q^I - t^{I2} - k s^{I2} - F = p^I(\theta + t^I + s^I - p^I) - t^{I2} - k s^{I2} - F,$$

零售商需要同时决策产品价格、产品质量和服务水平。由逆向归纳法求解可知。

定理 4.7 零售商采取 I 策略时，满足 $k > \frac{1}{3}$ 时存在均衡，产品质量水平为 $t^I = \frac{\theta k}{3k-1}$，服务水平为 $s^I = \frac{\theta}{3k-1}$，产品价格为 $p^I = \frac{2\theta k}{3k-1}$，产品需求为 $q^I = \frac{2k\theta}{-1+3k}$，零售商利润为 $\Pi^I = \frac{\theta^2 k}{3k-1} - F$。■

显然，通过对比分销模式和平台模式下零售商分别采取前向整合策略、

---

① FBP 模式是京东给商家一个独立操作的后台，但是从仓储、配送到客服都是京东来操作，商家必须要给京东开具增值税发票，京东给消费者开具发票。LBP 模式是京东给商家一个独立操作的后台，配送和客服交给京东操作，要求每天有订单，将产生的订单包装好发货到京东就近的仓储，由京东来开具给消费者的发票。SOPL 模式是京东给商家一个独立操作的后台，配送和客服交给京东操作，要求每天有订单，将产生的订单包装好发货到京东就近的仓储，由商家来开具给消费者的发票。

后向整合策略和供应链纵向整合策略的利润可以发现，当 $k>\frac{1}{3}$ 时，零售商纵向整合的利润最大，即 I 策略的利润最大。

由定理 4.7 可知，虽然零售商选择供应链的纵向整合策略时获得的利润最大，但是，在现实生活中，由于供应链的整合需要庞大的人力、物力和财力，零售商很难实现对整个供应链上下游企业的完全整合。同时，从本章第三、第四节的结论可以看出，任何纵向整合策略都要优于不整合策略。因此，大多数零售商只会选择前向整合策略或后向整合策略中的一种。

与供应链的纵向整合策略相比，在前向整合策略或后向整合策略下，零售商的利润并非最大。这是因为产品质量、服务水平是影响零售商和供应链利润的重要因素，零售商可以通过供应链的纵向整合策略来同时提高产品质量和服务水平，而前向整合策略只提高了产品质量、后向整合策略只提高了服务水平。那么，当零售商无法实现供应链的纵向整合时，在前向整合策略下零售商如何激励上游企业提高产品质量、在后向整合策略下零售商如何激励下游企业提高服务水平也成为本章需要研究的问题之一。

二、分销模式下的纵向整合改进策略

分销模式下，供应链中的企业在做产品质量和服务水平的决策时，需要考虑两方面的因素：一是产品质量和服务水平对利润的影响；二是产品质量和服务水平的投入成本。因此，这里考虑一种纵向整合策略的改进策略，即在前向整合策略下，零售商通过与制造商分担提高产品质量的成本投入来促使制造商提高产品的质量水平；在后向整合策略下，零售商通过与服务提供商分担提高服务水平的成本投入来促使服务提供商提高服务水平。具体如下。

在 *RB* 改进策略下，首先，零售商给出成本分担比例 φ，随后，服务提供商根据零售商的成本分担比例 φ 来决策服务水平 s_r^B 和服务价格 λ_r^B，最后，零售商决策产品质量 t_r^B 和产品价格 p_r^B。产品需求为

$$q_r^B=\theta+s_r^B+t_r^B-p_r^B,$$

零售商的利润函数为

$$\Pi_r^{BR}=(p_r^B-\lambda_r^B)q_r^B-t_r^{B2}-\varphi k\, s_r^{B2}-F,$$

服务提供商的利润函数为

$$\Pi_r^{BS}=\lambda_r^B q_r^B-(1-\varphi)k\, s_r^{B2}。$$

定理 4.8 RB 改进策略下，满足 $k>\frac{1}{4}$ 时存在均衡，采取改进策略时零售商和服务提供商的利润均大于不采取改进策略时的利润。此时，成本分担比例为 $\varphi=\frac{1}{12k}$，服务价格为 $\lambda_r^B=\frac{12k\theta-\theta}{24k-6}$，产品质量为 $t_r^B=\frac{12k\theta-\theta}{72k-18}$，产品价格为 $p_r^B=\frac{5(12k-1)\theta}{72k-18}$，服务水平为 $s_r^B=\frac{2\theta}{12k-3}$，产品需求为 $q_r^B=\frac{12k\theta-\theta}{36k-9}$，零售商和服务提供商的利润分别为 $\Pi_r^{BR}=\frac{(1+12k)\theta^2}{36(4k-1)}-F$，$\Pi_r^{BS}=\frac{(12k-1)\theta^2}{72k-18}$。■

从 RB 改进策略可以看出，随着服务成本系数的增加，成本分担比例 φ 逐渐减少。这是因为随着服务成本系数增加，零售商分担的服务成本也增加，当成本分担所产生的对服务水平的增加效用不能抵消成本分担所带来的成本增加时，零售商应适当减少成本分担比例以降低成本。

在 RF 改进策略下，首先，零售商给出成本分担比例 φ，随后，制造商根据零售商的成本分担比例 φ 来决策产品质量 t_r^F 和批发价格 w_r^F，最后，零售商决策服务水平 s_r^F 和产品价格 p_r^F。产品需求为

$$q_r^F=\theta+s_r^F+t_r^F-p_r^F,$$

零售商和制造商的利润函数分别为

$$\Pi_r^{FR}=(p_r^F-w_r^F)q_r^F-k{s_r^F}^2-\varphi {t_r^F}^2-F,$$
$$\Pi_r^{FM}=w_r^F q_r^F-(1-\varphi){t_r^F}^2。$$

定理 4.9 RF 改进策略下，满足 $k>\frac{4}{13}$ 时存在均衡，采取改进策略时零售商和制造商的利润均大于不采取改进策略。此时，成本分担比例为 $\varphi=\frac{k}{4(4k-1)}$，批发价格为 $w_r^F=\frac{(15k-4)\theta}{26k-8}$，产品质量为 $t_r^F=\frac{2k\theta}{13k-4}$，产品价格为 $p_r^F=\frac{(6k-1)(15k-4)\theta}{8-58k+104k^2}$，服务水平为 $s_r^F=\frac{(15k-4)\theta}{8-58k+104k^2}$，产品需求为 $q_r^F=\frac{k(15k-4)\theta}{4-29k+52k^2}$，零售商和制造商的利润分别为 $\Pi_r^{FR}=\frac{(17k-4)\theta^2k}{4(4-29k+52k^2)}-F$，$\Pi_r^{FM}=\frac{(15k-4)\theta^2k}{8-58k+104k^2}$。■

当零售商采取 RF 改进策略时，随着服务成本系数的增加，成本分担比例 φ 逐渐减少，这是因为随着服务成本系数增加，服务水平下降，产品需求

下降，进而使得零售商的利润下降，当成本分担所产生的对服务水平的增加效用不能抵消成本分担所带来的成本增加时，零售商应适当减少成本分担比例以维持利润水平。

接下来通过对比定理 4.8 和定理 4.9 的结论，可得分销模式下零售商纵向整合改进策略的选择条件。

命题 4.6 分销模式下，存在均衡时，零售商的最优纵向整合改进策略满足以下条件：若 $k>1$，零售商采取后向整合改进策略更优；若 $\frac{4}{13}<k<1$，零售商采取前向整合改进策略更优。■

对比命题 4.6 和命题 4.1，分销模式下，零售商的纵向整合策略选择与纵向整合改进策略选择基本相同，即零售商会选择整合具有成本优势的一方，即若提高产品质量的成本更低，零售商选择后向整合策略占优，若提高服务水平的成本更低，零售商选择前向整合策略占优。

三、平台模式下的纵向整合改进策略

与分销模式相同，平台模式下，这里也考虑一种纵向整合策略的改进策略，在前向整合策略下，零售商通过与制造商分担提高产品质量的成本投入来促使制造商提高产品的质量水平；在后向整合策略下，零售商通过与服务提供商分担提高服务水平的成本投入来促使服务提供商提高服务水平。具体如下。

在 PB 改进策略下，首先，零售商给出成本分担比例 φ，随后，服务提供商根据零售商的成本分担比例 φ 来决策服务水平 s_p^B 和服务价格 λ_p^B，最后，零售商决策产品质量 t_p^B 和产品价格 p_p^B。此时，产品需求为

$$q_p^B=\theta+s_p^B+t_p^B-p_p^B,$$

零售商和服务提供商的利润函数分别为

$$\Pi_p^{BR}=(p_p^B-\lambda_p^B)\,q_p^B-t_p^{B2}-\varphi k\,s_p^{B2}-F,$$
$$\Pi_p^{BS}=\lambda_p^B\,q_p^B-(1-\varphi)k\,s_p^{B2}。$$

定理 4.10 PB 改进策略下，满足 $k\geqslant\frac{1}{4}$ 时存在均衡，采取改进策略时零售商和服务提供商的利润均大于不采取改进策略。此时，成本分担比例为 $\varphi=\frac{1}{12k}$，服务价格为 $\lambda_p^B=\frac{12k\theta-\theta}{24k-6}$，产品质量为 $t_p^B=\frac{12k\theta-\theta}{72k-18}$，产品价格为 $p_p^B=\frac{5(12k-1)\theta}{72k-18}$，服务水平为 $s_p^B=\frac{2\theta}{12k-3}$，产品需求为 $q_p^B=\frac{12k\theta-\theta}{36k-9}$，零售

商和服务提供商的利润分别为$\Pi_p^{BR}=\frac{(1+12k)\theta^2}{36(4k-1)}-F$，$\Pi_p^{BS}=\frac{(12k-1)\theta^2}{72k-18}$。■

由于零售商在 PB 改进策略与 RB 改进策略下的利润函数、决策变量等都相同，使得当零售商采取 PB 改进策略时，服务成本系数对成本分担比例 φ 的影响也相同。

在 PF 改进策略下，首先，零售商给出成本分担比例 φ，随后，零售商还给出佣金费率 α 并决策服务水平 s_p^F 和服务价格 λ_p^F，最后，制造商根据零售商的成本分担比例 φ 和佣金费率 α 来决策产品质量 t_p^F 和产品价格 p_p^F。此时，产品需求为

$$q_p^F=\theta+t_p^F+s_p^F-p_p^F,$$

零售商和制造商的利润函数分别为

$$\Pi_p^{FR}=\alpha p_p^F q_p^F+\lambda_p^F q_p^F-k s_p^{F2}-\varphi t_p^{F2},$$
$$\Pi_p^{FM}=(1-\alpha)p_p^F q_p^F-\lambda_p^F q_p^F-(1-\varphi)t_p^{F2}-F。$$

定理 4.11 PF 改进策略下，满足 $\alpha>\alpha_1$，$k>\frac{4}{23-10\alpha-\alpha^2}$ 时存在均衡，采取改进策略时零售商和制造商的利润均大于不采取改进策略时的利润。此时，成本分担比例为 $\varphi=\frac{1+\alpha}{3-\alpha}$，服务价格为 $\lambda_p^F=\frac{k(1-\alpha)^2(13+\alpha)\theta}{k(23-10\alpha-\alpha^2)-4}$，产品质量为 $t_p^F=\frac{2k(3-\alpha)\theta}{k(23-10\alpha-\alpha^2)-4}$，产品价格为 $p_p^F=\frac{k(21-12\alpha-\alpha^2)\theta}{k(23-10\alpha-\alpha^2)-4}$，服务水平为 $s_p^F=\frac{4\theta}{k(23-10\alpha-\alpha^2)-4}$，产品需求为 $q_p^F=\frac{8k\theta}{k(23-10\alpha-\alpha^2)-4}$，零售商和制造商的利润分别为 $\Pi_p^{FR}=\frac{4k\theta^2}{k(23-10\alpha-\alpha^2)-4}$，$\Pi_p^{FM}=\frac{8k^2(1-\alpha)(5+\alpha)\theta^2}{[k(23-10\alpha-\alpha^2)-4]^2}-F$。■

当零售商采取 PF 改进策略时，与分销模式下不同，佣金费率成为影响纵向整合改进策略的关键因素。随着佣金费率的增加，成本分担比例 φ 逐渐增加，这是因为随着佣金费率增加，制造商给零售商的收益分成比例增加，而零售商可以通过增加成本分担比例 φ 促使制造商提高产品质量，增加产品需求，从而增加零售商的利润。

接下来通过对比定理 4.10 和定理 4.11 的结论，可得平台模式下零售商纵向整合改进策略的选择条件。

命题 4.7 当零售商采取平台模式时，存在均衡时，零售商的最优纵向整合改进策略满足以下条件：若 $F < U_4$，零售商采取后向整合改进策略更优；若 $F > U_4$，零售商采取前向整合改进策略更优。其中，$U_4 = \dfrac{4 + 12k^2(5+\alpha)^2 + k(-119 + 10\alpha + \alpha^2)}{36(4k-1)[4 + k(-23 + 10\alpha + \alpha^2)]}$。■

对比命题 4.7 和命题 4.3 可知，平台模式下，无论是否采取改进策略，固定成本对零售商纵向整合策略选择的影响基本相同，即固定成本越高，前向整合策略占优；固定成本越低，后向整合策略占优。纵向整合策略与纵向整合改进策略的不同之处在于前向整合策略与后向整合策略的收益之差，接下将分析不考虑固定成本时零售商对不同纵向整合改进策略的选择。

命题 4.8 零售商采取平台模式且不考虑固定成本时，若存在均衡，(a) 当佣金费率较小时（$\alpha_1 \leqslant \alpha < \alpha^{**}$），若 $\frac{1}{4} < k < k^{**}$，后向整合改进策略占优，若 $k > k^{**}$，前向整合改进策略占优；(b) 当佣金费率较大时（$\alpha^{**} < \alpha \leqslant 1$），前向整合改进策略占优。（$\alpha^{**}$、$k^{**}$ 数值见书后证明）■

命题 4.8 的结论可以如图 4.5 所示，改进策略对零售商纵向整合策略选择的影响在于：当佣金费率较低且服务成本系数较高时，前向整合改进策略占优；当佣金费率较低且服务成本系数较低时，后向整合改进策略占优。这是因为平台模式下，零售商通过收取制造商的佣金来获得收益，采取后向整合改进策略时，零售商分担了服务提供商的部分成本，这就使得当服务成本系数较高时，零售商分担的服务成本也较高。此时，若零售商后向整合制造商，不但需要承担较高的服务成本，而且还需要向服务提供商支付服务用费；若零售商前向整合服务提供商，零售商虽然需要承担全部的服务成本，但也能通过销售服务给制造商来获得收益，此时，前向整合改进策略占优。同理，当佣金费率较低且服务成本系数较低时，后向整合改进策略占优。

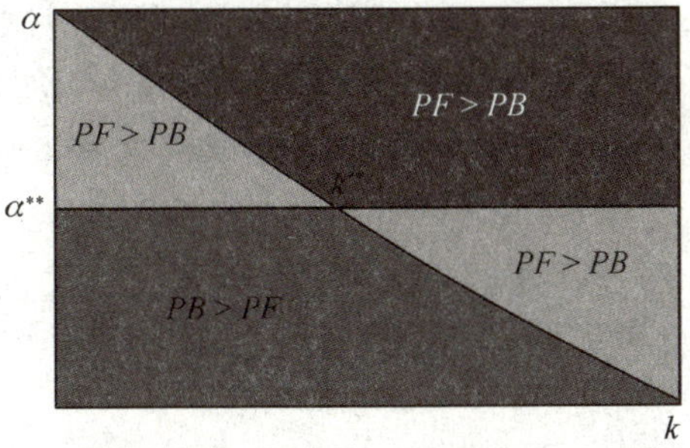

图 4.5 平台模式下佣金费率和服务成本对纵向整合改进策略选择影响

四、纵向整合改进策略的效率分析

由于服务成本系数是影响纵向整合改进策略的关键因素，服务成本系数的变动必然会引起 RB 改进策略效率的变化。根据定理 4.8 和定理 4.2 的结论，后向整合策略下零售商与服务提供商的利润分别为

$$\Pi_r^{BR}=\frac{3\theta^2k^2}{(6k-1)^2}-F,\quad \Pi_r^{BS}=\frac{\theta^2k}{6k-1},$$

后向整合改进策略下零售商与服务提供商的利润分别为

$$\Pi_r^{BR*}=\frac{(1+12k)\theta^2}{36(4k-1)}-F,\quad \Pi_r^{BS*}=\frac{(12k-1)\theta^2}{72k-18},$$

通过对比可以发现固定成本对于 RB 改进策略效率的影响较小，在不考虑固定成本时，可以用 $\frac{\Pi_r^{BR*}}{\Pi_r^{BR}}$ 和 $\frac{\Pi_r^{BS*}}{\Pi_r^{BS}}$ 表示 RB 改进策略效率，其中，$\frac{\Pi_r^{BR*}}{\Pi_r^{BR}}$ 表示 RB 改进策略对零售商的作用，$\frac{\Pi_r^{BS*}}{\Pi_r^{BS}}$ 表示 RB 改进策略对服务提供商的作用，当 $\frac{\Pi_r^{BR*}}{\Pi_r^{BR}}>1\left(\frac{\Pi_r^{BS*}}{\Pi_r^{BS}}>1\right)$ 时说明 RB 改进策略有效，且 $\frac{\Pi_r^{BR*}}{\Pi_r^{BR}}\left(\frac{\Pi_r^{BS*}}{\Pi_r^{BS}}\right)$ 越大，RB 改进策略效率越高。

性质 4.1 若不考虑固定成本，随着服务成本系数的增加，RB 改进策略的效率逐渐降低。■

如图 4.6 所示，性质 4.1 的结论说明，第一，无论对于零售商还是服务提供商来说 RB 改进策略都有效，即 $\frac{\Pi_r^{BR*}}{\Pi_r^{BR}}>1$、$\frac{\Pi_r^{BS*}}{\Pi_r^{BS}}>1$。第二，随着服务成本系数的增加，$RB$ 改进策略效率逐渐降低。这是因为随着服务成本系数的增加，成本分担比例 φ 逐渐减少，零售商通过成本分担对服务提供商服务水平的影响作用也在减少。第三，虽然 RB 改进策略能够增加零售商和服务提供商的利润，但是与供应链的完全整合相比，RB 改进策略还存在一定差距。由于

$$\frac{\Pi_r^{BR*}+\Pi_r^{BS*}}{\Pi^I}=\frac{(3k-1)(36k-1)}{36k(4k-1)}<1,$$

当 $k\to\infty$ 时，$\frac{\Pi_r^{BR*}+\Pi_r^{BS*}}{\Pi^I}\to 0.75$。在 I 策略下，零售商是产品质量、服务水平和产品价格的决策者，能够通过集中决策消除双重加价行为。在 RB 改进

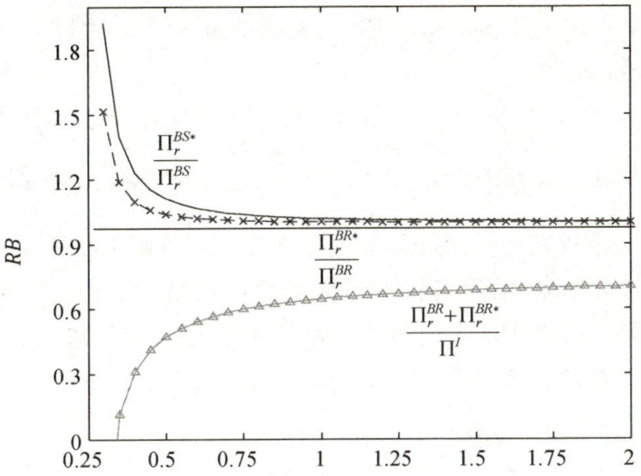

图 4.6　服务成本系数与 *RB* 改进策略效率之间的关系

策略下，零售商是产品质量和产品价格的决策者，能通过成本的分担来实现对服务水平的部分控制，但是由于决策主体的不同，仍然无法完全消除双重加价行为进而实现产品质量、服务水平和产品价格的最优决策。同时，从图 4.6 还可以看出，随着服务成本系数的增加，*RB* 改进策略与供应链完全整合策略的差距逐渐减少。

与 *RB* 改进策略相同，由于服务成本系数的变动会引起 *RF* 改进策略效率的变化。根据定理 4.9 和定理 4.3 的结论，前向整合策略下零售商与制造商的利润分别为

$$\Pi_r^{FR}=\frac{\theta^2 k(4k-1)}{(7k-2)^2}-F,\quad \Pi_r^{FM}=\frac{\theta^2 k}{7k-2},$$

前向整合改进策略下零售商与制造商的利润分别为

$$\Pi_r^{FR*}=\frac{(17k-4)\theta^2 k}{4(4-29k+52k^2)}-F,\quad \Pi_r^{FM*}=\frac{(15k-4)\theta^2 k}{8-58k+104k^2},$$

通过对比可以发现固定成本对于 *RF* 改进策略效率的影响较小，在不考虑固定成本时，可以用$\frac{\Pi_r^{FR*}}{\Pi_r^{FR}}$和$\frac{\Pi_r^{FM*}}{\Pi_r^{FM}}$表示 *RF* 改进策略效率，其中，$\frac{\Pi_r^{FR*}}{\Pi_r^{FR}}$表示 *RF* 改进策略对零售商的作用，$\frac{\Pi_r^{FM*}}{\Pi_r^{FM}}$表示 *RB* 改进策略对制造商的作用，当$\frac{\Pi_r^{FR*}}{\Pi_r^{FR}}>1\left(\frac{\Pi_r^{FM*}}{\Pi_r^{FM}}>1\right)$时说明 *RF* 改进策略有效，且$\frac{\Pi_r^{FR*}}{\Pi_r^{FR}}\left(\frac{\Pi_r^{FM*}}{\Pi_r^{FM}}\right)$越大，*RF* 改进策

略效率越高。

性质 4.2 若不考虑固定成本，随着服务成本系数的增加，RF 改进策略的效率逐渐降低。■

如图 4.7 所示，性质 4.2 的结论说明，第一，无论对于零售商还是制造商来说 RF 改进策略都有效，即$\frac{\Pi_r^{FR*}}{\Pi_r^{FR}}>1$、$\frac{\Pi_r^{FM*}}{\Pi_r^{FM}}>1$。第二，随着服务成本系数的增加，RF 改进策略效率逐渐降低。这是因为随着服务成本系数的增加，成本分担比例 φ 逐渐减少，零售商通过成本分担对制造商产品质量的影响作用也在减少。第三，虽然 RF 改进策略能够增加零售商和制造商的利润，但是与供应链的完全整合相比，RF 改进策略还存在一定差距。由于

$$\frac{\Pi_r^{FR*}+\Pi_r^{FM*}}{\Pi^I}=\frac{(3k-1)(47k-12)}{4(4-29k+52k^2)}<1,$$

当 $k\to\infty$ 时，$\frac{\Pi_r^{FR*}+\Pi_r^{FM*}}{\Pi^I}\to 0.68$，相对于后向整合改进策略而言，前向整合改进策略对供应链的改进效率更低。在 I 策略下，零售商是产品质量、服务水平和产品价格的决策者，能够通过集中决策消除双重加价行为。在 RF 改进策略下，零售商是服务水平和产品价格的决策者，并通过成本的分担来实现对产品质量的部分控制，但是由于决策主体的不同，仍然无法完全消除双重加价行为进而实现产品质量、服务水平和产品价格的最优决策。同时，从图 4.7 还可以看出，随着服务成本系数的增加，RF 改进策略与供应链完全整合策略的差距逐渐减少。

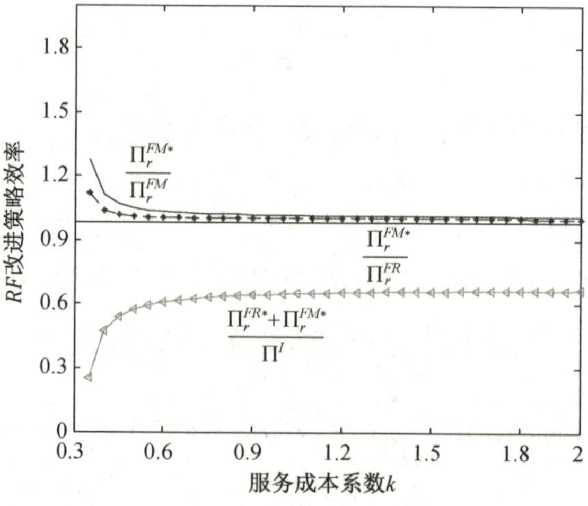

图 4.7 服务成本系数与 RF 改进策略效率之间的关系

与 RB、RF、PB 改进策略不同，服务成本系数和佣金费率的变动会引起 PF 改进策略效率的变化。根据定理 4.11 和定理 4.6 的结论，平台模式下采取前向整合策略的零售商与制造商的利润分别为：

$$\Pi_p^{FR} = \frac{\theta^2 k}{6k - 1 - 2\alpha k},$$

$$\Pi_p^{FM} = \frac{\theta^2 (1-\alpha)(3+\alpha) k^2}{(6k - 1 - 2\alpha k)^2} - F,$$

前向整合改进策略下零售商与制造商的利润分别为：

$$\Pi_p^{FR*} = \frac{4k\theta^2}{k(23 - 10\alpha - \alpha^2) - 4},$$

$$\Pi_p^{FM*} = \frac{8k^2(1-\alpha)(5+\alpha)\theta^2}{[k(23 - 10\alpha - \alpha^2) - 4]^2} - F,$$

通过对比可以发现固定成本对于 PF 改进策略效率的影响较小，在不考虑固定成本时，可以用$\frac{\Pi_p^{FR*}}{\Pi_p^{FR}}$ 和$\frac{\Pi_p^{FM*}}{\Pi_p^{FM}}$ 表示 PF 改进策略效率，其中，$\frac{\Pi_p^{FR*}}{\Pi_p^{FR}}$ 表示 PF 改进策略对零售商的作用，$\frac{\Pi_p^{FM*}}{\Pi_p^{FM}}$ 表示 PF 改进策略对制造商的作用，当$\frac{\Pi_p^{FR*}}{\Pi_p^{FR}} > 1\left(\frac{\Pi_p^{FM*}}{\Pi_p^{FM}} > 1\right)$时说明 PF 改进策略有效，且$\frac{\Pi_p^{FR*}}{\Pi_p^{FR}}\left(\frac{\Pi_p^{FM*}}{\Pi_p^{FM}}\right)$越大，$PF$ 改进策略效率越高。

由于

$$\frac{\Pi_p^{FR*}}{\Pi_p^{FR}} = \frac{4 + 8k(-3+\alpha)}{4 + k(-23 + 10\alpha + \alpha^2)},$$

$$\frac{\Pi_p^{FM*}}{\Pi_p^{FM}} = \frac{8[1 + 2k(-3+\alpha)]^2(5+\alpha)}{(3+\alpha)[4 + k(-23 + 10\alpha + \alpha^2)]^2},$$

服务成本系数和佣金费率共同影响 PF 改进策略效率。如图 4.8 所示，ER、EM 和 EI 分别表示 PF 改进策略对零售商、制造商和供应链总利润的作用，随着服务成本系数的增加，PF 改进策略的效率逐渐降低，这与服务成本系数对 RB、RF、PB 改进策略效率的影响相同；随着佣金费率的增加，PF 改进策略的效率逐渐增加。

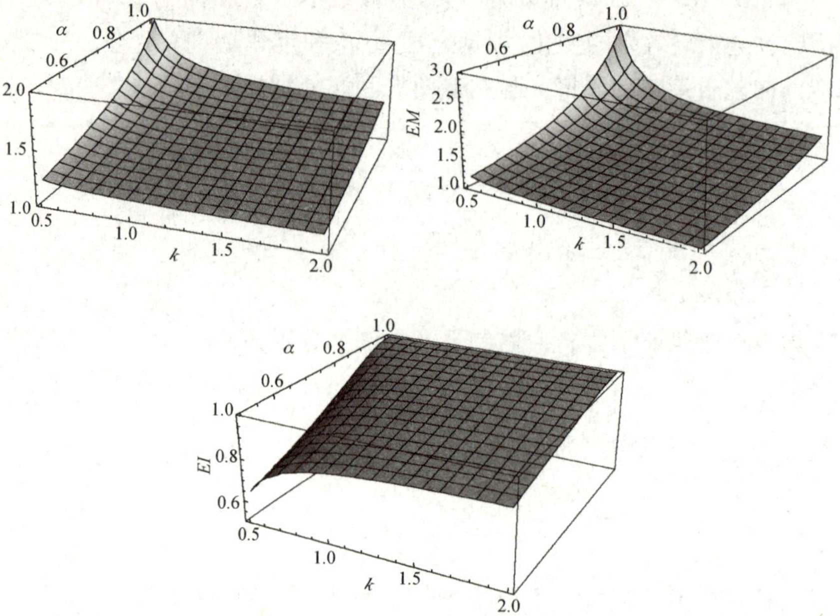

图 4.8　服务成本系数和佣金费率与 *PF* 改进策略效率之间的关系

第六节　本 章 小 结

本章考虑了由制造商、零售商和服务提供商组成的三级供应链，制造商和服务提供商能够通过投资分别提高产品质量和服务水平，通过对比在不同经营模式下的零售商分别采取不进行纵向整合策略、后向整合策略和前向整合策略时的利润，给出了零售商最优的纵向整合策略选择条件。最后，设计了一种纵向整合改进策略，以同时增加零售商、制造商和服务提供商的利润。

本章的主要研究结论如下。第一，任何纵向整合策略都要优于不进行纵向整合。第二，经营模式的不同会影响零售商的纵向整合策略选择。在分销模式下，服务成本系数高于质量成本系数（假设为 1）时，后向整合策略占优，服务成本系数低于质量成本系数（假设为 1）时，前向整合策略占优；在平台模式下，受佣金费率的影响，只有当服务成本系数较高且佣金费率较小时，后向整合策略占优，其他情况下，前向整合策略占优。第三，存在成本分担的纵向整合改进策略能够实现零售商、制造商和服务提供商利润的增加，且改进策略的效率随着服务成本系数的增加而降低,随着佣金费率的增加而增加。与改进前的纵向整合策略相比,除了平台模式下佣金费率较小的情形外,佣金费率和服务成本系数对零售商纵向整合策略选择的影响基本一致。

综上,本章通过分析给出了不同经营模式下最优的零售商纵向整合策略选择条件,具有一定的理论和实践价值。本章是以单一产品为研究对象来分析零售商纵向整合策略选择,但是在现实生活中,零售商销售的产品之间可能存在竞争性,这些竞争性也会影响到零售商纵向整合策略的选择。因此,考虑竞争性产品时零售商纵向整合策略选择将是值得进一步研究的内容之一。

第五章
竞争性产品的零售商经营模式选择

本书主要研究零售商商业模式的两个重要方面：经营模式和纵向整合，第三章以单产品为研究对象，研究零售商的经营模式选择，本章将以竞争性产品为研究对象，研究零售商的经营模式选择。在现实生活中，零售商往往销售多种产品，不同产品之间可能存在竞争性，同时，零售商所面临的市场环境也并非一成不变，这些都会对零售商经营模式选择产生影响。当零售商同时销售竞争性产品时，对于不同的产品零售商可能选择不同的经营模式，这样零售商就有三种可选择的经营模式：分销模式、平台模式和混合模式。基于此，在考虑产品之间竞争性的基础上，研究零售商经营模式选择及当市场环境改变时经营模式的转变机制，通过对比零售商在三种不同经营模式下的利润，给出了零售商经营模式选择条件，并分析了当市场环境改变时零售商不改变经营模式和转为混合模式的利润，得到了零售商经营模式转变机制，最后结合我国网络零售业发展现状验证了本章主要研究结论。

第一节　研究背景

近年来，我国零售业发展迅速，根据商务部的统计，2015 年中国社会消费品零售总额为 30.09 万亿元，同比增长 10.7%；电子商务交易额达到约 20.8 万亿元，同比增长 27%。由于零售业的进入壁垒相对较低，零售业的迅速发展使得零售商之间的竞争逐渐加剧，经营模式成为影响零售商保持持续发展和竞争优势的重要因素。根据《科学投资》杂志调查显示：在企业的失败案例中，由于战略原因而失败的占 23%，由于执行原因而失败的占

28%,但是由于没有选择合适经营模式而失败的却高达49%。与此同时,由于零售业受市场环境的影响较大,当市场环境发生变化时,即使是拥有成熟经营模式的零售商如若不能及时调整经营模式,也会对其造成巨大损失。例如百思买(全球最大的家电连锁企业),从2006年开始进入中国市场后一直采取的是传统分销模式,但是随着电子商务的发展,改变了中国消费者的生活方式,线上需求日益增长,线下需求逐渐萎缩,而百思买却坚持经营模式不改变,最终于2014年彻底退出中国市场。因此,如何选择恰当的经营模式、当市场环境改变时如何调整经营模式成为零售商竞争制胜的关键。

按照获利方式和产品所有权的不同,Hagiu和Wright(2015)把零售商的经营模式分为分销模式(reseller)、平台模式(platfom)以及分销与平台混合模式(hybrid)。分销模式指通过向卖方报价买入商品,再向买方要价卖出商品,通过赚取买卖之间差价来获利的模式,例如早期的京东商城等;平台模式指零售商通过对买卖双方进行匹配,从促成交易中获取一定佣金,例如早期的天猫商城等;分销与平台混合模式是指同时通过分销和平台这两种不同的模式来获得收益的模式,例如亚马逊等。零售商在这三种经营模式下的产品定价权、收益分配和成本各不相同。分销模式下,零售商拥有产品定价决策权和销售产品的完全收益,可以通过价格协调来缓解由产品之间竞争关系带来的负面效应,产品销售价格较高,但需要承担仓储、物流等成本;平台模式下,制造商拥有产品定价权,零售商按照佣金费率来与制造商共享销售收益,可以减少双重边际效应,相对需求较高,也不需要承担仓储、物流等成本;分销与平台混合模式下,零售商对一些产品采取分销模式,对另一些产品采取平台模式,拥有分销模式和平台模式共同的优缺点。因此,零售商采取分销模式时,单位产品净利润较高,能获得销售产品的完全收益,但成本较高;零售商采取平台模式时,产品需求较高,成本较低,但只能获得销售产品的部分收益;零售商采取分销与平台混合模式时能同时拥有分销模式和平台模式共同的优缺点。那么,零售商究竟应该选择何种经营模式呢?

与此同时,由于市场环境对零售商经营模式的选择起着重要作用,而零售商所面临的市场环境并非一成不变的,这就使得零售商在选择经营模式后,需要根据市场环境的变化来调整经营模式。现如今,随着电子商务技术的进步,平台模式在更多领域得到广泛的应用,使得一些原本采取纯分销模式的零售商,后来却通过允许第三方零售商通过其门店或网站销售产品而逐渐向分销与平台混合模式转型。例如苏宁电器,由于受到网络零售商的冲击,从2005年开始苏宁电器逐渐建立其线上渠道,并于2012年6月30日正式开放平台。苏宁电器已经彻底转型为分销与平台混合模式。但是，也有一些原来采取纯平台模式的零售商正开始转向分销与平台混合模式，例如 2014 年天猫电器城包下美的、九阳、苏泊尔等 10 余个知名品牌 12 条生产线，以天猫网络定制的方式销售产品，天猫旗下喵鲜生也通过海外跨境直采渠道，采取一站式进货方式销售产品。因此，随着市场环境的变化，零售商对于经营模式的选择是不断变化的，那么，当市场环境改变时零售商应该如何调整经营模式？

第二节　模 型 描 述

一、符号描述

首先，给出涉及的一些变量与符号的定义：

θ	零售商的基本潜在需求
$\Delta\theta$	潜在需求的变动
μ_1	间接网络外部性对潜在需求的影响系数
μ_2	产品种类的增加对成本的影响系数
p_{ij}	模式 j 下产品 i 的销售价格
p_{ijt}	模式 j 转变为模式 t 时产品 i 的销售价格
w_{ij}	模式 j 下产品 i 的批发价格
w_{ijt}	模式 j 转变为模式 t 时产品 i 的批发价格
γ	产品 a 与产品 b 之间的价格影响系数
α	零售商向制造商收取的佣金费率
F	销售产品的固定成本
F_{kjt}	模式 j 转变为模式 t 时零售商/制造商 k 的固定成本
D_i	产品 i 的需求
D_{ijt}	模式 j 转变为模式 t 时产品 i 的需求
Π_{kj}	模式 j 下零售商/制造商 k 的总利润
Π_{kjt}	模式 j 转变为模式 t 时零售商/制造商 k 的总利润

其中，$i=a$, b 分别表示产品 a、产品 b，$j=R$, P, H，$t=R$, P, H 分别表示分销模式、平台模式、分销与平台混合模式，$k=I$, A, B 分别表示零售商、制造商 A 和制造商 B。

二、问题描述

随着零售商之间竞争的加剧，分销模式、平台模式、分销与平台混合模式在不同情况下各具优劣。同时，随着市场环境的变化，一些采取分销模式（平台模式）的零售商正向分销与平台混合模式转变。因此，零售商应该选择何种经营模式、当市场环境变化时零售商应该如何调整经营模式成为本章研究的核心问题。

基于对零售商经营模式选择和经营模式转变机制问题的研究，假设市场上有一家零售商和两家制造商（制造商 A 和制造商 B），制造商 A 和制造商 B 分别销售产品 a 和产品 b。这样，如图 5.1 所示，在零售商的发展过程中，对于经营模式的选择需要做出两个重要的决策。一是零售商应该选择何种经营模式？二是当产品潜在需求发生变化时，最初选择分销模式（平台模式）的零售商是否应该向分销与平台混合模式转型？

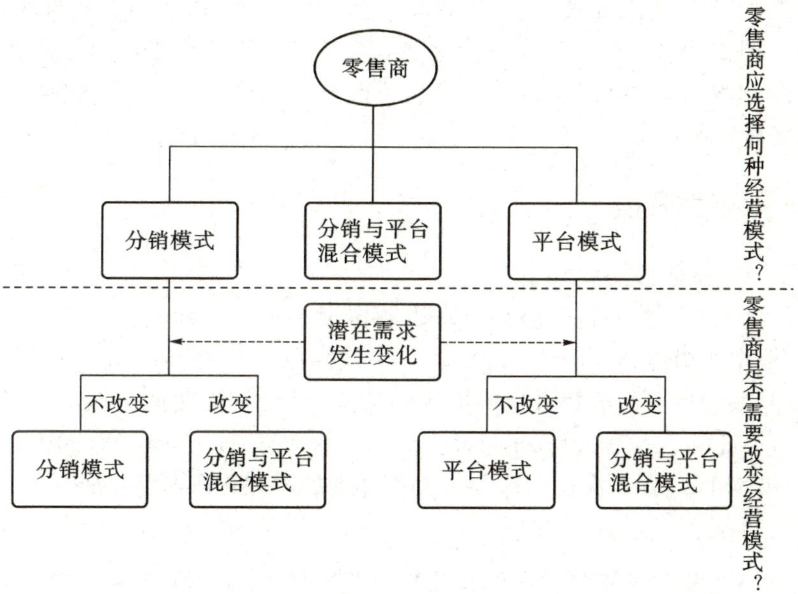

图 5.1　研究框架图

本章的研究包括以下两个问题。

问题 1　零售商应该选择何种经营模式？零售商有三种不同的经营模式选择：一是分销模式，即零售商从制造商 A 和制造商 B 采购产品 a 和产品 b 后，直接将产品销售给目标消费者；二是平台模式，即零售商为制造商 A 和制造商B提供销售平台，由两家制造商直接将产品销售给目标消费者，零售商按照销售额和佣金费率收取佣金；三是分销与平台的混合模式（下文中简称混合模式），即零售商从制造商A采购产品 a 后，将产品 a 销售给目标消费者，并允许制造商B通过平台将产品 b 销售给目标消费者，零售商根据产品 b 的销售额和佣金费率向制造商B收取佣金。

问题2 当产品潜在需求发生变化时，零售商是否需要改变经营模式？第一，最初采取分销模式的零售商在产品潜在需求发生变化时，若经营模式不改变，零售商从制造商A和制造商B采购产品 a 和产品 b 后直接将产品销售给消费者；若转向混合模式，零售商会改变产品 b（产品 a）的经营模式，允许制造商B（制造商A）通过其平台将产品 b（产品 a）销售给消费者，并按销售额向制造商B（制造商A）收取佣金，此时，零售商与制造商A（制造商B）之间的销售合同不改变，但需要与制造商B（制造商A）重新签订销售合同。第二，最初采取平台模式的零售商在产品潜在需求发生变化时，若经营模式不改变，制造商A和制造商B直接通过零售商的平台将产品 a 和产品 b 销售给消费者；若转向混合模式，零售商会改变产品 a（产品 b）的经营模式，向制造商A（制造商B）采购产品 a（产品 b），然后销售给消费者，此时，零售商与制造商B（制造商A）之间的销售合同不改变，但需要与制造商A（制造商B）重新签订销售合同。

三、模型假设

本章基本假设说明如下。

假设5.1 零售商的潜在需求由基本潜在需求 θ 和间接网络外部性 μ_1 组成。根据曹辒建和顾新一（2002），采用线性网络外部性函数，当零售商销售多种产品时，会为消费者提供更多的选择，增加零售商的潜在需求。因此，假设零售商的潜在需求为 $\mu_1\theta$，满足 $\mu_1 \geqslant 1$，类似于 Hagiu 和 Wright（2015）、Arya 和 Mittendorf（2013），产品 a 和产品 b 的潜在需求都为 $\mu_1\theta$[①]。

---

① 这里假设零售商的潜在需求为 $\mu_1\theta$，而没有分别考虑产品 a 和产品 b 的潜在需求的原因主要有三个方面。一是从实践来看，任何进入零售商店的消费者都有可能是产品 a 和产品 b 的潜在消费者。以网络零售商为例，任何进入零售商网站浏览的消费者都有可能成为产品的购买者，产品的销量与网站的流量（零售商的潜在需求）成正比（曹辒建和顾新一，2002），以零售商的潜在需求来表示产品 a 和产品 b 的潜在需求具有一定的代表性。二是现有文献中也存在类似假设，Hagiu 和 Wright（2015）假设任意产品 i 的潜在需求都为 m，Arya 和 Mittendorf（2013）假设企业 1 和企业 2 分别销售两种产品，这两种产品的潜在需求都为 α。三是将产品 a 和产品 b 的潜在需求设为不同的参数并不会影响本章的结论，证明过程与下文相同，不再重复论述。因此，本章假设零售商的潜在需求为 $\mu_1\theta$，产品 a 和产品 b 的潜在需求即为 $\mu_1\theta$。

假设 5.2 零售商的需求受产品 a 和产品 b 之间的竞争程度 γ 的影响。根据 Economides 和 Katsamakas(2006)，当产品之间存在竞争关系时，满足 $-1\leqslant\gamma\leqslant 0$ ①。

假设 5.3 不同经营模式下，承担销售产品的固定成本的主体不同，这里不考虑销售产品的变动成本。①当零售商采取分销模式时，销售一种产品时需承担固定成本 F，销售两种产品时固定成本为 $\mu_2 F$。类似于吕魁等(2012)，由于两种产品在仓储、物流运输、销售等方面会产生成本的范围经济效应，使得两种产品的总固定成本实现类似于“$1+1<2$”的效果。因此，假设零售商采取分销模式销售两种产品时，固定成本为 $\mu_2 F$，满足 $1\leqslant\mu_2\leqslant 2$，随着 μ_2 的增加，分销模式下零售商的固定成本升高，成本的范围经济效应降低。② 当零售商采取平台模式时，固定成本为 0。类似于 Hagiu 和 Wright(2015)，在平台模式下，仓储、物流运输等环节主要由制造商来承担，零售商的固定成本为 0，制造商 A 和制造商 B 分别有固定成本 F。③当零售商采取混合模式时，对制造商 A 采取分销模式，对制造商 B 采取平台模式，类似于 Hagiu 和 Wright(2015)，零售商和制造商 B 分别有固定成本 F，制造商 A 的固定成本为 0。

假设 5.4 零售商采取平台模式时，会按照销售额和佣金费率向制造商收取佣金。根据 Abhishek 等(2015)，零售商对于通过其平台销售产品的制造商按照销售额和佣金费率收取佣金，佣金费率 α 满足 $0\leqslant\alpha\leqslant 1$，此时，若销售额为 $D_i p_i$，则零售商收取的佣金为 $\alpha D_i p_i$。

四、基本模型

根据 Economides 和 Katsamakas(2006)，采用线性需求函数模型，由假设 5.1 至假设 5.4 可知，产品 i 的需求受间接网络外部性、产品自身价格、竞争产品价格的影响，需求函数为

$$D_i = u_1\theta - p_i - \gamma p_{-i}\text{②}。$$

不同经营模式下，产品价格的决策主体和承担成本的主体不同。分销模式下，零售商从制造商 A 和制造商 B 采购产品 1 和产品 2，决策这两种产品的销售价格和承担销售产品的固定成本；平台模式下，制造商 A 和制造商 B 通过零售商的平台直接销售产品 1 和产品 2，并分别承担销售产品 1 和产品 2

① 在下文对需求函数的定义为：$D_i=u_1\theta-p_i-\gamma p_{-i}$。

② 根据假设 5.2，产品之间的价格影响系数满足 $-1\leqslant\gamma\leqslant 0$。

的固定成本，零售商按照销售额向两家制造商收取佣金；混合模式下，零售商向制造商 A 采购产品 1，零售商决策产品 1 的销售价格并承担销售产品 1 的固定成本，制造商 B 通过零售商的平台销售产品 2 并承担销售产品 2 的固定成本。这样，不同经营模式下零售商和制造商的利润函数如表 5.1 所示：

表 5.1　　不同模式下零售商和制造商的基本利润函数

不同经营模式	利润函数
分销模式	$\Pi_{IR}=(p_{aR}-w_{aR})(u_1\theta-p_{aR}-\gamma p_{bR})+(p_{bR}-w_{bR})(u_1\theta-p_{bR}-\gamma p_{aR})-u_2F$
	$\Pi_{AR}=w_{aR}(u_1\theta-p_{aR}-\gamma p_{bR})$
	$\Pi_{BR}=w_{bR}(u_1\theta-p_{bR}-\gamma p_{aR})$
平台模式	$\Pi_{IP}=\alpha p_{aP}(u_1\theta-p_{aP}-\gamma p_{bP})+\alpha p_{bP}(u_1\theta-p_{bP}-\gamma p_{aP})$
	$\Pi_{AP}=(1-\alpha)p_{aP}(u_1\theta-p_{aP}-\gamma p_{bP})-F$
	$\Pi_{BP}=(1-\alpha)p_{bP}(u_1\theta-p_{bP}-\gamma p_{aP})-F$
混合模式	$\Pi_{IH}=(p_{aH}-w_{aH})(u_1\theta-p_{aH}-\gamma p_{bH})+\alpha p_{bH}(u_1\theta-p_{bH}-\gamma p_{aH})-F$
	$\Pi_{AH}=w_{aH}(u_1\theta-p_{aH}-\gamma p_{bH})$
	$\Pi_{BH}=(1-\alpha)p_{bH}(u_1\theta-p_{bH}-\gamma p_{aH})-F$

第三节　零售商的经营模式选择分析

由前文的分析可知，零售商有三种不同的经营模式选择：分销模式、平台模式、混合模式。分销模式下，零售商拥有产品的定价决策权，可以获得产品销售的完全收益，但固定成本较高；平台模式下，零售商按照佣金费率来与制造商共享产品的销售收益，但固定成本较低；混合模式下，零售商对一些产品采取分销模式，对另一些产品采取平台模式，拥有分销模式和平台模式共同的优缺点。这三种不同经营模式在不同条件下各有优劣，零售商需要决策应该选择何种经营模式。

一、不同经营模式下零售商的均衡利润

根据在不同的经营模式下产品的定价决策权不相同，如图 5.2 所示，零售商在不同经营模式下的决策顺序如下：①分销模式下，制造商 A、制造商 B 分别决定产品 a、产品 b 的批发价格 w_{aR}、w_{bR}，随后零售商根据批发价格 w_{aR}、w_{bR} 决定产品 a 和产品 b 的销售价格 p_{aR}、p_{bR}；② 平台模式下，零售商宣布向

制造商A和制造商B收取的佣金费率α，随后制造商A、制造商B分别决定产品a、产品b的销售价格p_{aP}、p_{bP}；③混合模式下，零售商宣布向制造商B收取的佣金费率α，随后制造商A决定产品a的批发价格w_{aH}，最后制造商B决定产品b的销售价格p_{bH}，零售商决定产品a的销售价格p_{aH}。接下来将讨论不同经营模式下的均衡价格和利润，分析影响零售商利润的主要因素，并通过对比不同经营模式下零售商的利润给出最优的经营模式选择条件。

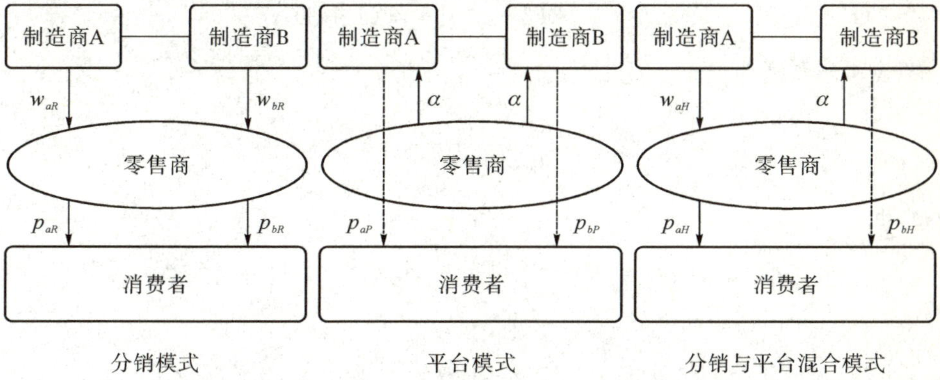

图5.2　不同经营模式下零售商和制造商的决策顺序图

定理5.1　零售商采取分销模式均衡时，产品a和产品b的批发价格为$w_{aR}=w_{bR}=\dfrac{\theta u_1}{2+\gamma}$，销售价格为$p_{aR}=p_{bR}=\dfrac{(3+2\gamma)\theta u_1}{2(2+\gamma)(1+\gamma)}$，产品需求为$D_{aR}=D_{bR}=\dfrac{\theta u_1}{4+2\gamma}$，零售商的利润为$\Pi_{IR}=\dfrac{\theta^2 u_1^2}{2(2+\gamma)^2(1+\gamma)}-u_2F$。■

定理5.2　零售商采取平台模式均衡时，产品a和产品b的销售价格为$p_{aM}=p_{bP}=\dfrac{\theta u_1}{2+\gamma}$，产品需求为$D_{aP}=D_{bP}=\dfrac{\theta u_1}{2+\gamma}$，零售商的利润为$\Pi_{IP}=\dfrac{2\alpha\theta^2 u_1^2}{(2+\gamma)^2}$。■

定理5.3　零售商采取混合模式均衡时，产品a的批发价格为

$$w_{aH}=\frac{(2-\gamma+\alpha\gamma-\alpha\gamma^2)\theta u_1}{2(2-\gamma^2)},$$

产品a和产品b的销售价格分别为

$$p_{aH}=\frac{[6-(3+\alpha)\gamma-(2+\alpha)\gamma^2+(1+\alpha)\gamma^3]\theta u_1}{(2-\gamma^2)[4-(1+\alpha)\gamma^2]},$$

$$p_{bH}=\frac{[8-6\gamma-(3+\alpha)\gamma^2+(2+\alpha)\gamma^3]\theta u_1}{2(2-\gamma^2)[4-(1+\alpha)\gamma^2]},$$

产品需求分别为

$$D_{aH}=\frac{(2-\gamma+\alpha\gamma-\alpha\gamma^2)\theta u_1}{2[4-(1+\alpha)\gamma^2]},$$
$$D_{bH}=\frac{[8-6\gamma-(3+\alpha)\gamma^2+(2+\alpha)\gamma^3]\theta u_1}{2(2-\gamma^2)[4-(1+\alpha)\gamma^2]},$$

零售商的利润为

$$\Pi_{IH}=\frac{\Phi_1}{\Phi_2}\frac{\theta^2 u_1^2}{4(2-\gamma^2)^2}-F。$$

其中，

$$\Phi_1=\alpha^3 H_2+(4-2\gamma-2\gamma^2+\gamma^3)^2+\alpha H_3-\alpha^2\gamma^2 H_1,$$
$$\Phi_2=[4-(1+\alpha)\gamma^2]^2,$$
$$H_1=28-52\gamma+10\gamma^2+26\gamma^3-11\gamma^4-2\gamma^5+\gamma^6,$$
$$H_2=(1-\gamma)^2\gamma^4(3-\gamma^2),$$
$$H_3=64-112\gamma+4\gamma^2+76\gamma^3-25\gamma^4-12\gamma^5+5\gamma^6。■$$

一般来说，零售商的利润为总收益减去总成本，收益越高，利润越高；成本越高，利润越低。零售商的收益主要受三方面因素的影响。一是间接网络外部性 u_1。由于零售商相当于制造商与消费者交易的桥梁，具有双边市场的特性，以网络零售业为例，当零售商电子商务网站上销售的产品种类增加时，间接网络外部性使得浏览该网站的消费者会以平方级的速度增长，间接网络外部性的作用越大，浏览电子商务网站的消费者增长的速度越快，该网络的流量和产品的实际需求越大，零售商的利润也就越大。二是佣金费率 α。在平台模式、混合模式下，零售商虽然不直接通过销售产品获得收益，但是制造商需要按照销售额和佣金费率向零售商支付佣金，佣金费率类似于零售商与制造商之间的收益分成比例，佣金费率越高，在销售额不变的情况下，零售商收取的佣金越高，利润也就越高。三是产品之间的价格影响系数 γ。从定理 5.1 至定理 5.3 可以看出，零售商利润随着产品之间价格影响系数的增加而减少，这是因为随着产品之间价格影响系数增加，产品需求会减少，进而零售商的利润也会减少。零售商的成本主要受两方面因素的影响：一是固定成本 F，包括仓储、物流设施的建设成本等，显然，固定成本越高，零售商的利润越低；二是产品种类的增加对成本的影响系数 u_2，u_2 表示销售多种产品所带来的成本范围经济效应，u_2 越小，成本的范围经济效应越大，成本越低，零售商的利润越高。

二、零售商的经营模式选择

零售商在不同经营模式下的盈利方式和成本不尽相同，使得不同经营模式下零售商的利润也不相同。因此，接下来将通过对比不同经营模式下的销售价格和利润，得出最优的零售商经营模式选择条件。

命题 5.1 零售商对分销模式、平台模式、混合模式的选择满足以下条件。

(a) 当$U_2 < U_1 < U_3$ 时，若 $F \leqslant U_2$，分销模式是零售商的最优选择；若 $U_2 \leqslant F \leqslant U_3$，混合模式是零售商的最优选择；若 $F \geqslant U_3$，平台模式是零售商的最优选择。

(b) 当$U_3 < U_1 < U_2$ 时，混合模式不是零售商的最优选择；若 $F \leqslant U_1$，分销模式是零售商的最优选择；若 $F \geqslant U_1$，平台模式是零售商的最优选择。

其中$U_1 = \left[\frac{1}{2(1+\gamma)} - 2\alpha\right]\frac{\theta^2 u_1^2}{u_2(2+\gamma)^2}$，$U_2 = \left[\frac{1}{2(2+\gamma)^2(1+\gamma)} - \frac{\Phi_1}{\Phi_2}\frac{1}{4(2-\gamma^2)^2}\right]\frac{\theta^2 u_1^2}{u_2 - 1}$，$U_3 = \frac{\Phi_1 \theta^2 u_1^2}{4\Phi_2(2-\gamma^2)^2} - \frac{2\alpha\theta^2 u_1^2}{(2+\gamma)^2}$。■

从命题 5.1 可以看出，零售商对分销模式、平台模式、混合模式的选择主要受两方面因素的影响。

第一，不同经营模式的成本之差。从命题 5.1 的(a)、(b)中可以看出，当固定成本较高时 ($F \geqslant \max[U_1, U_3]$)，平台模式下零售商不需要承担销售产品的固定成本，平台模式是零售商的最优选择；当固定成本较低时($F \leqslant \min[U_1, U_2]$)，分销模式下零售商可以获得产品的全部收益同时固定成本又较低，分销模式是零售商的最优选择。

第二，不同经营模式下的收益之差，即为命题 5.1 中的U_1、U_2 和U_3，其中，U_1 表示撇除产品种类增加对成本的影响后分销模式与平台模式的收益之差，U_2 表示撇除产品种类增加对成本的影响后分销模式与混合模式的收益之差，U_3 表示混合模式与平台模式的收益之差。在不考虑固定成本的影响时，零售商对经营模式的选择主要取决于U_1、U_2 和U_3 的大小，而U_1、U_2 和U_3 的大小又受佣金费率、产品之间的价格影响系数和间接网络外部性的影响。直观上来说，随着佣金费率的增加，U_1、U_2 逐渐变小，即随着佣金费率的增加，平台模式、混合模式逐渐占优；随着产品之间的价格影响系数的增加，U_1 逐渐变小，即随着产品之间价格影响系数的增加，平台模式逐渐占优。

佣金费率、产品之间的价格影响系数和间接网络外部性等因素变动对零售商经营模式选择的影响将在下文中给出具体分析。由于零售商在不同模式下利润主要受价格的影响，接下来对比分析在不同经营模式下产品销售价格。

命题 5.2 零售商在不同经营模式下产品销售价格满足以下关系：$p_{aR} > p_{aH} > p_{aP}$，$p_{bR} > p_{bH} > p_{bP}$。■

从命题 5.2 可以看出，第一，无论 γ 取任何值时，产品的销售价格都满足：$p_{aR} > p_{aP}$，$p_{bR} > p_{bP}$，$p_{aH} > p_{aP}$①，也就是说分销模式下产品的销售价格要高于平台模式。分销模式与平台模式的区别之一在于产品是否由制造商直接销售给最终消费者，产品从生产出来到销售给最终消费者的环节越多，双重加价行为越强，销售价格越高。第二，由于产品之间存在竞争性，在分销模式下零售商拥有全部的产品定价权，使得其会选择相对较高的销售价格以获得更大利润，混合模式下由制造商 B 来决定产品 b 的销售价格，为了减少双重边际效应，产品的销售价格较低，即 $p_{aR} > p_{aH}$，$p_{bR} > p_{bH}$。

三、不同因素对零售商经营模式选择的影响

从命题 5.1 可以看出，零售商对经营模式的选择主要由佣金费率、产品之间的价格影响系数、间接网络外部性、固定成本等因素来决定。接下来将具体分析这些因素变动是如何影响零售商经营模式的选择。

推论 5.1 当 $\gamma > \gamma_1$ 时，若佣金费率较小（$0 < \alpha < \alpha^*$），分销模式是零售商最优选择；若佣金费率适中（$\alpha^* < \alpha < \alpha^{**}$），混合模式是零售商最优选择；若佣金费率较大（$\alpha > \alpha^{**}$），平台模式是零售商最优选择。■

从推论 5.1 可以看出，首先，当佣金费率较小时，分销模式占优。当佣金费率较小时，平台模式、混合模式下零售商获得的收益分成较少，零售商采取分销模式虽然需要承担完全的固定成本，但同样也能获得完全的收益。其次，当佣金费率适中时，混合模式占优。由于分销模式与平台模式在不同条件下各具优劣，分销模式下，零售商需要承担较高的固定成本，但是其也掌握了两种产品的定价决策权，通过协调两种产品的价格来获得较高的收益；平台模式下，零售商不需要承担固定成本，但是其只能获得销售额的部分收益。当佣金费率适中时，零售商采取混合模式既能获得分销模式和平台模式下的部分优势，又能部分规避这两种模式下的缺点，达到既获得较高

① 在混合模式下，产品 a 采取的是分销模式。

收益又能节约固定成本的效果。最后，当佣金费率较大时，平台模式占优。这是因为佣金费率较大时，在平台模式下零售商获得的收益分成较高，同时其还不需要承担固定成本，这就使得平台模式下零售商的利润较高。除此之外，推论 5.1 的约束条件($\gamma>\gamma_1$)还表明佣金费率对零售商经营模式选择的影响还受产品之间价格影响系数的制约。因此，接下来通过对佣金费率的讨论来分析产品之间价格影响系数、间接网络外部性等因素对零售商经营模式的影响。

在平台模式下，零售商并不买断产品的所有权，而是提供销售平台(场地)给制造商，并按照销售额和佣金费率向制造商收取费用。无论是传统零售商还是网络零售商，在平台模式下，一般对不同种类的产品收取不同的佣金费率。以网络零售业为例，天猫和京东分别占据近年来我国 B2C 网络购物交易市场份额的前两名，这两家网络零售商对其销售的不同种类的产品制定不同的佣金费率。天猫对通过其平台销售的产品按销售额的 0.4%到 5%收取佣金，京东对通过其平台销售的产品按销售额的 3%到 8%收取佣金①。同时，根据推论 5.1 的结论可知，不同经营模式之间的利润差会随着佣金费率的变化而产生连续单调变化。因此，在接来下的讨论中将佣金费率固定在 0 到 10%之间变动，分析产品之间价格影响系数等因素变动对零售商经营模式选择的影响。

推论 5.2 当 $0\leqslant\alpha\leqslant0.1$ 时，若产品之间价格影响系数较小($\gamma_1<\gamma<\gamma^*$)，分销模式是零售商的最优选择；若产品之间价格影响系数适中($\gamma^*<\gamma<\gamma^{**}$)，混合模式是零售商的最优选择；若产品之间价格影响系数较大($\gamma>\gamma^{**}$)，平台模式是零售商的最优选择。■

由推论 5.2 可知，首先，当产品之间价格影响系数较小时，产品之间的竞争性较强②，分销模式占优。这是因为分销模式下由零售商统一定价，能够协调产品之间的价格竞争。其次，当产品之间价格影响系数较大时，产品之

① 这里佣金费率是指各经营大类下小类目的平均佣金费率。其中，在天猫商城中，对服饰、珠宝、运动户外、鞋类、箱包、日用、家装、家具、家纺等大类收取 5%的佣金，对母婴、化妆品等大类收取 4%的佣金，对汽车、配件、电器、保健品和医药等大类收取 3%的佣金，对图书音像、食品、旅游、乐器和数码等大类收取 2%的佣金，对服务收取 1%的佣金，对网游、电子票务等大类收取 0.5%的佣金，对话费通信收取 0.4%的佣金；在京东商城中，对钟表、鞋靴、数码、手机、电器、电脑、厨具等大类收取 8%的佣金，对珠宝、影视、保健、音乐、箱包、教育和服饰内衣等大类收取 7%的佣金，对运动、图书、家装建材、个护化妆等大类收取 6%的佣金，对母婴、酒类等大类收取 5%的佣金，对玩具乐器、食品饮料、汽车用品、农用物资等大类收取 4%的佣金，对生鲜、宠物、旅游等大类收取 3%的佣金。

② 当产品之间存在竞争性时，产品之间的价格影响系数为负。

间的竞争性较弱，平台模式占优。这是因为产品之间较弱的竞争性使得价格竞争不太激烈，成本因素成为影响零售商利润的主因，而平台模式下零售商的成本最低。最后，当产品之间价格影响系数适中时，产品之间竞争性适中，混合模式占优。这是因为混合模式既能获得分销模式、平台模式下的部分优势，又能部分规避这两种模式下的缺点，达到既获得较高收益又能节约固定成本的效果。

推论 5.3 当 $0 \leqslant \alpha \leqslant 0.1$，$\gamma < \gamma_2$ 时，若间接网络外部性较小（$1 < u_1 < u_1^*$），平台模式是零售商的最优选择；若间接网络外部性适中（$u_1^* < u_1 < u_1^{**}$），混合模式是零售商的最优选择；若间接网络外部性较大（$u_1 > u_1^{**}$），分销模式是零售商的最优选择。■

由推论 5.3 可以看出，首先，间接网络外部性较小时，平台模式占优。这是因为间接网络外部性较小时，产品种类的增加对需求的影响作用较小，相对来说需求较少，在平台模式下，由制造商来做产品的价格决策，零售商收取佣金（类似于收益共享）能刺激制造商降低价格增加需求，从而增加利润。其次，间接网络外部性较大时，分销模式占优。这是因为间接网络外部性较大时，产品种类的增加对需求的影响作用较大，相对来说需求较大，在分销模式下，由零售商来协调两种产品的销售价格，增加利润。最后，当间接网络外部性适中时，混合模式占优。这是因为混合模式既能部分获得平台模式下由低价带来的需求优势，又能部分获得分销模式下高价销售带来的利润增加。

推论 5.4 当固定成本较小时（$0 < F < F^*$），分销模式是零售商的最优选择；当固定成本适中时（$F^* < F < F^{**}$），混合模式是零售商的最优选择；当固定成本较大时（$F > F^{**}$），平台模式是零售商的最优选择。■

由于零售商在不同经营模式下需要承担的固定成本不同，选择分销模式时，零售商需要同时承担产品 a 和产品 b 的固定成本；选择混合模式时，零售商只需要承担产品 a 的固定成本；选择平台模式时，零售商不需要承担固定成本。显然，当固定成本较小时，分销模式下零售商需承担的固定成本较小，同时还能协调两种产品的销售价格；当固定成本较大时，平台模式下零售商不需要承担固定成本，相对利润较高；当固定成本适中时，零售商采取混合模式既能部分获得分销模式中价格协调带来的优势，又能部分获得平台模式下的成本优势。

综上所述，间接网络外部性、佣金费率、产品之间的价格影响系数、固定成本均会对零售商的经营模式选择产生影响。随着产品之间的价格影响系数、佣金费率、固定成本的增加，零售商的最优经营模式逐渐由分销模式变为混合模式，最后变为平台模式；随着间接网络外部性的增加，零售商的最优经营模式逐渐由平台模式变为混合模式，最后变为分销模式。

第四节　零售商经营模式转变机制分析

现实生活中，零售商对经营模式的选择并非一成不变。有些最初选择分销模式的零售商已经转向混合模式，例如早期的京东主要采取分销模式，后来却允许制造商通过其网站销售产品而转为混合模式；有些最初选择平台模式的零售商正在转向混合模式，例如天猫最初采取平台模式，后来旗下的喵鲜生也通过海外跨境直采渠道采取一站式进货方式销售产品①。那么，为什么零售商会改变经营模式呢？究其原因在于市场环境的改变，而市场环境的改变又主要体现在需求和成本的变化。随着产品技术的不断改进或消费者偏好的改变，产品所面对的市场环境也在不断变化，对于那些能跟上技术进步的步伐或密切贴合消费者需要的产品来说，潜在需求可能会急剧增加，这些产品在分销过程中的仓储、物流成本也会随之增加，而对于那些跟不上技术进步的步伐或不太符合消费者需要的产品来说，潜在需求可能会逐渐减少，这些产品在分销过程中的仓储、物流成本也会随之发生变化。因此，当市场环境变化带来需求和成本变化时，不同经营模式下零售商的利润也会发生变化，零售商有可能会改变经营模式。

这样，考虑两种不同情况：一是零售商开始采用分销模式，当产品的潜在需求发生变化时，零售商需要决策是否转为混合模式；二是零售商开始采用平台模式，当产品的潜在需求发生变化时，零售商需要决策是否转变为混合模式。这里不考虑由混合模式向分销模式或平台模式转变的情况，主要有两方面原因。一是从零售业发展的演变过程来说，最初的零售商一般是采取单一的分销模式或平台模式，因此，在现实生活中，由混合模式分别向

① 现实生活中，采取纯平台模式的零售商向混合模式转变的案例较少，这是因为从平台模式转向混合模式，零售商不但需要增加较大的仓储、物流设施投入，而且还需要作为采购方协调与供应链上游企业的关系，对于纯平台的零售商来说很难同时做好。但是，也不乏有一些拥有绝对市场势力的平台零售商有向混合模式发展的趋势，例如2014年天猫电器城包下美的、九阳、苏泊尔等10余个知名品牌12条生产线，以天猫网络定制的方式销售产品，天猫旗下喵鲜生也通过海外跨境直采渠道，采取一站式进货方式销售产品，这些都是天猫向混合模式转变的尝试。

分销模式或平台模式转变的实例较少。以我国网络零售业为例,无论是天猫、京东还是苏宁都是由纯平台模式或者纯分销模式朝着混合模式转变,几乎没有混合模式分别向分销模式或平台模式转变的情况。二是在下文的分析中分别考虑了由分销模式或平台模式向混合模式转变的条件,二者之间具有一定的可逆性。除此之外,这里没有考虑由分销模式向平台模式转变或由平台模式向分销模式转变的情况,主要是因为当零售商经营模式完全变化时,其需要重新与两家制造商签订销售合同,这样就和本章第三节的分析类似,这里不再重复讨论。

由于市场环境的变化表现为产品 a 或产品 b 潜在需求的变化,最初采取分销模式和平台模式的零售商都有可能转向混合模式。这样,零售商在四种不同的情况需要做出是否改变经营模式的选择:产品 a/产品 b 的潜在需求改变时,最初采取分销模式的零售商是否会改变经营模式;产品 a/产品 b 的潜在需求改变时,最初采取平台模式的零售商是否会改变经营模式。为了研究零售商转变经营模式的条件,在假设 5.1 至假设 5.4 的基础上,增加如下假设。

假设 5.5 由于在分销模式和平台模式下,类似于 Hagiu 和 Wright (2015)的研究,产品 a 和产品 b 具有对称性,两种产品的销售价格、需求和利润都相等(见定理 5.1 和定理 5.2)①,同时,在第二部分的分析中,混合模式下假设零售商对产品 a 采取分销模式、对产品 b 采取平台模式,考虑到上下文的一致性,假设最初采取分销模式的零售商,当产品 b 的潜在需求变化 $\Delta\theta_b$ 时,满足 $-\theta<\Delta\theta_b<\theta$,若转向混合模式,会选择将产品 b 由分销模式转为平台模式②;最初采取平台模式的零售商,当产品 a 的潜在需求变化 $\Delta\theta_a$ 时,满足 $-\theta<\Delta\theta_a<\theta$,若转向混合模式,会选择将产品 a 由平台模式转为分销模式③。

假设 5.6 当市场环境发生变化时,零售商的固定成本会发生变化。①最初采取分销模式的零售商,若不转变经营模式,需要增加固定成本

---

① 产品 a 和产品 b 具有对称性使得在分销模式(平台模式)下产品 a 潜在需求改变时零售商的决策在产品 b 潜在需求改变时同样适用,反之,产品 b 潜在需求改变时零售商的决策在产品 a 潜在需求改变时同样适用。

② 最初采取分销模式的零售商,当产品 a 的潜在需求变化 $\Delta\theta_a$ 时,满足 $-\theta<\Delta\theta_a<\theta$,若转向混合模式,会选择将产品 a 由分销模式转为平台模式,分析过程和结论与产品 b 潜在需求变化时相同,下文不再重复讨论。

③ 最初采取平台模式的零售商,当产品 b 的潜在需求变化 $\Delta\theta_b$ 时,满足 $-\theta<\Delta\theta_b<\theta$,若转向混合模式,会选择将产品 b 由平台模式转为分销模式,分析过程和结论与产品 a 潜在需求变化时相同,下文不再重复讨论。

F_{IRR}（当$\Delta\theta_b>0$时，产品潜在需求增加，F_{IRR}表示仓储、物流设施的新增投入和前期仓储、物流设施的折旧和维护成本；当$\Delta\theta_b<0$时，产品潜在需求减少，F_{IRR}表示前期仓储、物流设施的折旧和维护成本）；若转为混合模式，需要增加固定成本F_{IRH}（F_{IRH}表示前期仓储、物流设施的折旧和维护成本）。② 最初采取平台模式的零售商，若不转变经营模式，固定成本为0；若转为混合模式，需要增加固定成本F_{IPH}（F_{IPH}表示为销售产品a增加的仓储、物流设施投入）。

假设 5.7 当市场环境发生变化时，制造商的固定成本会发生变化。①当零售商由分销模式变为混合模式时，制造商B需投入固定成本F_{BRH}（F_{BRH}表示为销售产品b增加的仓储、物流设施投入）。② 当采取平台模式的零售商不转变经营模式时，制造商A需要增加固定成本F_{APP}（当$\Delta\theta_a>0$时，产品潜在需求增加，F_{APP}表示仓储、物流设施的新增投入和前期仓储、物流设施的折旧和维护成本；当$\Delta\theta_a<0$时，产品潜在需求减少，F_{APP}表示前期仓储、物流设施的折旧和维护成本），制造商B需要增加固定成本F_{BPP}（F_{BPP}表示前期仓储、物流设施的折旧和维护成本）；当由平台模式变为混合模式时，制造商A和制造商B的固定成本分别为F_{APH}、F_{BPH}（F_{APH}、F_{BPH}表示前期仓储、物流设施的折旧和维护成本）。

假设 5.8 当市场环境发生变化时，若零售商不转变经营模式，不需要与制造商重新签订销售合同，产品的销售价格不改变；若零售商转变经营模式，需要与改变经营模式的制造商重新签订销售合同，产品的销售价格等也相应地发生改变。

一、采取分销模式的零售商经营模式转变机制

根据假设5.5至假设5.8，如图5.3所示，当零售商开始采取分销模式时，制造商A、制造商B和零售商的决策顺序与本章第三节相同，此时，产品a、产品b的批发价格为：w_{aR}、w_{bR}，销售价格为：p_{aR}、p_{bR}。当产品b的潜在需求变化$\Delta\theta_b$时，产品a的潜在需求为θ，产品b的潜在需求为$\theta+\Delta\theta_b$。对于零售商来说，有两种不同选择：① 零售商不转变经营模式，零售商与两家制造商都不需要重新签订销售合同，产品a、产品b的批发价格为$w_{aRR}=w_{aR}$、$w_{bRR}=w_{bR}$，销售价格为$p_{aRR}=p_{aR}$、$p_{bRR}=p_{bR}$，零售商的固定成本为F_{IRR}；② 零售商变为混合模式，零售商需要与制造商B重新签订销售合同，与制造商A不需要重新签订销售合同，产品a的批发价格为$w_{aRH}=w_{aR}$，销售价格为$p_{aRH}=p_{aR}$，佣金费率为α，产品b的销售价格为p_{bRH}，零售商的固定成本为F_{IRH}。

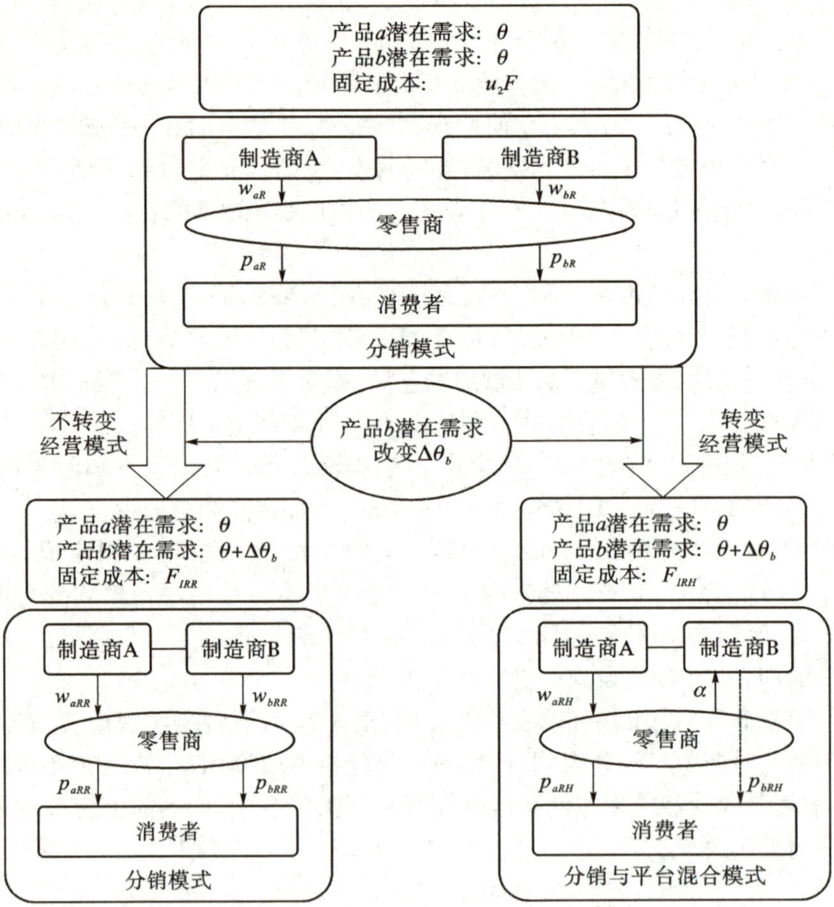

图 5.3 采取分销模式的零售商不转变、转变经营模式时的决策顺序图

这样，根据假设 5.1 至假设 5.8，当产品 b 的潜在需求变化 $\Delta\theta_b$ 时，若采取分销模式的零售商在不改变经营模式时，零售商的利润函数为

$$\Pi_{IRR} = (p_{aRR} - w_{aRR})(u_1\theta - p_{aRR} - \gamma p_{bRR}) + (p_{bRR} - w_{bRR})[u_1(\theta + \Delta\theta_b) - p_{bRR} - \gamma p_{aRR}] - F_{IRR},$$

此时，制造商 A 和制造商 B 的利润函数分别为

$$\Pi_{ARR} = w_{aRR}(u_1\theta - p_{aRR} - \gamma p_{bRR}),$$
$$\Pi_{BRR} = w_{bRR}[u_1(\theta + \Delta\theta_b) - p_{bRR} - \gamma p_{aRR}]。$$

若采取分销模式的零售商变为混合模式时，零售商的利润函数为

$$\Pi_{IRH}=(p_{aRH}-w_{aRH})(u_1\theta-p_{aRH}-\gamma p_{bRH})\\+\alpha p_{bRH}[u_1(\theta+\Delta\theta_b)-p_{bRH}-\gamma p_{aRH}]-F_{IRH},$$

此时，制造商 A 和制造商 B 的利润函数分别为

$$\Pi_{ARH}=w_{aRH}(u_1\theta-p_{aRH}-\gamma p_{bRH}),$$
$$\Pi_{BRH}=(1-\alpha)p_{bRH}[u_1(\theta+\Delta\theta_b)-p_{bRH}-\gamma p_{aRH}]-F_{BRH}。$$

定理 5.4　满足 $\Delta\theta_b>-\dfrac{\theta}{2(2+\gamma)}$ 时，采取分销模式的零售商不改变经营模式时存在均衡，产品 a 和产品 b 的批发价格为 $w_{aRR}=\dfrac{\theta u_1}{2+\gamma}$，$w_{bRR}=\dfrac{\theta u_1}{2+\gamma}$，销售价格为 $p_{aRR}=\dfrac{(3+2\gamma)\theta u_1}{2(2+\gamma)(1+\gamma)}$，$p_{bRR}=\dfrac{(3+2\gamma)\theta u_1}{2(2+\gamma)(1+\gamma)}$，产品需求为 $D_{aRR}=\dfrac{\theta u_1}{4+2\gamma}$，$D_{bRR}=\dfrac{[2\Delta\theta_b(2+\gamma)+\theta]u_1}{2(2+\gamma)}$。此时，零售商的利润为 $\Pi_{IRR}=\dfrac{\theta[\Delta\theta_b(2+\gamma)+\theta]u_1^2}{2(1+\gamma)(2+\gamma)^2}-F_{IRR}$。■

定理 5.5　满足 $-2\Delta\theta_b\gamma(2+3\gamma+\gamma^2)+(2+4\gamma+\gamma^2)\theta>0$，$2\Delta\theta_b(2+3\gamma+\gamma^2)+(4+3\gamma)\theta>0$ 时，采取分销模式的零售商转为混合模式时存在均衡，产品 a 的批发价格为 $w_{aRH}=\dfrac{\theta u_1}{2+\gamma}$，产品 a 和产品 b 销售价格为 $p_{aRH}=\dfrac{(3+2\gamma)\theta u_1}{2(2+\gamma)(1+\gamma)}$，$p_{bRH}=\dfrac{[2\Delta\theta_b(2+3\gamma+\gamma^2)+(4+3\gamma)\theta]u_1}{4(1+\gamma)(2+\gamma)}$，产品需求为 $D_{aRH}=\dfrac{[-2\Delta\theta_b\gamma(2+3\gamma+\gamma^2)+(2+4\gamma+\gamma^2)\theta]u_1}{4(1+\gamma)(2+\gamma)}$，$D_{bRH}=\dfrac{[2\Delta\theta_b(2+3\gamma+\gamma^2)+(4+3\gamma)\theta]u_1}{4(1+\gamma)(2+\gamma)}$。此时，零售商的利润为 $\Pi_{IRH}=\dfrac{\{4(\Delta\theta_b)^2\alpha(2+3\gamma+\gamma^2)^2+4\Delta\theta_b(2+3\gamma+\gamma^2)[\alpha(4+3\gamma)-\gamma]\theta\}u_1^2}{16(1+\gamma)^2(2+\gamma)^2}+\dfrac{[\alpha(4+3r)^2+2(2+4\gamma+\gamma^2)]\theta^2u_1^2}{16(1+\gamma)^2(2+\gamma)^2}-F_{IRH}$。■

定理 5.4 和定理 5.5 的约束条件是要使产品 a 和产品 b 的需求大于 0，在接下来的讨论中假设此条件成立，不再重复论述。定理 5.4 和定理 5.5 表明，当产品 b 潜在需求发生变化时，无论采取分销模式的零售商是否转变经营模式，其利润都受产品 b 潜在需求变化、固定成本变化、产品之间的价格影响系数、佣金费率和间接网络外部性的影响。接下来通过对比零售商不改变经营模式和转向混合模式后的利润，可以得到零售商转变经营模式的

条件。

命题 5.3 当零售商最初采取分销模式时，若 $Z_1 > F_{IRH} - F_{IRR}$，转向混合模式是其最优选择；若 $Z_1 < F_{IRH} - F_{IRR}$ 时，不改变经营模式是其最优选择。其中，

$$Z_1 = \frac{\{4\alpha(\Delta\theta_b)^2(2+3\gamma+\gamma^2)^2 + 4\Delta\theta_b(2+3\gamma+\gamma^2)[\alpha(4+3\gamma)-2-\gamma]\theta\}u_1^2}{16(1+\gamma)^2(2+\gamma)^2} + \frac{[\alpha(4+3\gamma)^2 - 2(2-\gamma^2]\theta^2 u_1^2}{16(1+\gamma)^2(2+\gamma)^2}$$。■

最初采取分销模式的零售商在做是否转向混合模式的选择时受两方面因素的影响：一是收益之差（Z_1），Z_1 表示最初采取分销模式的零售商转为混合模式与不改变经营模式时的收益之差；二是成本之差 $F_{IRH} - F_{IRR}$，$F_{IRH} - F_{IRR}$ 表示最初采取分销模式的零售商转为混合模式与不改变经营模式时的成本之差，显然，$F_{IRH} - F_{IRR}$ 越大，零售商越倾向于不改变经营模式。由于零售商收益之差主要受潜在需求变动的影响，因此接下来从命题 5.3 的结论中分析产品 b 潜在需求变化对零售商决策的影响。

推论 5.5 当满足 $2\alpha(2+3\gamma+\gamma^2)\Delta\theta_b > [2+\gamma-\alpha(4+3\gamma)]\theta$ 时，随着产品 b 潜在需求的增加，最初采取分销模式的零售商更倾向于转向混合模式；反之，最初采取分销模式的零售商更倾向于不改变经营模式。■

推论 5.5 考虑了产品 b 潜在需求变动对零售商是否改变经营模式的影响。由于 $\frac{\partial(\Pi_{IRH} - \Pi_{IRR})}{\partial\Delta\theta_b} = \frac{4u_1^2(2+3\gamma+\gamma^2)\times 2\alpha(2+3\gamma+\gamma^2)\Delta\theta_b}{16(1+\gamma)^2(2+\gamma)^2} - \frac{4u_1^2(2+3r+r^2)[2+\gamma-\alpha(4+3\gamma)]\theta}{16(1+\gamma)^2(2+\gamma)^2}$，则可以得到 $\frac{\partial(\Pi_{IRH} - \Pi_{IRR})}{\partial\Delta\theta_b}$ 是否大于 0 的两个充分条件：当 $\Delta\theta_b > 0$，$\alpha > \frac{2+\gamma}{4+3\gamma}$ 时，$\frac{\partial(\Pi_{IRH} - \Pi_{IRR})}{\partial\Delta\theta_b} > 0$；当 $\Delta\theta_b < 0$，$\alpha < \frac{2+\gamma}{4+3\gamma}$ 时，$\frac{\partial(\Pi_{IRH} - \Pi_{IRR})}{\partial\Delta\theta_b} < 0$。因此，若产品 b 的潜在需求变化为正（$\Delta\theta_b > 0$）且佣金费率较高 $\left(\alpha > \frac{2+\gamma}{4+3\gamma}\right)$ 时，随着产品 b 潜在需求变化的增加，采取分销模式的零售商更倾向于向混合模式转型；若产品 b 的潜在需求变化为负（$\Delta\theta_b < 0$）且佣金费率较低 $\left(\alpha < \frac{2+\gamma}{4+3\gamma}\right)$ 时，随着产品 b 潜在需求变化的增加，采取分销模式的零售商更倾向于不改变经营模式。这是因为当产品 b 的潜在需求增加和佣金费率较高时，在混合模式下零售商的收益分成会增加，零售商会更加倾向于混合模式；当产品 b 的潜在需求减小和佣金费率较低时，在混合模式下零售商的收益分成会减小，零售商会更加倾向

于不改变经营模式。

二、采取平台模式的零售商经营模式转变机制

根据假设5.5至假设5.8，如图5.4所示，当零售商开始采取平台模式时，制造商A、制造商B和零售商的决策顺序与本章第三节相同，佣金费率为α，产品a、产品b的销售价格为：p_{aP}、p_{bP}。当产品a的潜在需求变化$\Delta\theta_a$时，产品a的潜在需求为$\theta+\Delta\theta_a$，产品b的潜在需求为θ。对于零售商来说，有两种不同选择：①零售商不转变经营模式，零售商与两家制造商都不需要重新签订销售合同，此时，产品a、产品b的销售价格为$p_{aPP}=p_{aP}$、$p_{bPP}=p_{bP}$，零

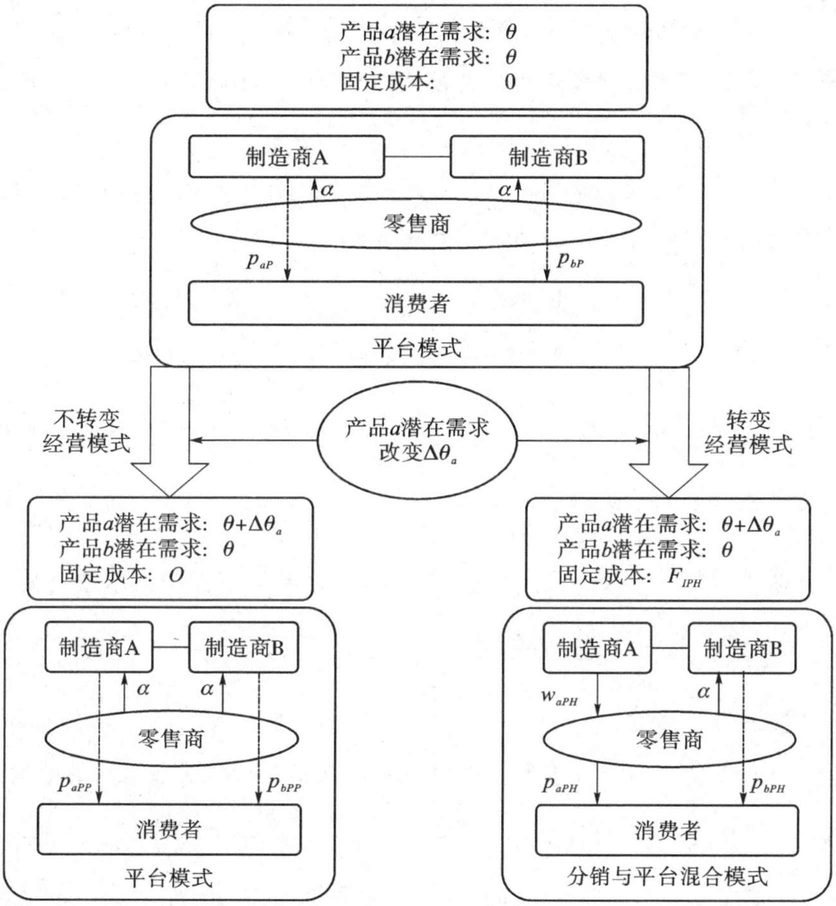

图5.4　采取平台模式的零售商不转变、转变经营模式时的决策顺序图

售商无需投入固定成本；② 零售商变为混合模式，此时，零售商需要与制造商 A 重新签订销售合同，与制造商 B 不需要重新签订销售合同，产品 a 的批发价格为w_{aPH}，销售价格为p_{aPH}，佣金费率为 α，产品 b 的销售价格仍为$p_{bPH} = p_{bP}$，零售商的固定成本为F_{IPH}。

这样，根据假设 5.1 至假设 5.8，当产品 a 的潜在需求变化 $\Delta\theta_a$ 时，若采取平台模式的零售商在不改变经营模式时，零售商的利润函数为

$$\Pi_{IPP}=\alpha p_{aPP}[u_1(\theta+\Delta\theta_a)-p_{aPP}-\gamma p_{bPP}]+\alpha p_{bPP}(u_1\theta-p_{bPP}-\gamma p_{aPP}),$$

此时，制造商 A 和制造商 B 的利润函数分别为

$$\Pi_{APP} = (1-\alpha)p_{aPP}[u_1(\theta+\Delta\theta_a)-p_{aPP}-\gamma p_{bPP}]-F_{APP},$$
$$\Pi_{BPP} = (1-\alpha)p_{bPP}(u_1\theta-p_{bPP}-\gamma p_{aPP})-F_{BPP}。$$

若采取平台模式的零售商变为混合模式时，零售商的利润函数为

$$\Pi_{IPH} = (p_{aPH}-w_{aPH})[u_1(\theta+\Delta\theta_a)-p_{aPH}-\gamma p_{bPH}] + \alpha p_{bPH}(u_1\theta-p_{bPH}-\gamma p_{aPH})-F_{IPH},$$

此时，制造商 A 和制造商 B 的利润函数分别为

$$\Pi_{APH} = w_{aPH}[u_1(\theta+\Delta\theta_a)-p_{aPH}-\gamma p_{bPH}]-F_{APH},$$
$$\Pi_{BPH} = (1-\alpha)p_{bPH}(u_1\theta-p_{bPH}-\gamma p_{aPH})-F_{BPH}。$$

定理 5.6 满足 $\Delta\theta_a > -\dfrac{\theta}{2+\gamma}$ 时，采取平台模式的零售商不改变经营模式时存在均衡，产品 a 和产品 b 的销售价格为 $p_{aPP} = \dfrac{\theta u_1}{2+\gamma}$，$p_{bPP} = \dfrac{\theta u_1}{2+\gamma}$，产品需求为 $D_{aPP} = \dfrac{[\Delta\theta_a(2+\gamma)+\theta]u_1}{2+\gamma}$，$D_{bPP} = \dfrac{\theta u_1}{2+\gamma}$。此时，零售商的利润为 $\Pi_{IPP} = \dfrac{\alpha\theta[\Delta\theta_a(2+\gamma)+2\theta]u_1^2}{(2+\gamma)^2}$。

定理 5.7 满足 $\Delta\theta_a(2+\gamma)+(2+\alpha\gamma)\theta > 0$ 且 $-3\Delta\theta_a\gamma(2+\gamma)+(4-2\gamma+\alpha\gamma^2)\theta > 0$ 时，采取平台模式的零售商转向混合模式时存在均衡，产品 a 的批发价格为 $w_{aPH} = \dfrac{[\Delta\theta_a(2+\gamma)+(2+\alpha\gamma)\theta]u_1}{2(2+\gamma)}$，产品 a 和产品 b 的销售价格为 $p_{aPH} = \dfrac{[3\Delta\theta_a(2+\gamma)+(6-\alpha\gamma)\theta]u_1}{4(2+\gamma)}$，$p_{bPH} = \dfrac{\theta u_1}{2+\gamma}$，产品需求为 $D_{aPH} = \dfrac{[\Delta\theta_a(2+\gamma)+(2+\alpha\gamma)\theta]u_1}{4(2+\gamma)}$，$D_{bPH} =$

$\frac{[-3\Delta\theta_a\gamma(2+\gamma)+(4-2\gamma+\alpha\gamma^2)\theta]u_1}{4(2+\gamma)}$。此时，零售商的利润为 $\Pi_{IPH}=\frac{\{(\Delta\theta_a)^2(2+\gamma)^2+2\Delta\theta_a(2+\gamma)(2-7\alpha\gamma)\theta+[4+\alpha^2\gamma^2+4\alpha(4-3\gamma)]\theta^2\}u_1^2}{16(2+\gamma)^2}-F_{IPH}$。■

定理 5.6 和定理 5.7 的约束条件是要使产品 a 和产品 b 的需求大于 0，在接下来的讨论中假设此条件成立，不再重复论述。定理 5.6 和定理 5.7 表明，当产品 a 潜在需求发生变化时，无论采取平台模式的零售商是否转变经营模式，利润都受产品 a 潜在需求变化、固定成本变化、产品之间的价格影响系数、佣金费率和间接网络外部性的影响。接下来通过对比零售商不改变经营模式和转向混合模式后的利润，可以得到零售商转变经营模式的条件。

命题 5.4 当零售商最初采取平台模式时，若 $Z_2>F_{IPH}$，转向混合模式是其最优选择；若 $Z_2<F_{IPH}$，不改变经营模式是其最优选择。其中，

$$Z_2=\frac{\{(\Delta\theta_a)^2(2+\gamma)^2+2\Delta\theta_a(2+\gamma)[2-\alpha(8+7\gamma)]\theta+[4+\alpha^2\gamma^2-4\alpha(4+3\gamma)]\theta^2\}u_1^2}{16(2+\gamma)^2}。$$ ■

最初采取平台模式的零售商在做是否转向混合模式的选择时受两方面因素的影响：一是收益之差 Z_2，表示最初采取平台模式的零售商转为混合模式后的收益与不改变经营模式时的收益之差；二是成本之差 F_{IRH}，混合模式下零售商需要承担固定成本 F_{IRH}，平台模式下零售商不需要承担固定成本，二者之差即为 F_{IRH}，显然，F_{IRH} 越大，零售商越倾向于不改变经营模式。由于零售商收益之差主要受潜在需求变动的影响，因此接下来从命题 5.4 的结论中分析产品 a 潜在需求变化对零售商决策的影响。

推论 5.6 当满足 $(2+\gamma)\Delta\theta_a>[\alpha(8+7\gamma)-2]\theta$ 时，随着产品 a 潜在需求的增加，最初采取平台模式的零售商更倾向于转向混合模式；反之，最初采取平台模式的零售商更倾向于不改变经营模式。■

推论 5.6 考虑了产品 a 潜在需求变动对零售商是否改变经营模式的影响。由于 $\frac{\partial(\Pi_{IPH}-\Pi_{IPP})}{\partial\Delta\theta_a}=\frac{\{(2+\gamma)\Delta\theta_a+[2-\alpha(8+7\gamma)]\theta\}u_1^2}{8(2+\gamma)}$，则可以得到 $\frac{\partial(\Pi_{IPH}-\Pi_{IPP})}{\partial\Delta\theta_a}$ 是否大于 0 的两个充分条件：当 $\Delta\theta_a>0$，$\alpha<\frac{2}{8+7\gamma}$ 时，$\frac{\partial(\Pi_{IPH}-\Pi_{IPP})}{\partial\Delta\theta_a}>0$；当 $\Delta\theta_a<0$，$\alpha>\frac{2}{8+7\gamma}$ 时，$\frac{\partial(\Pi_{IPH}-\Pi_{IPP})}{\partial\Delta\theta_a}<0$。因此，若产品 a 的潜在需求变化为正（$\Delta\theta_a>0$）且佣金费率较低 $\left(\alpha<\frac{2}{8+7\gamma}\right)$，随

着产品 a 潜在需求变化的增加，采取平台模式的零售商更倾向于向混合模式转型；若产品 a 的潜在需求变化为负（$\Delta\theta_a<0$）且佣金费率较高 $\left(\alpha>\dfrac{2}{8+7\gamma}\right)$，随着产品 a 潜在需求变化的增加，采取平台模式的零售商更倾向于不改变经营模式。这是因为当产品 a 的潜在需求增加时，在分销模式下零售商可以获得产品 a 完全的销售收益，而佣金费率较低也使不改变经营模式的收益较低，从而零售商会更加倾向于混合模式；当产品 a 的潜在需求减小时，佣金费率较高使得平台模式下零售商获得产品 a 的收益分成较高，而承担产品 a 的销售需要付出较高的成本，从而零售商会更加倾向于不改变经营模式。

三、零售商经营模式转变的内在机理

上述部分主要研究了分销模式或平台模式是否转向混合模式的转变条件，从命题 5.3 和命题 5.4 的结论可以看出，一是最初的经营模式不同（分销模式/平台模式），零售商转向混合模式的条件也不相同。与采取分销模式的零售商相比，采取平台模式的零售商的盈利方式和成本并不相同，这就使得转向混合模式时零售商获得的收益和需要承担的成本不相同，最初的经营模式不同对零售商转向混合模式的条件会产生影响。二是市场环境的变化是零售商经营模式转向混合模式的重要因素。一般来说，市场环境的变化会引起产品潜在需求的变化，使得不同经营模式下产品的收益和成本发生变化，零售商有可能转变经营模式。接下来主要从这两个方面来分析零售商经营模式转变的内在机理。

第一，考虑最初经营模式不同对零售商经营模式转变的影响。无论是由分销模式转向混合模式，还是由平台模式转向混合模式，二者的目标选择之一都是混合模式。因此，接下来通过对比由分销模式转为混合模式、平台模式转为混合模式时零售商的利润，分析最初经营模式的不同对零售商经营模式转变的影响。

同时，根据假设 5.6 至假设 5.8 可知，最初采取经营模式的不同，改变潜在需求的产品和潜在需求的改变量也不相同，为了更好地分析零售商转变为混合模式的内在机理，这里对假设 5.6 至假设 5.8 进行了补充：假设 $\Delta\theta_a=\Delta\theta_b=\Delta\theta$。

推论 5.7 当市场环境改变时，由分销模式转为混合模式与由平台模式转为混合模式的利润满足以下关系：若 $Z_3>F_{IRH}-F_{IPH}$，由分销模式转为混合模式比由平台模式转为混合模式时零售商利润更大；若 $Z_3<F_{IRH}-F_{IPH}$，由平台

模式转为混合模式比由分销模式转为混合模式时零售商利润更大。其中，

$$Z_3 = \frac{[\Delta\theta^2(4\alpha-1)(2+3\gamma+\gamma^2)^2+2\alpha\Delta\theta(2+3\gamma+\gamma^2)(8+13\gamma+7\gamma^2)\theta-2-4\gamma]u_1^2}{16(1+\gamma)^2(2+\gamma)^2} - \frac{\gamma[2\gamma+\alpha^2\gamma(1+\gamma)^2+\alpha(4+17\gamma+12\gamma^2)]\theta^2u_1^2}{16(1+\gamma)^2(2+\gamma)^2}。■$$

推论 5.7 是由分销模式转为混合模式、由平台模式转为混合模式的对比，其中，Z_3 表示由分销模式转为混合模式与由平台模式转为混合模式的零售商的收益差，$F_{IRH}-F_{IPH}$ 表示由分销模式转为混合模式与由平台模式转为混合模式的零售商的成本差。显然，当收益差大于成本差时，由分销模式转为混合模式占优；反之则由平台模式转为混合模式占优。这是由于潜在需求改变不但会使得零售商的收益发生变化，还会改变零售商的成本，这两方面因素共同作用使得零售商在不同经营模式下的利润发生改变。因此，由分销模式转为混合模式与由平台模式转为混合模式之间存在两方面的差异。一是获利方式不同，由分销模式转为混合模式时，零售商的获利方式由完全的销售来获利转为部分佣金和部分销售来获利；由平台模式转为混合模式时，零售商的获利方式由完全的佣金来获利转为部分佣金和部分销售来获利。二是成本的组成不同，由分销模式转为混合模式时，若潜在需求变化为正，需要增加部分固定成本的投入，若潜在需求变化为负，需要支出前期仓储、物流设施的折旧和维护成本；由平台模式转为混合模式时，无论潜在需求变化为正或者为负，都需要为销售某种产品重新投入固定成本。

为了更进一步分析推论 5.7 的结论，这里考虑一种特殊的情形，两种产品的价格互不影响，即 $\gamma=0$。此时，推论 5.7 的结论为：当$\frac{1}{16}\Delta\theta(4\alpha-1)(\Delta\theta+2\theta)u_1^2 > F_{IRH}-F_{IPH}$ 时，由分销模式转为混合模式的零售商利润更大，反之则利润更小。从这个约束条件可以看出，第一，由于$\frac{\partial\Delta\Pi_{RPH}}{\partial\Delta\theta}=\frac{1}{16}(4\alpha-1)(2\Delta\theta+2\theta)u_1^2$，若佣金费率较高$\left(\alpha>\frac{1}{4}\right)$，随着潜在需求改变的增加（$\Delta\theta$ 的增加），由分销模式转为混合模式的零售商利润更大；若佣金费率较低$\left(\alpha<\frac{1}{4}\right)$，随着潜在需求改变的增加（$\Delta\theta$ 的增加），由分销模式转为混合模式的零售商利润更小。第二，由于$\frac{\partial\Delta\Pi_{RPH}}{\partial\alpha}=\frac{1}{4}\Delta\theta(\Delta\theta+2\theta)u_1^2$，若潜在需求改变为正，$\Delta\theta>0$，随着佣金费率的增加，由分销模式转为混合模式的零售商利润更大；若潜在需求改变为负，$\Delta\theta<0$，随着佣金费率的增加，由分销模式转

为混合模式的零售商利润更小。第三，由分销模式转为混合模式的零售商与由平台模式转为混合模式的零售商的成本差（$F_{IRH}-F_{IPH}$）越大，前者的利润更小。由此可见，产品潜在需求的改变、佣金费率以及成本的改变这三方面因素共同作用使得最初采取分销/平台模式的零售商转变混合模式时的利润不同。

第二，考虑市场环境的变化对零售商经营模式转变的影响。零售商除了在市场环境改变时由分销模式或者平台模式转向混合模式外，还可以在市场环境不变时直接选择混合模式，零售商的这两种选择混合模式的区别在于市场环境的变化。因此，接下来通过对比市场环境变化前后零售商选择混合模式的利润，分析市场环境的改变对零售商经营模式转变的影响。

推论 5.8 当市场环境改变时由分销模式或平台模式转为混合模式与市场环境不变时直接选择混合模式的利润满足以下关系。

(a) 若$Z_4>F_{IRH}+(u_2-1)F$，由分销模式转为混合模式比直接采取混合模式时零售商利润更大；若$Z_4<F_{IRH}+(u_2-1)F$，直接采取混合模式比由分销模式转为混合模式时零售商利润更大。

(b) 若$Z_5>F_{IPH}-F$，由平台模式转为混合模式比直接采取混合模式时利润更大；若$Z_5<F_{IPH}-F$，直接采取混合模式比由平台模式转为混合模式时零售商利润更大。

其中，

$$\Phi_3=4(\Delta\theta)^2\alpha(2+3\gamma+\gamma^2)^2+4\Delta\theta(2+3\gamma+\gamma^2)[\alpha(4+3\gamma)-\gamma]\theta+[\alpha(4+3\gamma)^2+2(2+4\gamma+\gamma^2)]\theta^2,$$

$$Z_4=\frac{[\Phi_2\Phi_3(2-\gamma^2)^2-4\Phi_1\theta^2(1+\gamma)^2(2+\gamma)^2]u_1^2}{16\Phi_2(2-\gamma^2)^2(1+\gamma)^2(2+\gamma)^2},$$

$$\Phi_4=(\Delta\theta)^2(2+\gamma)^2+2\Delta\theta(2+\gamma)(2-7\alpha\gamma)\theta+[4+\alpha^2\gamma^2+4\alpha(4-3\gamma)]\theta^2,$$

$$Z_5=\frac{[\Phi_2\Phi_4(2-\gamma^2)^2-4\Phi_1\theta^2(2+\gamma)^2]u_1^2}{16\Phi_2(2-\gamma^2)^2(2+\gamma)^2}。■$$

推论 5.8 是考虑潜在需求不变时直接采取混合模式、潜在需求改变时由分销模式或平台模式转变为混合模式的对比，其中，Z_4、Z_5 分别表示由分销模式或平台模式转为混合模式与直接采取混合模式的零售商的收益差，$F_{IRH}+(u_2-1)F$、$F_{IPH}-F$ 分别表示由分销模式或平台模式转为混合模式与直接采取混合模式的零售商的成本差。显然，当收益差大于成本差时，由分销模式或平台模式转为混合模式占优；反之则直接采取混合模式占优。这是由于潜在需求改变不但会使得零售商的收益发生变化，还会改变零售商的成本，这两方面因素共同作用使得零售商在不同经营模式下的利润发生改变。

为了更进一步分析推论 5.8 的结论，这里也考虑一种特殊的情况：两种产品的价格互不影响，即 $\gamma = 0$。此时，推论 5.8 的结论(a) 为：当 $\frac{1}{4}\alpha\Delta\theta(\Delta\theta + 2\theta) u_1^2 > F_{IRH} + (u_2 - 1)F$ 时，产品潜在需求的改变使得由分销模式转变为混合模式比直接采取混合模式的利润更大，反之则利润更小。从这个约束条件可以看出，一方面，当产品潜在需求变化为正时，$\Delta\theta > 0$，若成本$[F_{IRH} + (u_2 - 1)F]$ 较小，由分销模式转变为混合模式时零售商利润更大，此时，市场环境的改变对零售商的经营模式转变有正向作用；另一方面，当产品潜在需求变化为负时，$\Delta\theta < 0$，$\frac{1}{4}\alpha\Delta\theta(\Delta\theta + 2\theta) u_1^2 < F_{IRH} + (u_2 - 1)F$ 恒成立，直接采取混合模式时零售商利润更大，此时，市场环境的改变对零售商经营模式转变有负向作用。

同理，推论 5.8 的结论(b)为：当 $\frac{1}{16}\Delta\theta(\Delta\theta + 2\theta) u_1^2 > F_{IPH} - F$ 时，潜在需求的改变使得零售商由平台模式转变为混合模式时比直接采取混合模式的利润更大，反之则直接采取混合模式利润更大。从这个约束条件可以看出，由平台模式转为混合模式与直接选择混合模式的利润大小取决于潜在需求的变化使得零售商收益的变化$\left[\frac{1}{16}\Delta\theta(\Delta\theta + 2\theta) u_1^2\right]$和潜在需求的增加所带来的成本变化($F_{IPH} - F$)的大小，显然，当收益大于成本时，由平台模式转变为混合模式时利润更大，当收益小于成本时，直接采取混合模式时零售商利润更大。

综上所述，由分销模式或平台模式转向混合模式的零售商的利润受两方面因素的影响，一方面是产品潜在需求改变所带来的收益变化，另一方面是产品潜在需求改变所带来的成本变化。当收益增加大于成本增加时，由分销模式或平台模式转为混合模式的利润更大，当收益减少或收益增加小于成本增加时，直接选择混合模式的利润更大。

第五节　中国零售业发展的实践与理论分析
——以网络零售为例

一、中国网络零售业发展现状

随着信息技术的发展，互联网的出现改变了商品交易的场所、拓宽了交易的时间和范围、加快了交易速度、减少了中间环节，使得网络零售业在我国迅速发展起来。按照产业生命周期理论，如图 5.5 所示，我国网络零售业在发展过程中经历了以下三个阶段。一是起步阶段(1999 年至 2003 年)，我国网络零售业的发展最早可以追溯到 1999 年，早期的网络零售商有易趣网、当当网、8848 网站等，由于缺少有利市场环境和政策支持，这些网络零售商有的只是昙花一现。二是成长阶段(2003 年至 2010 年)，随着互联网的普及、安全支付与物流服务的改善，网络零售业进入加速发展的时期，网络零售规模不断扩大。2003 年阿里巴巴创立了淘宝，2006 年至 2008 年，网络零售业进入了爆发性增长阶段，大批 B2C 网络零售商开始涌现，例如拍拍网、京东、凡客诚品、唯品会等。2009 年至 2010 年，一方面由于网络零售对传统零售的冲击，一些传统企业开始进军网络零售业，例如苏宁、国美等，另一方面还出现一些新型的网络零售业态，例如团购网站等。三是成熟阶段(2010 年至今)，在这个阶段随着市场竞争的加剧，一些在竞争中失败的网络零售商逐渐退出市场或被其他企业兼并，例如百度有啊、网易尚品等退出市场，红孩子被苏宁收购等。

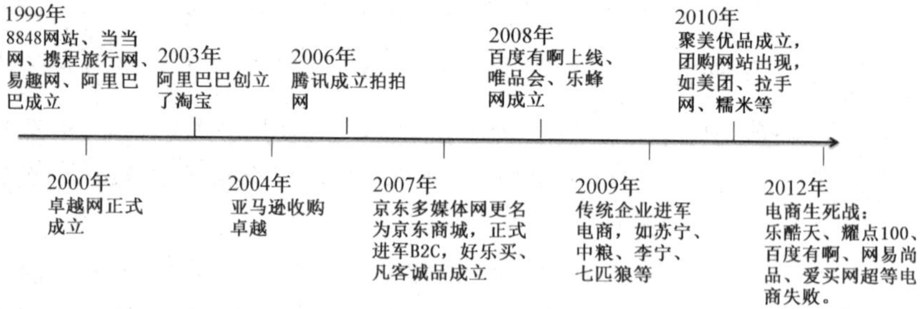

图 5.5　中国网络零售业发展情况

因此，目前我国网络零售业正处于成熟阶段，具有网络零售规模继续扩大但增长速度下降的特征，使得我国网络零售业的竞争逐渐加剧，市场集中度逐渐提高。为了在激烈的市场竞争中取得优势，一些网络零售商逐渐开始转变经营模式和产品扩张策略。接下来将从市场规模、市场结构、经营模式和产品扩张策略等方面具体分析我国网络零售业的现状。

(1) 市场规模。目前，我国网络零售市场呈现交易规模逐年增加但增速逐渐下降的趋势。如图 5.6 所示，根据《中国网络零售市场数据监测报告》显示，2009 年至 2015 年中国网络零售市场交易规模分别为：2 600 亿元、5 141 亿元、8 019 亿元、13 250 亿元、18 851 亿元、28 145 亿元和 39 841 亿元，在 6 年的时间内，网络零售交易规模增长了 14.3 倍。但是，2010 年至 2015 年中国网络零售市场交易规模增长率分别为 97.73%、55.98%、65.23%、

42.27%、49.3%、41.56%,增速呈下降趋势。

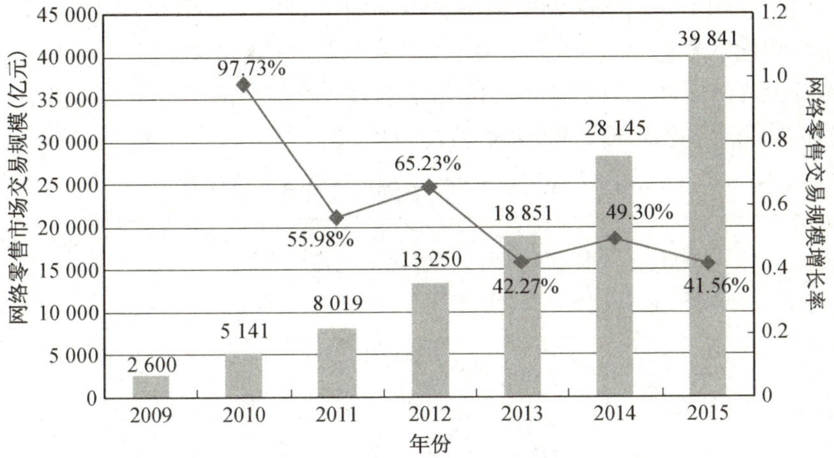

图 5.6 2009—2015 年中国网络零售市场交易规模

资料来源:作者根据 2010—2015 年《中国网络零售市场数据监测报告》整理。

(2) 市场结构。随着市场竞争的加剧,网络零售商之间重组兼并频繁,我国网络零售业呈现市场集中度逐渐增加的趋势。从我国 2011 年至 2014 年间 B2C 网络购物交易市场份额前十名的网络零售商发展情况来看①,如表 5.2 所示,B2C 网络购物交易市场份额占据前 2 位的天猫和京东,在 2011 年至 2014 年的网络购物交易市场份额占比分别为 69.5%、74.4%、72.5%、79.5%,总体上呈上升趋势。天猫和京东的市场份额逐渐增加,这也表明中国网络零售行业的市场集中度逐渐增加。

(3) 经营模式。为了在激烈的竞争中取得优势,一些采取分销模式的网络零售商正逐渐朝平台模式转型,使得我国网络零售业中混合模式占主导地位。如表 5.2 所示,在 2010 至 2014 年间网络购物交易市场份额前十名的网络零售商中,进行平台化转型的网络零售商从 1 家增长到 6 家,这说明随着网络零售行业的发展,平台模式或混合模式成为网络零售商主要选择的经营模式。

(4) 产品扩张策略。产品扩张策略是发展中的零售商所需采取的一般策略②,网络零售商在发展过程中对产品扩张策略的选择并非一成不变,目

① 由于部分电商已经被兼并或退出中国市场,例如库巴被国美兼并、红孩子被苏宁兼并,这里剔除了这些电商。

② 这里的产品扩张策略包括专业化策略和多元化策略。专业化策略是指零售商将业务范围限定在某一个特定的行业,产品之间存在较强的竞争性,例如唯品会、麦包包等;多元化策略则是相对于专业化而言的,主要指零售商同时进入两个及以上的行业,在多个市场领域展开竞争,产品之间的竞争性较弱,例如天猫、京东等(刘玉芹和胡汉辉,2011)。

前我国网络零售业中多元化的产品扩张策略占主导地位。如表 5.2 所示，2011 年至 2014 年网络购物交易市场份额前十名的网络零售商中，采取多元化策略的网络零售商逐渐增加，并且这些选择多元化策略的网络零售商的市场份额也逐渐增加，2011 年至 2014 年采取多元化策略的网络零售商占 B2C 网络购物交易市场份额的比例分别为：77.9%、81.5%、84.5%和 88.5%。

表 5.2　　2011—2014 年我国主要网络零售商发展情况

零售商	模式变化	模式变化时间	产品扩张策略变化	佣金费率(3C①)	B2C 网络购物交易市场份额占比②			
					2014	2013	2012	2011
天猫	平台—混合	2012 年	专业(服装)—多元	2%	59.3	50.1	52.1	51
京东	分销—混合	2011 年	专业(数码)—多元	8%	20.2	22.4	22.3	18.5
苏宁易购	分销—混合	2012 年	专业(家电)—多元	2%	3.1	4.9	3.6	3.3
国美在线	分销—混合	2014 年	专业(家电)—多元	0	1.7	0.4	—	—
亚马逊	分销—混合	1999 年	专业(书籍)—多元	8%	1.5	2.7	2.3	2.9
1 号店	分销—混合	2010 年	专业(百货)—多元	2%	1.4	2.6	—	—
当当网	分销—混合	2014 年	专业(书籍)—多元	0	1.3	1.4	1.2	2.2
易迅网	分销	—	专业(数码)	—	1.1	—	—	1.4
聚美优品	分销	—	专业(化妆品)	—	0.6	—	—	—
凡客	分销	—	专业(服装)—多元—专业③	—	—	0.2	2.7	2.3
唯品会	分销	—	专业(特卖)	—	2.8	2.3	—	—

资料来源：作者根据 2011—2014 年度《中国网络零售市场数据监测报告》整理。

① 3C 产品指计算机、通信和消费类电子产品。

② 表中的空白部分表示当年该电商的市场份额未能进入前十名，未能查到相关统计数据。

③ 凡客诚品经历了从专营服装的专业化电商到经营多种产品的多元化电商，后又回归专营服装的专业化电商的过程。

二、理论验证

从上述对我国网络零售业的现状分析中可以看出，目前我国网络零售业呈现增速放缓、市场集中度增加、多元化策略发展迅速、混合模式和平台模式占主导的趋势。接下来通过将我国网络零售业的实际发展情况与前文研究结论相结合，具体分析推论 5.1 至推论 5.4 的结论是否符合我国网络零售商经营模式的变化规律，以期在一定程度上验证本章的结论是否能对我国网络零售商未来发展路径选择起到一定的指导作用。

第一，随着佣金费率的增加，选择混合模式的网络零售商也在增加。如表 5.2 所示，大多数网络零售商在发展初期采取的是传统分销模式，采取平台模式的零售商较少，这时候网络零售行业中的佣金费率大多较低或者不收取佣金费率，以此来吸引商家的进驻，而随着网络零售行业中的佣金费率的增加，采取混合模式或平台模式的网络零售商也逐渐增加。例如天猫、京东、苏宁易购等最初推出其开放平台时佣金费率大多为 0，随后佣金费率一般增长到 2%到 8%之间。从而，正如推论 5.1 的结论：随着佣金费率的增加，零售商经营模式的选择逐渐转向混合模式或者平台模式。

第二，随着产品之间价格影响系数的增加，选择混合模式的网络零售商也在增加。如表 5.2 所示，天猫、京东等网络零售商大多遵循"专业化—多元化"发展轨迹，根据张铁男等(2011)、陈建斌等(2007)、刘玉芹和胡汉辉(2011)，多元化策略下，零售商销售的产品组合分属多个不同的产品大类，产品之间主要体现互补关系；专业化策略下，零售商销售的产品组合属于同一个产品大类，产品之间主要体现竞争关系。因此，"专业化—多元化"的发展轨迹说明了这些零售商首先选择销售与现有产品竞争性较高的产品，当备选产品与现有产品的竞争性较弱时，才开始选择与现有产品尽可能不相关的产品，从这一层面上，我们可以认为这些网络零售商选择销售的产品之间的竞争正逐渐减弱，产品之间的价格影响系数逐渐增大。从而，正如推论 5.2 的结论，随着产品之间价格影响系数的增大[①]，零售商经营模式的选择逐渐转向混合模式或者平台模式。

第三，随着间接网络外部性的减小，选择混合模式的网络零售商也在增加。如图 5.6 所示，根据《中国网络零售市场数据监测报告》显示，

---

① 当产品之间存在竞争性时，产品之间的价格影响系数为负数。因此，随着产品之间价格影响系数的增大，产品之间的竞争正逐渐减弱。

2009年我国网络市场交易规模为2 600亿元，到2015年增至39 841亿元，但网络零售市场交易规模增长率却从2010年的97.73%降至2015年的41.56%。因此，我国网络零售交易规模总体上处于增长的趋势，但增长速度却逐渐下降。如果将整个网络零售商市场看作是一个大型的中间市场，网络零售交易规模总体增长趋势的下降，可以在一定程度上认为间接网络外部性的作用正在减弱。从而，正如推论5.3的结论，随着间接网络外部性的减少，零售商经营模式的选择逐渐转向混合模式或者平台模式。

第四，随着成本的增加，选择混合模式的网络零售商也在增加。如图5.7所示，通过对2005年至2014年我国A股上市公司中的44家零售商（不包括已经实行平台模式的零售商，例如苏宁等）的销售费用进行统计后发现①，2010年至2014年零售商的平均销售费用分别为：5.98亿元、7.80亿元、9.04亿元、9.85亿元和10.75亿元，由此可以看出这些零售商的平均销售费用正逐年增加，这在一定程度上也反映了零售商的成本正逐年增加。从而，正如推论5.4的结论，随着固定成本的增加，零售商经营模式的选择逐渐转向混合模式或者平台模式。

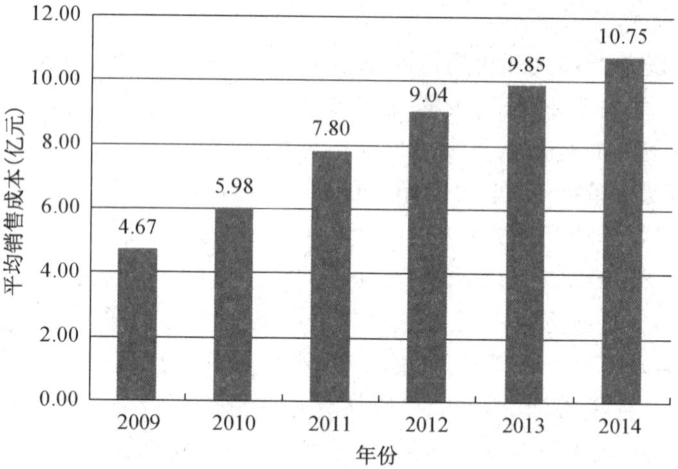

图5.7　2009—2014年我国部分零售商的平均销售费用

资料来源：作者根据2009—2014年我国A股上市公司年报整理。

① 由于无法获取网络零售商固定成本的数据，上市的零售商大多数已经建立了自己的网络销售渠道，例如苏宁电器、国美电器、百大集团等，同时，销售费用包括由企业负担的包装费、运输费、广告费、装卸费、展览费、租赁费等，因此，销售费用中也涵盖了部分仓储物流成本，这里用零售商销售费用替代网络零售商的固定成本。

由上述分析可知，在我国网络零售业在发展过程中，整体呈现出佣金费率提高、产品之间的价格影响系数增加、间接网络外部性变小、固定成本增加的趋势，同时，我国网络零售业中混合模式和平台模式占主导地位，这些变化趋势也验证了推论 5.1 至推论 5.4 的主要结论。因此，本章的结论在一定程度上能为我国零售商未来发展的模式选择提供指导作用。

第六节　本 章 小 结

本章通过对零售商的不同经营模式（分销模式、平台模式、混合模式）特征的归纳分析，研究了最优的零售商经营模式选择条件及市场环境发生变化时零售商经营模式的转变机制，并分析了佣金费率、产品之间的价格影响系数、间接网络外部性和固定成本等因素对零售商经营模式选择的影响，同时结合我国网络零售业发展的现状验证了本章的主要研究结论。

本章的主要结论如下。第一，零售商的经营模式选择受产品之间价格影响系数、佣金费率等因素的影响，随着产品之间的价格影响系数、佣金费率、固定成本的增加，最优经营模式由分销模式变为混合模式，最后变为平台模式；随着间接网络外部性的增加，最优经营模式由平台模式变为混合模式，最后变为分销模式。第二，当市场环境变化时，采取分销模式（平台模式）的零售商可能会转向混合模式。当产品的潜在需求变化为正且佣金费率较高（较低）时，随着潜在需求变化的增加，采取分销模式（平台模式）的零售商更倾向于转向混合模式；当产品的潜在需求变化为负且佣金费率较低（较高）时，随着潜在需求变化的增加，采取分销模式（平台模式）的零售商更倾向于不改变经营模式。

综上，本章通过对影响零售商经营模式选择的因素进行分析，给出了最优的零售商经营模式选择条件和经营模式转变机制，具有一定的理论和实践价值。由于本章是以垄断情况为背景来研究零售商对经营模式的选择，但是在现实生活中，零售商之间的竞争也很普遍，这些竞争也可能会影响到零售商的选择，考虑竞争情况下零售商对经营模式的选择将是值得进一步研究的方向之一。同时，经营模式和纵向整合共同构成了零售商商业模式的两个方面，因此，考虑不同经营模式下的纵向整合策略选择也是需要探讨的方向，本书将在下一章讨论相关问题。

第六章
竞争性产品的零售商纵向整合策略选择

本书主要研究零售商商业模式的两个重要方面:经营模式和纵向整合,第三章、第四章分别以单产品为研究对象,研究了零售商的经营模式选择以及不同经营模式下的纵向整合策略选择,第五章以竞争性产品为研究对象,研究零售商经营模式选择,本章将以竞争性产品为研究对象,研究不同经营模式下零售商的纵向整合策略选择。当零售商销售多种产品时,除了经营模式的不同外,产品之间的竞争性也成为影响零售商纵向整合策略选择的重要因素。基于此,在考虑产品之间竞争性的基础上研究分销模式、平台模式和混合模式下零售商纵向整合策略选择问题,通过分别对比三种不同经营模式下,零售商采取不进行纵向整合、前向整合策略和后向整合策略的利润,给出了不同经营模式下零售商最优纵向整合策略选择条件,并分析不同经营模式对零售商纵向整合策略选择的影响。

第一节 研 究 背 景

随着经济增速放缓,我国社会消费品零售总额增速从 2010 年的 18.4% 下降到 2015 年的 10.7%,连续 5 年逐年降低[①]。在消费总量缓慢增长的背景下,我国零售业面临着高成本、高竞争、低回报、难扩张等难题,2015 上半年主要零售企业(含百货、超市)在我国共计关闭 121 家门店,零售业关店现象频繁出现[②]。为此,一些零售商开始采取纵向整合策略向供应链上下游扩

① 作者根据国家统计局 2008—2015 年发布的中国社会消费品零售总额数据整理。

② http://www.mofcom.gov.cn/article/resume/n/201507/20150701045737.shtml.

张，期望能通过减少供应链的中间环节来降低成本、减少竞争以获得较高的回报。

在纵向整合策略的选择中，零售商要对整条供应链进行整合需要庞大的人力、物力和财力，成功的案例是少之又少，大部分零售商只会整合供应链的某个方向企业，为此不同的零售商会有不同的选择（Lin 等，2014）。有些零售商会选择前向整合来向供应链下游扩张，例如京东从 2004 年开始陆续在北京、上海、广州设立物流配送中心，借助这个系统，京东可以在 43 个城市实现“下单当日投递”，在 265 个城市实现“下单次日投递”[①]；有些零售商会选择后向整合来向供应链上游扩张，例如沃尔玛、家乐福等大型零售商推出的自有品牌，2014 年天猫电器城包下美的、九阳、苏泊尔等 10 余个知名品牌 12 条生产线，以天猫网络定制、规模化生产方式，向消费者提供更具性价比的产品，2015 年当当网也推出“自出版”平台，以买断版权的形式与作者签约，向图书产业链上游渗透[②]。当然，现实生活中还有不少零售商并没有采取任何的纵向整合策略，例如一些百货商店、服装商场、杂货店等。

这样，零售商在做纵向整合的决策时，共有三种不同的选择：不进行纵向整合、前向整合策略和后向整合策略。当零售商选择前向整合时，可以通过对服务提供商等供应链下游企业的兼并、收购、投资进入产品的后市场环节，更好地实现对产品服务环节的控制，减少产品销售给最终消费者的中间过程，还能通过提供服务等方式获得收益，拓宽盈利渠道；当零售商选择后向整合时，可以通过对制造商的兼并、收购、投资进入产品的生产环节，能够减少产品从生产到销售的中间过程，还能通过对产品定价权的控制减少价格竞争，扩大利润；当零售商不进行整合时，无需承担纵向整合所需要的庞大投资，经营风险较小。因此，这三种不同的策略在不同情况下各有优劣，零售商究竟是否应该选择纵向整合？如果选择纵向整合，零售商应选择何种纵向整合策略呢？

与此同时，这些选择不同纵向整合策略的零售商有着不同的经营模式。按照获利方式和产品控制权不同，Hagiu 和 Wright（2015）把零售商的经营模式分为分销模式（reseller）、平台模式（platform）和混合模式（hybrid）。分销模式是由零售商向卖方报价买入商品、再向消费者出售商品来获利的模式，由零售商来决策产品的价格，例如早期的京东商城等；平台模式是由零售商通过对买卖双方进行匹配，从促成交易中获取一定佣金的模式，由制造

---

① http://www.southmoney.com/fenxi/201405/92820.html.

② http://tech.sina.com.cn/i/2014-04-28/14419349819.shtml;
http://tech.163.com/15/0116/02/AG21S237000915BD.html.

商来决策产品的价格，例如早期的天猫商城等；混合模式兼具分销模式和平台模式的特征，零售商对部分产品采取分销模式、对另一部分产品采取平台模式，零售商和制造商各自拥有部分产品的定价权。因此，这三种不同经营模式的区别主要在于零售商的获利方式和产品的定价权不同。零售商的获利方式不同，零售商与上下游企业的利益分配方式不同；产品的定价权不同，产品之间的竞争程度不相同。这些必然都会影响到零售商的纵向整合策略选择，那么，零售商的不同经营模式又会对其纵向整合策略选择产生怎样的影响呢？

第二节　模 型 描 述

一、问题描述

随着零售市场竞争加剧，越来越多的零售商开始积极实施“开放式全渠道零售商”战略，逐渐向供应链上下游扩张，期望通过对产品生产、销售和服务等环节的全方位整合来获得更大的竞争优势。由于零售商往往同时销售多种产品，产品之间或多或少存在竞争关系，而要实现对供应链上下游企业的同时整合需要庞大的人力、物力和财力，零售商往往只能选择整合部分关键的节点企业。这样，零售商有三种不同的纵向整合策略选择：不进行纵向整合、后向整合策略和前向整合策略。同时，由于不同经营模式下产品的控制权（定价权）和收益分配方式不同，经营模式也会对零售商纵向整合策略的选择产生影响。因此，如图 6.1 所示，在考虑产品之间竞争性和不同经营

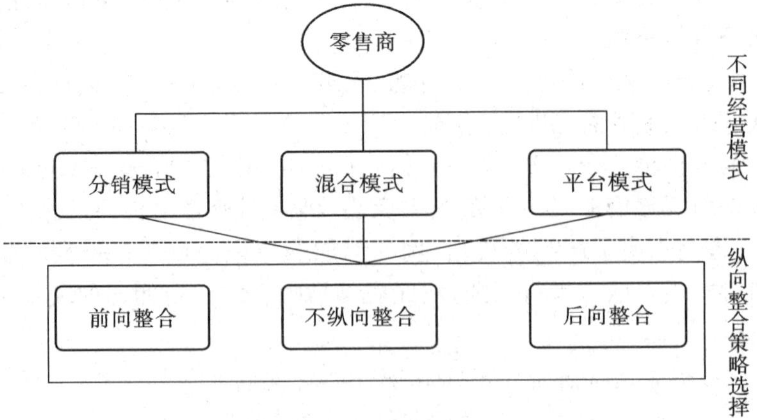

图 6.1　研究框架图

模式的基础下，零售商是否应该选择纵向整合、应该选择何种纵向整合策略成为本章研究的核心问题。

本章研究不同经营模式下的零售商纵向整合策略选择问题，基于此，假设市场上有一家零售商、两家制造商和一家服务提供商。如图 6.1 所示，零售商有三种不同的经营模式：分销模式、平台模式和混合模式，在这三种不同经营模式下，零售商分别可以选择不进行纵向整合、前向整合策略和后向整合策略。零售商不进行纵向整合时，零售商、制造商和服务提供商分别独立做决策；零售商采取前向整合策略时，零售商前向整合服务提供商，与服务提供商一起作为共同决策的主体；零售商采取后向整合策略时，零售商后向整合制造商 1 或者制造商 2，与制造商一起作为共同决策的主体。

这样，在三种不同经营模式下，零售商分别有四种不同的纵向整合策略选择：

在分销模式下，①零售商不采取纵向整合策略（*RN* 策略），②分销模式下零售商采取前向整合策略（*RF* 策略），③零售商采取后向整合策略（*RB*1 策略、*RB*2 策略[①]）；

在平台模式下，④零售商不采取纵向整合策略（*PN* 策略），⑤零售商采取前向整合策略（*PF* 策略），⑥零售商采取后向整合策略（*PB*1 策略、*PB*2 策略[②]）；

在混合模式下，⑦零售商不采取纵向整合策略（*HN* 策略），⑧零售商采取前向整合策略（*HF* 策略），⑨零售商采取后向整合策略（*HB*1 策略、*HB*2 策略）。

二、符号描述

首先，给出涉及的一些变量与符号的定义：

θ	产品的潜在需求
d_i^j	j 模式下产品 i 的需求
p_i^j	j 模式下产品 i 的销售价格
w_i^j	j 模式下产品 i 的批发价格

① 由于对称性，*RB*1 策略和 *RB*2 策略下零售商的利润相同，这里只考虑零售商后向整合制造商 1 的情况，简称 *RB* 策略。

② 由于对称性，*PB*1 策略和 *PB*2 策略下零售商的利润相同，这里只考虑零售商后向整合制造商 1 的情况，简称 *PB* 策略。

（续表）

λ^j	j 模式下单位产品的服务价格
F_w	生产运作成本
F_s	服务运营成本
α	平台模式下零售商向制造商收取的佣金费率
Π_k^j	k 企业 j 模式的利润

其中，$i=1,2$ 分别表示产品 1 和产品 2，$j=RN, RF, RB, PN, PF, PB, HN, HF, HB1, HB2$ 分别表示在分销模式、平台模式和混合模式下，零售商不采取整合策略、采取前向整合策略、采取后向整合策略，$k=R, M1, M2, S$ 分别表示零售商 、制造商 1、制造商 2 和服务提供商。

三、模型假设

本章基本假设说明如下。

假设 6.1 不同纵向整合策略的成本不相同。①当零售商不采取整合策略时，无需向供应链上下游进行投资，零售商的成本为 0；②当零售商采取前向整合策略时，需向供应链下游的服务提供商进行投资，承担服务运营的成本 F_s；③ 当零售商采取后向整合策略时，需向供应链上游的制造商进行投资，承担产品生产运作的成本F_m。

假设 6.2 零售商采取平台模式时，会按照销售额和佣金费率向制造商收取佣金，佣金费率 α 满足 $0 \leqslant \alpha \leqslant 1$。

假设 6.3 不同产品之间的竞争性会影响需求。γ 表示产品 1 和产品 2 之间的竞争程度，$\gamma \to 0$ 表示两种产品差异较大，产品之间的竞争性较弱，$\gamma \to \infty$ 表示两种产品差异较小，产品之间的竞争性较强。

假设 6.4 混合模式下零售商对制造商 1 采取分销模式，对制造商 2 采取平台模式。由于对称性，对制造商 1 和制造商 2 采取相反的经营模式不会影响到零售商的均衡利润。

四、基本模型

根据 Economides 和 Katsamakas(2006)、Arya 和 Mittendorf(2013)、假设 6.1 至假设 6.4，产品需求受潜在需求、产品价格、产品质量和服务水平的影响，采用线性需求函数，产品 1 和产品 2 的需求函数分别为：

$$d_1^j = \theta - p_1^j + \gamma(p_2^j - p_1^j),$$
$$d_2^j = \theta - p_2^j + \gamma(p_1^j - p_2^j)。$$

不同经营模式和纵向整合策略下，产品价格、成本、批发价格和服务价格等的决策主体或承担主体不同，零售商的利润函数也不同。具体如下。

(1) 不同经营模式下，产品价格的决策主体不相同。分销模式下，由零售商来决策产品价格；平台模式下，由制造商来决策产品价格，零售商按照销售额收取佣金来获利；混合模式下，由零售商来决策产品 1 的价格，由制造商来决策产品 2 的价格，零售商按照销售额收取佣金来获利。

(2) 不同纵向整合策略下，批发价格和服务价格的决策主体不同，成本的承担主体也不同。不采取纵向整合时，制造商决策批发价格、服务提供商决策服务价格，零售商无需承担成本；前向整合时，零售商与服务提供商作为共同决策的主体，无需决策服务价格、制造商 1 和制造商 2 分别决策产品 1 和产品 2 的批发价格，零售商承担服务提供商的服务运营成本；后向整合制造商 1 时，零售商与制造商 1 作为共同决策的主体，无需决策产品 1 的批发价格，制造商 2 决策产品 2 的批发价格，服务提供商决策服务价格，零售商承担生产产品 1 的运作成本；后向整合制造商 2 时，零售商与制造商 2 作为共同决策的主体，无需决策产品 2 的批发价格，制造商 1 决策产品 1 的批发价格，服务提供商决策服务价格，零售商承担生产产品 2 的运作成本。

这样，在不同经营模式和纵向整合策略下，零售商的利润函数如下：

表 6.1　　不同经营模式和纵向整合策略下零售商的利润函数

不同经营模式和纵向整合策略		利润函数
不进行纵向整合	分销模式	$\Pi_R^{RN} = (p_1^{RN} - w_1^{RN} - \lambda^{RN})d_1^{RN} + (p_2^{RN} - w_2^{RN} - \lambda^{RN})d_2^{RN}$
	平台模式	$\Pi_R^{PN} = \alpha p_1^{PN} d_1^{PN} + \alpha p_2^{PN} d_2^{PN}$
	混合模式	$\Pi_R^{HN} = (p_1^{HN} - w_1^{HN})d_1^{HN} + \alpha p_2^{HN} d_2^{HN} - \lambda^{HN} d_1^{HN}$
前向整合	分销模式	$\Pi_R^{RF} = (p_1^{RF} - w_1^{RF})d_1^{RF} + (p_2^{RF} - w_2^{RF})d_2^{RF} - F_s$
	平台模式	$\Pi_R^{PF} = \alpha p_1^{PF} d_1^{PF} + \alpha p_2^{PF} d_2^{PF} + \lambda^{PF}(d_1^{PF} + d_2^{PF}) - F_s$
	混合模式	$\Pi_R^{HF} = (p_1^{HF} - w_1^{HF})d_1^{HF} + \alpha p_2^{HF} d_2^{HF} + \lambda^{HF} d_2^{HF} - F_s$
后向整合	分销模式	$\Pi_R^{RB} = (p_1^{RB} - \lambda^{RB})d_1^{RB} + (p_2^{RB} - w_2^{RB} - \lambda^{RB})d_2^{RB} - F_m$
	平台模式	$\Pi_R^{PB} = (p_1^{PB} - \lambda^{PB})d_1^{PB} + \alpha p_2^{PB} d_2^{PB} - F_m$
	混合模式	$\Pi_R^{HB1} = (p_1^{HB1} - \lambda^{HB1})d_1^{HB1} + \alpha p_2^{HB1} d_2^{HB1} - F_m$， $\Pi_R^{HB2} = (p_1^{HB2} - w_1^{HB2} - \lambda^{HB2})d_1^{HB2} + (p_2^{HB2} - \lambda^{HB2})d_2^{HB2} - F_m$

第三节　分销模式下零售商的纵向整合策略

一、分销模式下不同纵向整合策略的利润

分销模式下，零售商分别采取不进行纵向整合策略（*RN* 策略）、前向整合策略（*RF* 策略）和后向整合策略（*RB* 策略）时，零售商、制造商和服务提供商需要决策的变量和决策顺序各不相同。决策顺序遵循以下规律。第一，零售商为产品销售的主体，处于供应链核心地位，零售商最后做出决策。第二，按照供应链上下游企业的供需关系，不进行纵向整合时，制造商做出决策后服务提供商再做决策。第三，前向整合时，零售商和服务提供商作为产品销售的共同主体处于供应链核心地位，最后做出决策；后向整合时，任何经营模式下，零售商和制造商作为产品销售的共同主体处于供应链核心地位，最后做出决策。这样，如图 6.2 所示，零售商、制造商和服务提供商的决策顺序如下：

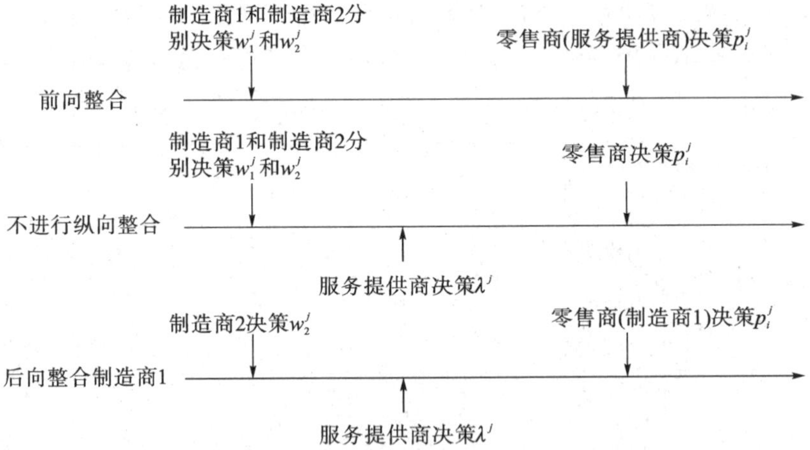

图 6.2　分销模式下的决策顺序图

① *RN* 策略下，首先，制造商 1 和制造商 2 分别决策产品 1、产品 2 的批发价格w_1^{RN}、w_2^{RN}，其次，服务提供商决策服务价格λ^{RN}，最后，零售商决策产品 1 和产品 2 的销售价格p_1^{RN}、p_2^{RN}。

② *RF* 策略下，首先，制造商 1 和制造商 2 分别决策产品 1、产品 2 的批发

价格w_1^{RF}、w_2^{RF}，随后，零售商决策产品1和产品2的销售价格p_1^{RF}、p_2^{RF}。

③ RB 策略下[①]，首先，制造商2决策产品2的批发价格w_2^{RB}，其次，服务提供商决策服务价格λ^{RB}，最后，零售商决策产品1和产品2的销售价格p_1^{RB}、p_2^{RB}。

在 RN 策略下，零售商不进行纵向整合，制造商1和制造商2按照批发价格w_1^{RN}、w_2^{RN}将产品1和产品2销售给零售商，承担生产产品1和产品2的运作成本F_m，制造商1和制造商2的利润函数分别为

$$\Pi_{M1}^{RN}=w_1^{RN}d_1^{RN}-F_m,\quad \Pi_{M2}^{RN}=w_2^{RN}d_2^{RN}-F_m。$$

服务提供商按照服务价格 λ^{RN} 为零售商提供服务，并承担服务运营的成本F_s，服务提供商的利润函数为

$$\Pi_S^{RN}=\lambda^{RN}(d_1^{RN}+d_2^{RN})-F_s。$$

零售商按照批发价格 w_1^{RN}、w_2^{RN} 从制造商1和制造商2采购产品后，以销售价格p_1^{RN}、p_2^{RN}将产品1和产品2销售给消费者，并按照服务价格λ^{RN}向服务提供商支付服务费用，零售商的利润函数为

$$\Pi_R^{RN}=(p_1^{RN}-w_1^{RN}-\lambda^{RN})d_1^{RN}+(p_2^{RN}-w_2^{RN}-\lambda^{RN})d_2^{RN}。$$

用逆向归纳法求解可得零售商、制造商1、制造商2和服务提供商的均衡利润。

定理 6.1 RN 策略下，均衡时，产品1和产品2的批发价格分别为$w_1^{RN}=\frac{2\theta}{5+4\gamma}$，$w_2^{RN}=\frac{2\theta}{5+4\gamma}$，服务价格为$\lambda^{RN}=\frac{(3+4\gamma)\theta}{10+8\gamma}$，产品1和产品2的销售价格分别为$p_1^{RN}=\frac{(17+12\gamma)\theta}{4(5+4\gamma)}$，$p_2^{RN}=\frac{(17+12\gamma)\theta}{4(5+4\gamma)}$，零售商、制造商和服务提供商的均衡利润分别为$\Pi_R^{RN}=\frac{(3+4\gamma)^2\theta^2}{8(5+4\gamma)^2}$，$\Pi_{M1}^{RN}=\frac{(3+4\gamma)\theta^2}{2(5+4\gamma)^2}-F_m$，$\Pi_{M2}^{RN}=\frac{(3+4\gamma)\theta^2}{2(5+4\gamma)^2}-F_m$，$\Pi_S^{RN}=\frac{(3+4\gamma)^2\theta^2}{4(5+4\gamma)^2}-F_s$。■

从定理6.1可以看出，RN 策略下，零售商的利润主要受潜在需求θ和产品之间竞争程度γ的影响。随着θ增加，产品实际需求增加，零售商利润逐渐增加；随着γ增加，产品之间的竞争程度增加，零售商会降低产品的销售价格来缓解竞争压力，虽然零售商的降价行为会减少单位产品的净收益，但是

① 根据对称性，零售商整合制造商1和制造商2的利润相同，这里只考虑整合制造商1的情况。

产品需求会增加，零售商总体利润也会逐渐增加。对于制造商和服务提供商来说，利润除了受潜在需求θ和产品之间竞争程度γ的影响外，还受成本F_m、F_s的影响。随着θ增加，制造商和服务提供商的利润逐渐增加；随着γ增加，产品之间竞争越激烈，制造商的利润逐渐减少，服务提供商为两种产品提供服务，γ越大，需求越大，服务提供商的利润逐渐增加；随着F_m、F_s增加，制造商和服务提供商的利润逐渐减少。

在RF策略下，零售商前向整合服务提供商，零售商与服务提供商作为共同决策的主体。制造商1和制造商2按照批发价格w_1^{RF}、w_2^{RF}将产品1和产品2销售给零售商，承担生产产品1和产品2的运作成本F_m，制造商1和制造商2的利润函数分别为

$$\Pi_{M1}^{RF}=w_1^{RF}d_1^{RF}-F_m,$$
$$\Pi_{M2}^{RF}=w_2^{RF}d_2^{RF}-F_m。$$

零售商按照批发价格w_1^{RF}、w_2^{RF}从制造商1和制造商2采购产品后，以销售价格p_1^{RF}、p_2^{RF}将产品1和产品2销售给消费者，并承担服务运营的成本F_s，零售商的利润函数为

$$\Pi_R^{RF}=(p_1^{RF}-w_1^{RF})d_1^{RF}+(p_2^{RF}-w_2^{RF})d_2^{RF}-F_s。$$

用逆向归纳法求解可得零售商、制造商1和制造商2的均衡利润。

定理6.2 *RF策略下，均衡时，产品1和产品2的批发价格分别为*$w_1^{RF}=\dfrac{\theta}{2+\gamma}$，$w_2^{RF}=\dfrac{\theta}{2+\gamma}$，*产品1和产品2的销售价格分别为*$p_1^{RF}=\dfrac{(3+\gamma)\theta}{2(2+\gamma)}$，$p_2^{RF}=\dfrac{(3+\gamma)\theta}{2(2+\gamma)}$，*零售商、制造商的均衡利润分别为*$\Pi_R^{RF}=\dfrac{(1+\gamma)^2\theta^2}{2(2+\gamma)^2}-F_s$，$\Pi_{M1}^{RF}=\dfrac{(1+\gamma)\theta^2}{2(2+\gamma)^2}-F_m$，$\Pi_{M2}^{RF}=\dfrac{(1+\gamma)\theta^2}{2(2+\gamma)^2}-F_m$。■

从定理6.2可以看出，RF策略下零售商和制造商的利润受潜在需求θ和产品之间竞争程度γ的影响。与RN策略相同，随着θ增加，零售商和制造商的利润逐渐增加；随着γ增加，零售商的利润会逐渐增加、制造商的利润会逐渐减少。同时，零售商纵向整合服务提供商后需要承担服务运营的成本F_s，制造商需要承担生产产品的运作成本F_m，随着F_s、F_m增加，零售商和制造商的利润逐渐减少。

在RB策略下，根据对称性，零售商后向整合制造商1和制造商2的利润相同，这里只考虑零售商后向整合制造商1的情况，零售商和制造商1作为共同决策主体。制造商2按照批发价格w_2^{RB}将产品2销售给零售商，并承担生

产产品 2 的运作成本F_m，制造商 2 的利润函数为

$$\Pi_{M2}^{RB}=w_2^{RB}d_2^{RB}-F_m。$$

服务提供商按照服务价格 λ^{RB} 为零售商提供服务，并承担服务运营的成本 F_s，服务提供商的利润函数为

$$\Pi_S^{RB}=\lambda^{RB}(d_1^{RB}+d_2^{RB})-F_s。$$

零售商按照批发价格 w_2^{RB} 从制造商 2 采购产品 2，以销售价格p_1^{RB}、p_2^{RB} 将产品 1 和产品 2 销售给消费者，按照服务价格λ^{RB} 向服务提供商支付服务费用，并承担生产产品 1 的运作成本F_m，零售商的利润函数为

$$\Pi_R^{RB}=(p_1^{RB}-\lambda^{RB})d_1^{RB}+(p_2^{RB}-w_2^{RB}-\lambda^{RB})d_2^{RB}-F_m。$$

用逆向归纳法求解可得零售商、制造商 2 和服务提供商的均衡利润。

定理 6.3 RB 策略下，均衡时，产品 2 的批发价格为$w_2^{RB}=\dfrac{\theta}{3+4\gamma}$，服务价格为$\lambda^{RB}=\dfrac{(5+8\gamma)\theta}{4(3+4\gamma)}$，产品 1 和产品 2 的销售价格分别为 $p_1^{RB}=\dfrac{(17+24\gamma)\theta}{8(3+4\gamma)}$，$p_2^{RB}=\dfrac{3(7+8\gamma)\theta}{8(3+4\gamma)}$，零售商、制造商和服务提供商的均衡利润分别为$\Pi_R^{RB}=\dfrac{(29+88\gamma+64\gamma^2)\theta^2}{32(3+4\gamma)^2}-F_m$，$\Pi_{M2}^{RB}=\dfrac{\theta^2}{24+32\gamma}-F_m$，$\Pi_S^{RB}=\dfrac{(5+8\gamma)^2\theta^2}{16(3+4\gamma)^2}-F_s$。■

从定理 6.3 可以看出，RB 策略与 RN 策略、RF 策略的结论基本相同，随着θ增加，零售商、制造商和服务提供商的利润都会逐渐增加；随着γ增加，零售商和服务提供商的利润会逐渐增加、制造商的利润会逐渐减少。同时，零售商纵向整合制造商 1 后需要承担生产产品的成本F_m，制造商 2 需要承担生产产品的运作成本F_m，服务提供商需要承担服务运营的成本F_s，随着F_s、F_m 增加，零售商、制造商和服务提供商的利润逐渐减少。

二、分销模式下不同纵向整合策略的选择

零售商采取分销模式时，根据定理 6.1 至定理 6.3，通过比较零售商在不进行纵向整合、前向整合策略和后向整合策略下的利润，可以得出最优的纵向整合策略。

命题 6.1 分销模式下，零售商的最优纵向整合策略选择满足以下条件：

最优纵向整合策略	RN 策略	RF 策略	RB 策略
满足条件	$\Phi_1 < F_s$， $\Phi_2 < F_m$	$\Phi_1 > F_s$， $\Phi_3 > F_s - F_m$	$\Phi_2 > F_m$， $\Phi_3 < F_s - F_m$

其中，$\Phi_1 = \dfrac{(64 + 228\gamma + 315\gamma^2 + 200\gamma^3 + 48\gamma^4)\theta^2}{8(2+\gamma)^2(5+4\gamma)^2}$，

$$\Phi_2 = \frac{401 + 1\,632\gamma + 2\,128\gamma^2 + 896\gamma^3}{32(3+4\gamma)^2(5+4\gamma)^2} \cdot \theta^2,$$

$$\Phi_3 = \frac{28 + 204\gamma + 531\gamma^2 + 552\gamma^3 + 192\gamma^4}{32(3+4\gamma)^2(2+\gamma)^2} \cdot \theta^2。\blacksquare$$

从命题 6.1 可以看出，零售商对 RN 策略、RF 策略和 RB 策略的选择主要受以下两方面因素的影响。

第一，不同纵向整合策略的成本。从命题 6.1 可以看出，生产产品的运作成本较大时（F_m 较大），由于零售商后向整合制造商 1 需要承担生产产品的运作成本 F_m，RN 策略、RF 策略都要优于 RB 策略。服务的运营成本较大时（F_s 较大），由于零售商前向整合服务提供商需要承担服务的运营成本 F_s，RN 策略、RB 策略都要优于 RF 策略。因此，当 F_m 和 F_s 较大时，RN 策略是零售商的最优选择。

第二，不同纵向整合策略下的收益之差，即命题 6.1 中的 Φ_1、Φ_2 和 Φ_3，其中，Φ_1 表示 RF 策略和 RN 策略的收益之差，Φ_2 表示 RB 策略和 RN 策略的收益之差，Φ_3 表示 RF 策略和 RB 策略的收益之差。不考虑固定成本的影响时，零售商对纵向整合的选择主要取决于 Φ_1、Φ_2 和 Φ_3 的大小，而 Φ_1、Φ_2 和 Φ_3 由潜在需求 θ 和产品之间竞争程度 γ 来决定。根据定理 6.1 至定理 6.3 可知，随着潜在需求 θ 和产品之间竞争程度 γ 的增加，RN 策略、RF 策略和 RB 策略下零售商的利润都会增加，接下来将具体分析 θ 和 γ 变化对零售商纵向整合策略选择的影响。

命题 6.2 分销模式下，若潜在需求较小 ($0 < \theta < \theta_1^R$)，不进行纵向整合是零售商最优选择；若潜在需求适中 ($\theta_1^R < \theta < \theta_2^R$)，后向整合策略是零售商最优选择；若潜在需求较大 ($\theta > \theta_2^R$)，前向整合策略是零售商最优选择。■

命题 6.2 表明，第一，当潜在需求 θ 较小时，RN 策略占优。这是因为纵向整合后零售商需要承担生产产品的运作成本或者服务的运营成本，当 θ 较小时，纵向整合带来的需求增加也较小，纵向整合所创造的收益并不足以负担成本，RN 策略是零售商的最优选择。第二，当潜在需求 θ 较大时，RF 策略占优。这是因为在 RF 策略下，零售商能通过对服务提供商的整合来减少所有

产品从生产到销售的中间环节，减少双重加价行为，同时还能通过提供服务来获得收益，这种前向整合正向效应会随着 θ 的增加而增加，当 θ 较大时，前向整合正向效应也较大，RF 策略是零售商的最优选择。第三，当潜在需求 θ 适中时，RB 策略占优。这是因为 RB 策略下，零售商能更好地控制产品1的产销过程，减少对产品 1 的双重加价行为，进而增加产品 1 的需求，并且这种后向整合正向效应会随着 θ 的增加而增加。当 θ 适中时，后向整合正向效应也适中，RB 策略优于 RN 策略。同时，由于 RF 策略对零售商利润的影响也取决于前向整合正向效应，θ 适中时，RF 策略正向效用低于 RB 策略，RB 策略优于 RF 策略。

命题 6.2 的结论在零售业的发展过程中也能得到验证。第一，有许多小型零售商，例如便利店和杂货店等，由于规模较小，几乎不会采取任何的纵向整合策略，这也验证了命题 6.2 的结论之一：潜在需求较小时，不进行纵向整合是零售商最优选择。第二，随着电子商务的发展，2013 年中国超过美国成为全球第一大网络零售市场，网络零售的市场规模的扩大使得一些采取分销模式的网络零售商在发展过程中主要选择前向整合策略。例如京东，作为中国第二大网络零售商最早采取的也是分销模式，其在发展过程中一直采取的是自建物流的前向整合策略，这也验证了命题 6.2 的结论之一，潜在需求较大时，前向整合策略是零售商最优选择。

命题 6.3 分销模式下，若产品之间的竞争程度较小 ($0 < \gamma < \gamma_1^R$)，后向整合策略是零售商最优选择；若产品之间的竞争程度适中 ($\gamma_1^R < \gamma < \gamma_2^R$)，不进行纵向整合是零售商最优选择；若产品之间的竞争程度较大($\gamma > \gamma_2^R$)，前向整合策略是零售商最优选择。■

命题 6.3 表明，第一，当产品之间的竞争程度 γ 较小时，RB 策略占优。这是因为 RB 策略对零售商利润的影响由两部分组成，一部分是通过减少产品 1 的双重加价行为带来的正向效应，另一部分是整合制造商1后，零售商会直接加入与制造商 2 的价格竞争带来的负向效应，这种负向效应在分销模式下能通过零售商对两种产品的定价权来协调。当 γ 较小时，产品之间的竞争程度较弱，RB 策略下的正向效应大于负向效应。第二，当产品之间的竞争程度 γ 较大时，RF 策略占优。这是因为 RF 策略通过对服务提供商的整合来减少所有产品从生产到销售的中间环节、减少双重加价行为，带来了正向效应，当 γ 较大时，RF 策略的正向效应也较大，RF 策略优于 RN 策略。同时，当 γ 较大时，RB 策略的负向效应较大，RF 策略优于 RB 策略。第三，当产品之间的竞争程度 γ 适中时，RN 策略占优。这是因为当 γ 适中时，RB 策略的正向效应小于负向效应，RF 策略的正向效应较小，RN 策略优于 RB 策略和 RF 策略。

命题6.3的结论在零售业的发展过程中也能得到验证。第一，一些传统综合型零售商，例如沃尔玛、家乐福等，规模较大，销售的产品种类繁多，相对来说产品之间的竞争性也较弱，这些零售商选择纵向整合策略时首先是通过后向整合建立自有品牌，这也验证了命题6.3的结论之一：产品之间的竞争程度较小时，后向整合策略是零售商最优选择。第二，一些专业化发展的零售商，例如京东最早是经营数码电子产品的专业化零售商，专业化发展使得销售产品之间的竞争性较强，在发展过程中京东首先采取的是自建物流的前向整合策略，这也验证了命题6.3的结论之一：当产品之间的竞争程度较大时，前向整合策略是零售商最优选择。

从命题6.2至命题6.3可以看出，分销模式下，潜在需求θ、产品之间竞争程度γ会对零售商的纵向整合策略选择产生影响。随着潜在需求θ的增加，零售商的最优纵向整合策略逐渐由不进行纵向整合变为后向整合策略，最后变为前向整合策略；随着产品之间的竞争程度γ的增加，零售商的最优纵向整合策略逐渐由后向整合策略变为不进行纵向整合，最后变为前向整合策略。

第四节　平台模式下零售商的纵向整合策略

一、平台模式下不同纵向整合策略的利润

平台模式下，零售商采取不进行纵向整合策略（*PN*策略）、前向整合策略（*PF*策略）和后向整合策略（*PB*策略）时，零售商、制造商和服务提供商需要决策的变量和决策顺序各不相同。不同纵向整合策略下的决策顺序遵循以下规律。第一，制造商为产品销售的主体，处于供应链核心地位，制造商最后做出决策[①]。第二，前向整合时，零售商和服务提供商虽然作为共同决策的主体，但制造商为产品销售的主体，处于供应链核心地位，制造商最后做出决策；后向整合时，在任何经营模式下，零售商和制造商作为产品销售的共同主体处于供应链核心地位，最后做出决策。这样，如图6.3所示，零售商、制造商和服务提供商的决策顺序如下：

①*PN*策略下，首先，零售商给出佣金费率α，其次，服务提供商决策服务价格λ^{PN}，最后，制造商1和制造商2分别决策产品1和产品2的销售价格

① 后向整合策略下，零售商和制造商作为共同决策的主体，零售商最后做决策。

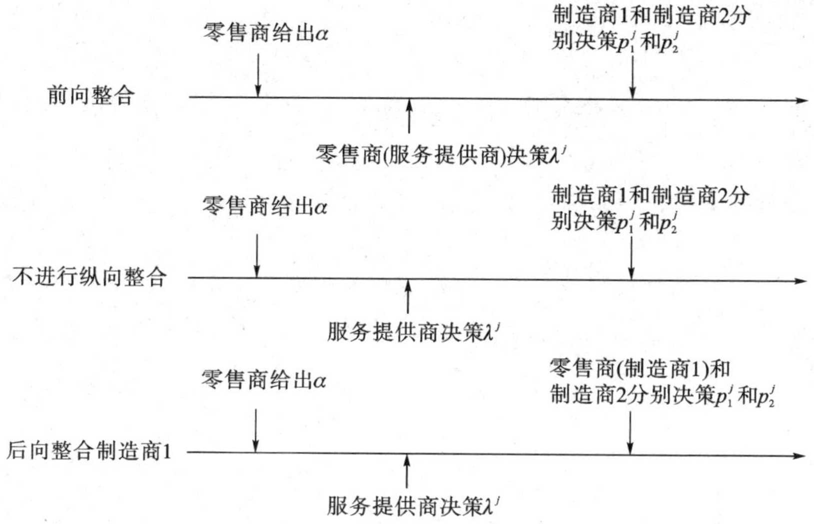

图 6.3　平台模式下的决策顺序图

p_1^{PN}、p_2^{PN}。

② PF 策略下，首先，零售商给出佣金费率 α，其次，零售商(服务提供商)决策服务价格 λ^{PF}，最后，制造商 1 和制造商 2 分别决策产品 1 和产品 2 的销售价格 p_1^{PF}、p_2^{PF}。

③ PB 策略下，首先，零售商给出佣金费率 α，其次，服务提供商决策服务价格 λ^{PB}，最后，零售商和制造商 2 分别决策产品 1 和产品 2 的销售价格 p_1^{PB}、p_2^{PB}。

在 PN 策略下，零售商不进行纵向整合，零售商给出佣金费率 α 后，制造商 1 和制造商 2 通过零售商的平台，分别按照销售价格 p_1^{PN}、p_2^{PN} 将产品 1 和产品 2 销售给消费者，按照 $1-\alpha$ 的比例分别获得产品 1 和产品 2 的部分销售收益，并且各自承担生产产品 1 和产品 2 的运作成本 F_m，按照服务价格 λ^{PN} 向服务提供商支付服务费用，制造商 1 和制造商 2 的利润函数分别为

$$\Pi_{M1}^{PN} = (1-\alpha)\, p_1^{PN} d_1^{PN} - \lambda^{PN} d_1^{PN} - F_m,$$
$$\Pi_{M2}^{PN} = (1-\alpha)\, p_2^{PN} d_2^{PN} - \lambda^{PN} d_2^{PN} - F_m。$$

服务提供商按照服务价格 λ^{PN} 为制造商 1 和制造商 2 提供服务，并承担服务运营的成本 F_s，服务提供商的利润函数为

$$\Pi_S^{PN} = \lambda^{PN}(d_1^{PN} + d_2^{PN}) - F_s。$$

零售商按照佣金费率 α 获得销售产品 1 和产品 2 的部分销售收益，零售商的

利润函数为

$$\Pi_R^{PN}=\alpha p_1^{PN}d_1^{PN}+\alpha p_2^{PN}d_2^{PN}$$

用逆向归纳法求解可得零售商、制造商 1、制造商 2 和服务提供商的均衡利润。

定理 6.4 PN 策略下，均衡时，服务价格为$\lambda^{PN}=\frac{1}{2}(1-\alpha)\theta$，产品 1 和产品 2 的销售价格分别为$p_1^{PN}=\frac{(3+\gamma)\theta}{2(2+\gamma)}$，$p_2^{PN}=\frac{(3+\gamma)\theta}{2(2+\gamma)}$，零售商、制造商和服务提供商的均衡利润分别为

$$\Pi_R^{PN}=\frac{\alpha(1+\gamma)(3+\gamma)\theta^2}{2(2+\gamma)^2},$$

$$\Pi_{M1}^{PN}=\frac{(1-\alpha)(1+\gamma)\theta^2}{4(2+\gamma)^2}-F_m,$$

$$\Pi_{M2}^{PN}=\frac{(1-\alpha)(1+\gamma)\theta^2}{4(2+\gamma)^2}-F_m,$$

$$\Pi_S^{PN}=\frac{(1-\alpha)(1+\gamma)\theta^2}{2(2+\gamma)}-F_s。■$$

对比定理 6.1 和定理 6.4 的结论可以看出，PN 策略下，零售商的利润除了受潜在需求 θ、产品之间竞争程度 γ 的影响外，还受佣金费率 α 的影响。与 RN 策略相同，PN 策略下，随着 θ 和 γ 增加，零售商利润逐渐增加。随着 α 增加，零售商从制造商 1 和制造商 2 获得的收益分成越大，零售商利润也逐渐增加。同样，对于制造商和服务提供商来说，PN 策略的部分结论也与 RN 策略相同，随着 θ 增加，制造商和服务提供商的利润也增加；随着 γ 增加，制造商的利润逐渐减少，服务提供商的利润逐渐增加；随着F_m、F_s 增加，制造商和服务提供商的利润逐渐减少。随着 α 增加，制造商分给零售商的收益越大，制造商利润逐渐减少；随着 α 增加，由于平台模式下是由制造商来承担服务费用，制造商获得的收益分成越低，服务提供商能制定的服务价格越低，服务提供商的利润逐渐减少。

在 PF 策略下，零售商前向整合服务提供商，零售商和服务提供商作为共同决策的主体。零售商给出佣金费率 α 后，制造商 1 和制造商 2 通过零售商的平台，分别按照销售价格 p_1^{PF}、p_2^{PF} 将产品 1 和产品 2 销售给消费者，按照 $1-\alpha$ 的比例分别获得产品 1 和产品 2 的部分销售收益，并且各自承担生产产品 1 和产品 2 的运作成本F_m，按照服务价格λ^{PF} 向零售商（服务提供商）支付服务费用，制造商 1 和制造商 2 的利润函数分别为

$$\Pi_{M1}^{PF} = (1-\alpha)p_1^{PF}\, d_1^{PF} - \lambda^{PF}\, d_1^{PF} - F_m,$$
$$\Pi_{M2}^{PF} = (1-\alpha)p_2^{PF}\, d_2^{PF} - \lambda^{PF}\, d_2^{PF} - F_m。$$

零售商按照佣金费率 α 获得产品 1 和产品 2 的部分销售收益，以及产品 1 和产品 2 的所有服务收入，并承担服务运营的成本 F_s，零售商的利润函数为

$$\Pi_R^{PF} = \alpha p_1^{PF}\, d_1^{PF} + \alpha p_2^{PF}\, d_2^{PF} + \lambda^{PF}(d_1^{PF} + d_2^{PF}) - F_s。$$

用逆向归纳法求解可得零售商、制造商 1 和制造商 2 的均衡利润。

定理 6.5 PF 策略下，均衡时，服务价格为

$$\lambda^{PF} = \frac{(1-\alpha)(2-2\alpha+\gamma)\theta}{2(2-\alpha+\gamma)},$$

产品 1 和产品 2 的销售价格分别为

$$p_1^{PF} = \frac{(3-2\alpha+\gamma)\theta}{4-2\alpha+2\gamma}, \quad p_2^{PF} = \frac{(3-2\alpha+\gamma)\theta}{4-2\alpha+2\gamma},$$

零售商、制造商的均衡利润分别为

$$\Pi_R^{PF} = \frac{(1+\gamma)\theta^2}{4-2\alpha+2\gamma} - F_s,$$
$$\Pi_{M1}^{PF} = \frac{(1-\alpha)(1+\gamma)\theta^2}{4(2-\alpha+\gamma)^2} - F_m,$$
$$\Pi_{M2}^{PF} = \frac{(1-\alpha)(1+\gamma)\theta^2}{4(2-\alpha+\gamma)^2} - F_m。\blacksquare$$

对比定理 6.2 与定理 6.5 可以看出，与 RF 策略相同，随着潜在需求 θ 的增加，零售商和制造商的利润逐渐增加；随着产品之间的竞争程度 γ 的增加，零售商的利润逐渐增加、制造商的利润逐渐减少；随着成本 F_s、F_m 的增加，零售商和制造商的利润逐渐减少。PF 策略下，零售商和制造商的利润还受佣金费率 α 的影响，随着 α 增加，零售商获得的产品收益分成越大，零售商利润逐渐增加，相应的，制造商利润逐渐减少。

在 PB 策略下，根据对称性，零售商后向整合制造商 1 和制造商 2 的利润相同，这里只考虑零售商后向整合制造商 1 的情况，零售商和制造商 1 作为共同决策主体。零售商给出佣金费率 α 后，制造商 2 按照销售价格 p_2^{PB} 将产品 2 销售给消费者，按照 $1-\alpha$ 的比例获得产品 2 的部分销售收益，并承担生产产品 2 的运作成本 F_m，按照服务价格 λ^{PB} 向服务提供商支付服务费用，制造商 2 的利润函数分别为

$$\Pi_{M2}^{PB} = (1-\alpha)\, p_2^{PB}\, d_2^{PB} - \lambda^{PB}\, d_2^{PB} - F_m。$$

服务提供商按照服务价格 λ^{RB} 为零售商和制造商 2 提供服务，并承担服务运营的成本F_s，服务提供商的利润函数为

$$\Pi_S^{PB}=\lambda^{PB}(d_1^{PB}+d_2^{PB})-F_s。$$

零售商按照销售价格 p_1^{PB} 将产品出售给消费者，获得产品 1 的全部收益，按照佣金费率α获得产品2的部分收益，并按照服务价格λ^{PB} 向服务提供商支付服务费用，承担生产产品 1 的运作成本F_m，零售商的利润函数为

$$\Pi_R^{PB}=(p_1^{PB}-\lambda^{PB})d_1^{PB}+\alpha p_2^{PB}d_2^{PB}-F_m。$$

用逆向归纳法求解可得零售商、制造商 2 和服务提供商的均衡利润。

定理 6.6 *PB* 策略下，均衡时，服务价格为

$$\lambda^{PB}=\frac{(1-\alpha)[4+(10-\alpha)\gamma+2(3-\alpha)\gamma^2]\theta}{4(1+\gamma)(2-\alpha+3\gamma-\alpha\gamma)},$$

产品 1 和产品 2 的销售价格分别为

$$p_1^{PB}=\frac{[2(3+\gamma)(2+3\gamma)^2+\alpha^2\gamma(-2+\gamma+2\gamma^2)-\alpha(16+38\gamma+29\gamma^2+12\gamma^3)]\theta}{4(2-\alpha+3\gamma-\alpha\gamma)[4+8\gamma+(3-\alpha)\gamma^2]},$$

$$p_2^{PB}=\frac{[\alpha^2\gamma^2(1+2\gamma)+2(3+\gamma)(2+3\gamma)^2-\alpha(8+26\gamma+29\gamma^2+12\gamma^3)]\theta}{4(2-\alpha+3\gamma-\alpha\gamma)[4+8\gamma+(3-\alpha)\gamma^2]},$$

零售商、制造商和服务提供商的均衡利润分别为

$$\Pi_R^{PB}=\frac{\Psi_1\theta^2}{16(1+\gamma)(2-\alpha+3\gamma-\alpha\gamma)^2[4+8\gamma+(3-\alpha)\gamma^2]^2}-F_m,$$

$$\Pi_{M2}^{PB}=\frac{(1-\alpha)[\alpha^2\gamma^2(1+2\gamma)+2(1+\gamma)(2+3\gamma)^2-\alpha(8+30\gamma+35\gamma^2+12\gamma^3)]^2\theta^2}{16(1+\gamma)(2-\alpha+3\gamma-\alpha\gamma)^2[4+8\gamma+(3-\alpha)\gamma^2]^2}-F_m,$$

$$\Pi_S^{PB}=\frac{(1-\alpha)[4+(10-\alpha)\gamma+2(3-\alpha)\gamma^2]^2\theta^2}{8(1+\gamma)(2-\alpha+3\gamma-\alpha\gamma)[4+8\gamma+(3-\alpha)\gamma^2]}-F_s。$$

其中，

$$\Psi_1=\alpha^5\gamma^4(1+2\gamma)^2(3+2\gamma)+4(1+\gamma)^2(2+3\gamma)^4+4\alpha(2+3\gamma)^3(6+28\gamma+43\gamma^2+27\gamma^3+6\gamma^4)-\alpha^4\gamma^2(28+176\gamma+437\gamma^2+544\gamma^3+348\gamma^4+96\gamma^5)-\alpha^2(2+3\gamma)^2(64+336\gamma+695\gamma^2+748\gamma^3+424\gamma^4+96\gamma^5)+\alpha^3(64+512\gamma+1\,828\gamma^2+3\,836\gamma^3+5\,105\gamma^4+4\,258\gamma^5+2\,040\gamma^6+432\gamma^7)。$$ ■

对比定理 6.3 和定理 6.6 可以看出，PB 策略与 RB 策略的结论并非完全相同，二者的相同之处在于：随着潜在需求 θ 增加，零售商、制造商和服务提供商的利润逐渐增加；随着成本 F_s、F_m 的增加，零售商、制造商和服务提供商的利润逐渐减少。二者的不同之处在于：PB 策略下，零售商和制造商的利润还受佣金费率 α 的影响，随着 α 增加，零售商获得的产品收益分成越大，零售商利润逐渐增加，相应的，制造商利润逐渐减少。同时，受 α 的影响，γ 对零售商、制造商和服务提供商利润的影响并不单调。

二、平台模式下不同纵向整合策略的选择

零售商采取平台模式时，根据定理 6.4 至定理 6.6，通过比较零售商在不进行纵向整合、前向整合策略和后向整合策略下的利润，可以得出最优的纵向整合策略。

命题 6.4 平台模式下，零售商的最优纵向整合策略选择满足以下条件：

最优纵向整合策略	PN 策略	PF 策略	PB 策略
满足条件	$\Phi_4 < F_s$, $\Phi_5 < F_m$	$\Phi_4 > F_s$, $\Phi_6 > F_s - F_m$	$\Phi_5 > F_m$, $\Phi_6 < F_s - F_m$

其中，

$$\Phi_4 = \frac{2(1+\gamma)[(2+\gamma)^2+\alpha^2(3+\gamma)-\alpha(6+5\gamma+\gamma^2)]}{2\,(2+\gamma)^2(4-2\alpha+2\gamma)} \cdot \theta^2,$$

$$\Phi_5 = \frac{\Psi_1(2+\gamma)^2-8\alpha(1+\gamma)(2-\alpha+3\gamma-\alpha\gamma)^2[4+8\gamma+(3-\alpha)\gamma^2]^2(1+\gamma)(3+\gamma)}{16(1+\gamma)(2-\alpha+3\gamma-\alpha\gamma)^2[4+8\gamma+(3-\alpha)\gamma^2]^2(2+\gamma)^2}$$
$$\cdot \theta^2,$$

$$\Phi_6 = \frac{16\,(1+\gamma)^2(2-\alpha+3\gamma-\alpha\gamma)^2[4+8\gamma+(3-\alpha)\gamma^2]^2-(4-2\alpha+2\gamma)\Psi_1}{16(1+\gamma)(4-2\alpha+2\gamma)(2-\alpha+3\gamma-\alpha\gamma)^2[4+8\gamma+(3-\alpha)\gamma^2]^2} \cdot \theta^2。 ■$$

从命题 6.4 可以看出，与分销模式类似，平台模式下零售商对 PN 策略、PF 策略和 PB 策略的选择也受以下两方面因素的影响。

第一，不同纵向整合策略下的成本。命题 6.4 的结论与命题 6.1 的结论相同，当 F_m 和 F_s 较大时，PN 策略是零售商的最优选择。

第二，不同纵向整合策略下的收益之差，即命题 6.4 中的 Φ_4、Φ_5 和 Φ_6，其中，Φ_4 表示 PF 策略和 PN 策略的收益之差，Φ_5 表示 PB 策略和 PN 策略的收益之差，Φ_6 表示 PF 策略和 PB 策略的收益之差。在不考虑固定成本的影响时，零售商对纵向整合的选择主要取决于 Φ_4、Φ_5 和 Φ_6 的大小，而 Φ_4、Φ_5

和Φ_6的大小受佣金费率α、潜在需求θ和产品之间竞争程度γ的影响。接下来将做具体分析。

在平台模式下，无论是传统零售商还是网络零售商，一般对不同种类的产品收取不同的佣金费率。以网络零售业为例，天猫和京东分别占据近年来 B2C 网络购物交易市场份额的前两名，这两家网络零售商对其销售的不同种类的产品制定不同的佣金费率。天猫对通过其平台销售的产品按销售额的 0.4%到 5%收取佣金，京东对通过其平台销售的产品按销售额的 3%到 8%收取佣金。因此，在接来下的讨论中假设佣金费率在 0 到 20%之间变动，分析佣金费率 α、产品之间竞争程度 γ 和潜在需求 θ 等因素变动对零售商纵向整合策略选择的影响。

命题 6.5 平台模式下，若佣金费率较小 ($0<\alpha<\alpha_1^P$)，前向整合策略是零售商最优选择；若佣金费率适中($\alpha_1^P<\alpha<\alpha_2^P$)，后向整合策略是零售商最优选择；若佣金费率较大($\alpha>\alpha_2^P$)，不进行纵向整合是零售商最优选择。■

平台模式与分销模式最大的区别在于二者的获利方式不同，平台模式下零售商以佣金费率 α 作为分成比例获得制造商销售产品的部分收益。命题 6.5 表明，第一，当佣金费率 α 较小时，*PF* 策略占优。这是因为当 α 较小时，零售商获得收益分成较小，采取 *PF* 策略后，零售商一方面可以从为制造商提供服务中获得更多的收益，另一方面也可以通过服务价格来部分调整产品的销售价格，这些都有利于增加零售商的利润。第二，当佣金费率 α 较大时，*PN* 策略占优。这是因为当 α 较大时，零售商获得收益分成较大，采取 *PN* 策略时，零售商无需承担 *PB* 策略下的生产运作成本F_m 或 *PF* 策略下的服务运营成本F_s。第三，当佣金费率 α 适中时，*PB* 策略占优。这是因为当 α 适中时，采取 *PB* 策略后，零售商不但可以从产品 2 的收益分成中获得较高的利润，还可以通过后向整合获得产品 1 的完全收益。

命题 6.6 平台模式下，若潜在需求较小 ($0<\theta<\theta_1^P$)，不进行纵向整合是零售商最优选择；若潜在需求适中($\theta_1^P<\theta<\theta_2^P$)，后向整合策略是零售商最优选择；若潜在需求较大($\theta>\theta_2^P$)，前向整合策略是零售商最优选择。■

命题 6.6 表明，第一，当潜在需求 θ 较小时，*PN* 策略占优。这是因为纵向整合后零售商需要承担生产产品的运作成本或者服务的运营成本，当 θ 较小时，纵向整合带来的需求增加也较小，纵向整合所创造的收益并不足以负担成本。第二，当潜在需求 θ 较大时，*PF* 策略占优。这是因为零售商能通过对服务提供商的整合来减少所有产品从生产到销售的中间环节，减少双重加价行为，并且这种前向整合正向效应会随着 θ 的增加而增加，当 θ 较大时，前向整合正向效应也较大。第三，当潜在需求 θ 适中时，*PB* 策略占优。这是因为

PB 策略下，零售商能更好地控制产品 1 的产销过程，减少对产品 1 的双重加价行为，进而增加产品 1 的需求，并且这种后向整合正向效应会随着 θ 的增加而增加。

命题 6.7 平台模式下，若产品之间的竞争程度较小（$\gamma_1^P < \gamma < \gamma_2^P$），后向整合策略是零售商最优选择；若产品之间的竞争程度适中（$\gamma_2^P < \gamma < \gamma_3^P$），不进行纵向整合是零售商最优选择；若产品之间的竞争程度较大（$\gamma > \gamma_3^P$），前向整合策略是零售商最优选择。■

命题 6.7 表明，第一，当产品之间的竞争程度 γ 较小时，PB 策略占优。这是因为 PB 策略对零售商利润的影响由两部分组成，一部分是获得产品 1 完全的销售收益带来的正向效应，另一部分是整合制造商 1 后，零售商会直接加入与制造商 2 的价格竞争带来的负向效应，当 γ 较小时，产品之间的竞争程度较弱，PB 策略下的正向效应大于负向效应。第二，当产品之间的竞争程度 γ 较大时，PF 策略占优。这是因为 PF 策略可以通过对服务提供商的整合来减少所有产品从生产到销售的中间环节，减少双重加价行为，并获得服务收益，这些都可以带来一定的正向效应，当 γ 较大时，PF 策略的正向效应也较大。第三，当产品之间的竞争程度 γ 适中时，PN 策略占优。这是因为当 γ 适中时，PB 策略的正向效应小于负向效应，PF 策略的正向效应较小，PN 策略优于 PB 策略和 PF 策略。

从命题 6.5 至命题 6.7 可以看出，平台模式下潜在需求 θ 和产品之间竞争程度 γ 对零售商纵向整合策略的影响与分销模式基本相同，佣金费率 α 只对平台模式下零售商的纵向整合策略产生影响。随着佣金费率 α 的增加，零售商的最优纵向整合策略逐渐由前向整合策略变为后向整合策略，最后变为不进行纵向整合；随着潜在需求 θ 的增加，零售商的最优纵向整合策略逐渐由不进行纵向整合变为后向整合策略，最后变为前向整合策略；随着产品之间的竞争程度 γ 的增加，零售商的最优纵向整合策略逐渐由后向整合策略变为不进行纵向整合，最后变为前向整合策略。

第五节　混合模式下零售商的纵向整合策略

一、混合模式下不同纵向整合策略的利润

与分销模式和平台模式不同的是，混合模式下零售商采取后向整合策略时有两种不同的选择，整合制造商 1 或整合制造商 2。因此，混合模式下，

零售商的纵向整合策略包括以下四种：不进行纵向整合策略（HN 策略）、前向整合策略（HF 策略）、后向整合制造商 1 策略（$HB1$ 策略）和后向整合制造商 2 策略（$HB2$ 策略），在不同策略下零售商、制造商和服务提供商需要决策的变量和决策顺序各不相同。决策顺序如图 6.4 所示：

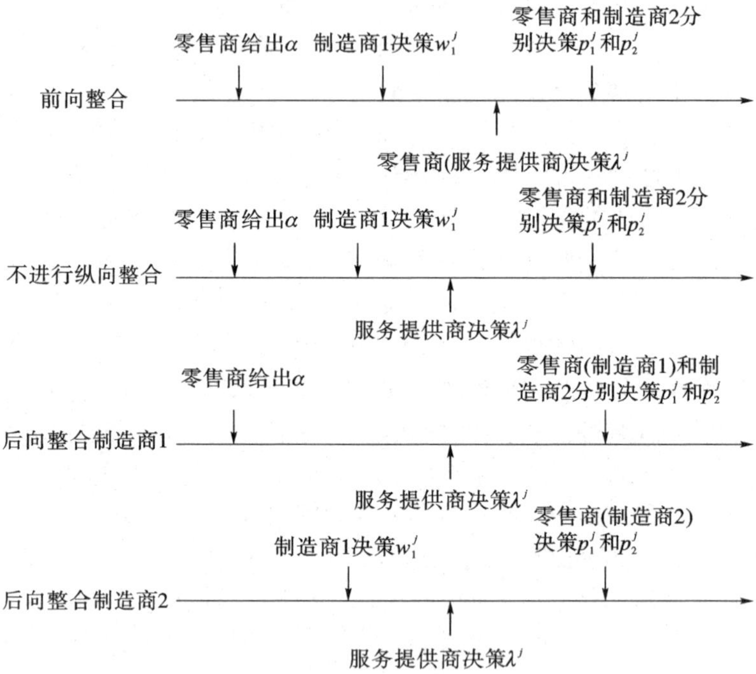

图 6.4　混合模式下的决策顺序图

① HN 策略下，首先，零售商给出佣金费率 α，其次，制造商 1 决策批发价格 w_1^{HN}，再次，服务提供商决策服务价格 λ^{HN}，最后，零售商和制造商 2 分别决策产品 1 和产品 2 的销售价格 p_1^{HN}、p_2^{HN}。

② HF 策略下，首先，零售商给出佣金费率 α，其次，制造商 1 决策批发价格 w_1^{HF}，再次，零售商（服务提供商）决策服务价格 λ^{HF}，最后，零售商和制造商 2 分别决策产品 1 和产品 2 的销售价格 p_1^{HF}、p_2^{HF}。

③ $HB1$ 策略下，首先，零售商给出佣金费率 α，其次，服务提供商决策服务价格 λ^{HB1}，最后，零售商（制造商 1）和制造商 2 分别决策产品 1 和产品 2 的销售价格 p_1^{HB1}、p_2^{HB1}。

④ $HB2$ 策略下，首先，制造商 1 决策批发价格 w_1^{HB2}，其次，服务提供商决策服务价格 λ^{HB2}，最后，零售商（制造商 2）决策产品 1 和产品 2 的销售价格 p_1^{HB2}、p_2^{HB2}。

在 HN 策略下，零售商不进行纵向整合。制造商 1 按照批发价格 w_1^{HN} 将产品 1 销售给零售商，并承担生产产品 1 的运作成本 F_m，制造商 1 的利润函数为

$$\Pi_{M1}^{HN}=w_1^{HN}d_1^{HN}-F_m。$$

零售商给出佣金费率 α 后，制造商 2 通过零售商的平台，按照销售价格 p_2^{HN} 将产品 2 销售给消费者，按照 $1-\alpha$ 的比例获得产品 2 的部分销售收益，并且承担生产产品 2 的运作成本 F_m，按照服务价格 λ^{HN} 向服务提供商支付服务费用，制造商 2 的利润函数为

$$\Pi_{M2}^{HN}=(1-\alpha)p_2^{HN}d_2^{HN}-\lambda^{HN}d_2^{HN}-F_m。$$

服务提供商按照服务价格 λ^{HN} 为零售商和制造商 2 提供服务，并承担服务运营的成本 F_s，服务提供商的利润函数为

$$\Pi_S^{HN}=\lambda^{HN}(d_1^{HN}+d_2^{HN})-F_s。$$

零售商按照销售价格 p_1^{HN} 将产品 1 销售给消费者，按照佣金费率 α 获得产品 2 的部分销售收益，按照服务价格 λ^{HN} 向服务提供商支付服务费用，零售商的利润函数为

$$\Pi_R^{HN}=(p_1^{HN}-w_1^{HN})d_1^{HN}+\alpha p_2^{HN}d_2^{HN}-\lambda^{HN}d_1^{HN}。$$

用逆向归纳法求解可得零售商、制造商 1、制造商 2 和服务提供商的均衡利润。

定理 6.7 HN 策略下，均衡时，产品 1 的批发价格为

$$w_1^{HN}=\frac{(8+2(16-\alpha+\alpha^2)\gamma+(42-11\alpha+5\alpha^2)\gamma^2+2(3-\alpha)^2\gamma^3)\theta}{2(1+\gamma)[12+44\gamma+47\gamma^2+12\gamma^3-\alpha(4+12\gamma+11\gamma^2+4\gamma^3)]},$$

服务价格为

$$\lambda^{HN}=\frac{(1-\alpha)\{[4+(10-\alpha)\gamma+2(3-\alpha)\gamma^2]\theta-(2+5\gamma+3\gamma^2)w_1^{HN}\}}{4(1+\gamma)(2-\alpha+3\gamma-\alpha\gamma)},$$

产品 1 和产品 2 的销售价格分别为

$$p_1^{HN}=\frac{(1-\alpha)[2+(3+\alpha)\gamma]\theta+(1+\gamma)[2+3\gamma-\alpha(2+\gamma)]\lambda^{HN}+2(1-\alpha)(1+\gamma)^2w_1^{HN}}{(1-\alpha)[4+8\gamma+(3-\alpha)\gamma^2]},$$

$$p_2^{HN}=\frac{(1-\alpha)(2+3\gamma)\theta+(1+\gamma)[2-(3-\alpha)\gamma]\lambda^{HN}+(1-\alpha)\gamma(1+\gamma)w_1^{HN}}{(1-\alpha)[4+8\gamma+(3-\alpha)\gamma^2]},$$

零售商、制造商和服务提供商的均衡利润分别为

$$\Pi_R^{HN}=\frac{\Psi_2\theta^2}{\Psi_3},$$

$$\Pi_{M1}^{HN}=[8+2(16-\alpha+\alpha^2)\gamma+(42-11\alpha+5\alpha^2)\gamma^2+2(-3+\alpha)^2\gamma^3]^2\theta^2\div\{16(1+\gamma)(2-\alpha+3\gamma-\alpha\gamma)[4+8\gamma+(3-\alpha)\gamma^2][12+44\gamma+47\gamma^2+12\gamma^3-\alpha(4+12\gamma+11\gamma^2+4\gamma^3)]\}-F_m,$$

$$\Pi_{M2}^{HN}=(1-\alpha)(2+3\gamma)^2[\alpha^3\gamma^2(6+21\gamma+22\gamma^2+8\gamma^3)-2(2+3\gamma)^2(14+47\gamma+45\gamma^2+12\gamma^3)-2\alpha^2(16+86\gamma+187\gamma^2+218\gamma^3+139\gamma^4+36\gamma^5)+\alpha(128+756\gamma+1716\gamma^2+1877\gamma^3+1002\gamma^4+216\gamma^5)]^2\theta^2\div\{64(1+\gamma)(2-\alpha+3\gamma-\alpha\gamma)^2[4+8\gamma+(3-\alpha)\gamma^2]^2[12+44\gamma+47\gamma^2+12\gamma^3-\alpha(4+12\gamma+11\gamma^2+4\gamma^3)]^2\}-F_m,$$

$$\Pi_S^{HN}=\frac{(1-\alpha)(1+\gamma)\theta^2}{2(2+\gamma)}-F_s。$$

其中，

$$\Psi_2=(1-\alpha)Z_2Z_4[2(\alpha+\alpha\gamma-3\gamma-2)+Z_1][(1+\gamma)Z_5-\gamma Z_6-(1-\alpha)\theta Z_4]+4(1+\gamma)Z_1(\alpha+\alpha\gamma-3\gamma-2)[(\alpha+1)\gamma Z_6Z_5-\alpha(1+\gamma)Z_6^2+(1-\alpha)\theta Z_4(\alpha Z_6+Z_5)+(1+\gamma)Z_5^2],$$

$$\Psi_3=4(1-\alpha)^2(1+\gamma)Z_1Z_4^2[(1+\gamma)\alpha-3\gamma-2)],$$

$$Z_1=12+44\gamma+47\gamma^2+12\gamma^3-\alpha(4+12\gamma+11\gamma^2+4\gamma^3),$$

$$Z_2=[8+2(16-\alpha+\alpha^2)\gamma+(42-11\alpha+5\alpha^2)\gamma^2+2(3-\alpha)^2\gamma^3]\theta,$$

$$Z_3=[4+(10-\alpha)\gamma+2(3-\alpha)\gamma^2]\theta-\frac{(2+5\gamma+3\gamma^2)Z_2}{2(1+\gamma)Z_1},$$

$$Z_4=4+8\gamma+(3-\alpha)\gamma^2,$$

$$Z_5=(1-\alpha)[2+(3+\alpha)\gamma]\theta+\frac{[2+3\gamma-\alpha(2+\gamma)]Z_2}{4(2-\alpha+3\gamma-\alpha\gamma)}+\frac{(1-\alpha)(1+\gamma)Z_2}{Z_1},$$

$$Z_6=(1-\alpha)(2+3\gamma)\theta+\frac{[2-(3-\alpha)\gamma]Z_2}{4(2-\alpha+3\gamma-\alpha\gamma)}+\frac{(1-\alpha)\gamma Z_2}{2Z_1}。$$ ■

在 HF 策略下，零售商前向整合服务提供商，零售商和服务提供商作为共同决策的主体。制造商1按照批发价格 w_1^{HF} 将产品1销售给零售商，并承担生产产品1的运作成本 F_m，制造商1的利润函数为

$$\Pi_{M1}^{HF}=w_1^{HF}d_1^{HF}-F_m。$$

零售商给出佣金费率 α 后，制造商2通过零售商的平台，按照销售价格 p_2^{HF} 将

产品 2 销售给消费者，按照 $1-\alpha$ 的比例获得产品 2 的部分销售收益，并且承担生产产品 2 的运作成本 F_m，按照服务价格 λ^{HF} 向零售商（服务提供商）支付服务费用，制造商 2 的利润函数分别为

$$\Pi_{M2}^{HF}=(1-\alpha)\,p_2^{HF}\,d_2^{HF}-\lambda^{HF}\,d_2^{HF}-F_m。$$

零售商按照销售价格 p_1^{HF} 将产品 1 销售给消费者，按照佣金费率 α 获得产品 2 的部分销售收益，按照服务价格 λ^{HF} 为制造商 2 提供服务，并承担服务运营的成本 F_s，零售商的利润函数为

$$\Pi_R^{HF}=(p_1^{HF}-w_1^{HF})d_1^{HF}+\alpha\,p_2^{HF}\,d_2^{HF}+\lambda^{HF}\,d_2^{HF}-F_s。$$

用逆向归纳法求解可得零售商、制造商 1 和制造商 2 的均衡利润。

定理 6.8 *HF* 策略下，均衡时，产品 1 的批发价格为 $w_1^{HF}=\dfrac{(8-4\alpha+26\gamma-14\alpha\gamma+29\gamma^2-18\alpha\gamma^2+\alpha^2\gamma^2+12\gamma^3-10\alpha\gamma^3+2\alpha^2\gamma^3)\theta}{2(8-4\alpha+32\gamma-16\alpha\gamma+47\gamma^2-24\alpha\gamma^2+\alpha^2\gamma^2+30\gamma^3-16\alpha\gamma^3+2\alpha^2\gamma^3+6\gamma^4-2\alpha\gamma^4)}$，服务价格为

$$\lambda^{HF}=\frac{(1-\alpha)[8+24\gamma+24\gamma^2+9\gamma^3+\alpha^2\gamma^2(2+\gamma)-2\alpha(4+10\gamma+9\gamma^2+3\gamma^3)]\theta}{2(1+\gamma)[8+16\gamma+9\gamma^2+\alpha^2\gamma^2-2\alpha(2+4\gamma+3\gamma^2)]}+\frac{(1-\alpha)\gamma[-\gamma^2+\alpha^2\gamma^2-4\alpha(1+\gamma)^2]w_1^{HF}}{2(1+\gamma)[8+16\gamma+9\gamma^2+\alpha^2\gamma^2-2\alpha(2+4\gamma+3\gamma^2)]},$$

产品 1 和产品 2 的销售价格分别为

$$p_1^{HF}=\frac{(1-\alpha)[2+(3+\alpha)\gamma]\theta+(3-\alpha)\gamma(1+\gamma)\lambda^{HF}+2(1-\alpha)(1+\gamma)^2w_1^{HF}}{(1-\alpha)[4+8\gamma+(3-\alpha)\gamma^2]},$$

$$p_2^{HF}=\frac{(1-\alpha)(2+3\gamma)\theta+[2+4\gamma+(3-\alpha)\gamma^2]\lambda^{HF}+(1-\alpha)\gamma(1+\gamma)w_1^{HF}}{(1-\alpha)[4+8\gamma+(3-\alpha)\gamma^2]},$$

零售商、制造商的均衡利润分别为

$$\Pi_R^{HF}=\frac{\Psi_4\,\theta^2}{\Psi_5}-F_s,$$

$$\Pi_{M1}^{HF}=[8+26\gamma+29\gamma^2+12\gamma^3+\alpha^2\gamma^2(1+2\gamma)-2\alpha(2+7\gamma+9\gamma^2+5\gamma^3)]^2\theta^2\div\{8(1+\gamma)[8+16\gamma+9\gamma^2+\alpha^2\gamma^2-2\alpha(2+4\gamma+3\gamma^2)][8+32\gamma+47\gamma^2+30\gamma^3+6\gamma^4+\alpha^2\gamma^2(1+2\gamma)-2\alpha(2+8\gamma+12\gamma^2+8\gamma^3+\gamma^4)]\}-F_m,$$

$$\Pi_{M2}^{HF}=(1-\alpha)[32+208\gamma+576\gamma^2+874\gamma^3+764\gamma^4+363\gamma^5+72\gamma^6-\alpha^3\gamma^4(2+5\gamma+2\gamma^2)+\alpha^2\gamma^2(12+54\gamma+92\gamma^2+73\gamma^3+20\gamma^4)-\alpha(16+104\gamma+308\gamma^2+528\gamma^3+534\gamma^4+295\gamma^5+66\gamma^6)]^2\theta^2\div\{4(1+\gamma)[8+16\gamma+9\gamma^2+\alpha^2\gamma^2-2\alpha(2+4\gamma+3\gamma^2)]^2[8+32\gamma$$

$$+47\gamma^2+30\gamma^3+6\gamma^4+\alpha^2\gamma^2(1+2\gamma)-2\alpha(2+8\gamma+12\gamma^2+8\gamma^3+\gamma^4)]^2\}-F_m。$$

其中，

$$\Psi_4=Z_7[2\alpha(\gamma+1)Z_9Z_{12}+(1-\alpha)Z_{10}Z_4][Z_4(1-\alpha)\theta+\gamma Z_{11}-(\gamma+1)Z_{12}]-(\gamma+1)Z_9[(1-\alpha)Z_4Z_8-2Z_7Z_{11}][Z_4(1-\alpha)\theta-(\gamma+1)Z_{11}+\gamma Z_{12}],$$

$$\Psi_5=2(1-\alpha)^2(\gamma+1)Z_4^2Z_7Z_9,\ Z_7=8-4\alpha+32\gamma-16\alpha\gamma+47\gamma^2-24\alpha\gamma^2+\alpha^2\gamma^2+30\gamma^3-16\alpha\gamma^3+2\alpha^2\gamma^3+6\gamma^4-2\alpha\gamma^4,$$

$$Z_8=(8-4\alpha+26\gamma-14\alpha\gamma+29\gamma^2-18\alpha\gamma^2+\alpha^2\gamma^2+12\gamma^3-10\alpha\gamma^3+2\alpha^2\gamma^3)\theta,$$

$$Z_9=8+16\gamma+9\gamma^2+\alpha^2\gamma^2-2\alpha(2+4\gamma+3\gamma^2),$$

$$Z_{10}=(1-\alpha)\left\{[8+24\gamma+24\gamma^2+9\gamma^3+\alpha^2\gamma^2(2+\gamma)-2\alpha(4+10\gamma+9\gamma^2+3\gamma^3)]\theta+\gamma\left[\alpha^2\gamma^2-\gamma^2-\frac{2\alpha(1+\gamma)^2Z_8}{Z_7}\right]\right\},$$

$$Z_{11}=(1-\alpha)[2+(3+\alpha)\gamma]\theta+\frac{(3-\alpha)\gamma Z_2}{2Z_9}+\frac{(1-\alpha)(1+\gamma)^2Z_8}{Z_7},$$

$$Z_{12}=(1-\alpha)(2+3\gamma)\theta+\frac{[2+4\gamma+(3-\alpha)\gamma^2]Z_2}{2(1+\gamma)Z_9}+\frac{(1-\alpha)\gamma(1+\gamma)Z_8}{2Z_7}。$$

■

在 $HB1$ 策略下，零售商后向整合制造商 1，零售商和制造商 1 作为共同决策的主体。零售商给出佣金费率 α 后，制造商 2 按照销售价格 p_2^{HB1} 将产品 2 销售给消费者，按照 $1-\alpha$ 的比例获得产品 2 的部分销售收益，并承担生产产品 2 的运作成本 F_m，按照服务价格 λ^{HB1} 向服务提供商支付服务费用，制造商 2 的利润函数为

$$\Pi_{M2}^{HB1}=(1-\alpha)p_2^{HB1}d_2^{HB1}-\lambda^{HB1}d_2^{HB1}-F_m。$$

服务提供商按照服务价格 λ^{HB1} 为零售商和制造商 2 提供服务，并承担服务运营的成本 F_s，服务提供商的利润函数为

$$\Pi_S^{HB1}=\lambda^{HB1}(d_1^{HB1}+d_2^{HB1})-F_s。$$

零售商按照销售价格 p_1^{HB1} 将产品 1 出售给消费者，获得产品 1 的全部收益，按照佣金费率 α 获得产品 2 的部分收益，并按照服务价格 λ^{HB1} 向服务提供商支付产品 1 的服务费用，承担生产产品 1 的运作成本 F_m，零售商的利润函

数为

$$\Pi_R^{HB1}=(p_1^{HB1}-\lambda^{HB1})d_1^{HB1}+\alpha p_2^{HB1}d_2^{HB1}-F_m。$$

用逆向归纳法求解可得零售商、制造商 2 和服务提供商的均衡利润。

定理 6.9 $HB1$ 策略下，均衡时，服务价格为

$$\lambda^{HB1}=\frac{(1-\alpha)[4+(10-\alpha)\gamma+2(3-\alpha)\gamma^2]\theta}{4(1+\gamma)(2-\alpha+3\gamma-\alpha\gamma)},$$

产品 1 和产品 2 的销售价格分别为

$$p_1^{HB1}=\frac{[2(3+\gamma)(2+3\gamma)^2+\alpha^2\gamma(-2+\gamma+2\gamma^2)-\alpha(16+38\gamma+29\gamma^2+12\gamma^3)]\theta}{4(2-\alpha+3\gamma-\alpha\gamma)[4+8\gamma+(3-\alpha)\gamma^2]},$$

$$p_2^{HB1}=\frac{[\alpha^2\gamma^2(1+2\gamma)+2(3+\gamma)(2+3\gamma)^2-\alpha(8+26\gamma+29\gamma^2+12\gamma^3)]\theta}{4(2-\alpha+3\gamma-\alpha\gamma)[4+8\gamma+(3-\alpha)\gamma^2]},$$

零售商、制造商和服务提供商的利润与 PB 策略相同，分别为

$$\Pi_R^{HB1}=\frac{\Psi_1\theta^2}{16(1+\gamma)(2-\alpha+3\gamma-\alpha\gamma)^2[4+8\gamma+(3-\alpha)\gamma^2]^2}-F_m,$$

$$\Pi_{M2}^{HB1}=\frac{(1-\alpha)[\alpha^2\gamma^2(1+2\gamma)+2(1+\gamma)(2+3\gamma)^2-\alpha(8+30\gamma+35\gamma^2+12\gamma^3)]^2\theta^2}{16(1+\gamma)(2-\alpha+3\gamma-\alpha\gamma)^2[4+8\gamma+(3-\alpha)\gamma^2]^2}-F_m,$$

$$\Pi_S^{HB1}=\frac{(1-\alpha)[4+(10-\alpha)\gamma+2(3-\alpha)\gamma^2]^2\theta^2}{8(1+\gamma)(2-\alpha+3\gamma-\alpha\gamma)[4+8\gamma+(3-\alpha)\gamma^2]}-F_s。■$$

$HB1$ 策略与 PB 策略下零售商、制造商和服务提供商的均衡利润相同的主要原因在于，$HB1$ 策略下，零售商和制造商 1 作为共同主体来决策产品 1 的销售价格，制造商 2 利用零售商的平台来销售产品 2，决策产品 2 的销售价格。PB 策略下，零售商后向整合制造商 1 后，零售商和制造商 1 作为共同主体来决策产品 1 的销售价格，制造商 2 决策产品 2 的销售价格，零售商的经营模式就不再是纯平台模式，而是具有混合模式的形态。因此，$HB1$ 策略与 PB 策略下零售商、制造商和服务提供商的利润函数和决策顺序都相同，均衡利润也就相同。

在 $HB2$ 策略下，零售商后向整合制造商 2，零售商和制造商 2 作为共同决策的主体。这样，制造商 1 按照批发价格 w_1^{HB2} 将产品 1 销售给零售商，并承担生产产品 1 的运作成本 F_m，制造商 1 的利润函数为

$$\Pi_{M1}^{HB2}=w_1^{HB2}d_1^{HB2}-F_m。$$

服务提供商按照服务价格 λ^{HB2} 为零售商提供服务，并承担服务运营的成本

F_s，服务提供商的利润函数为

$$\Pi_S^{HB2}=\lambda^{HB2}(d_1^{HB2}+d_2^{HB2})-F_s。$$

零售商按照批发价格 w_1^{HB2} 从制造商 1 采购产品 1，以销售价格 p_1^{HB2}、p_2^{HB2} 将产品 1 和产品 2 销售给消费者，按照服务价格 λ^{HB2} 向服务提供商支付服务费用，并承担生产产品 2 的运作成本 F_m，零售商的利润函数为

$$\Pi_R^{HB2}=(p_1^{HB2}-w_1^{HB2}-\lambda^{HB2})d_1^{HB2}+(p_2^{HB2}-\lambda^{HB2})d_2^{HB2}-F_m。$$

用逆向归纳法求解可得零售商、制造商 1 和服务提供商的均衡利润。

定理 6.10 $HB2$ 策略下，均衡时，产品 1 的批发价格为 $w_1^{HB2}=\dfrac{\theta}{3+4\gamma}$，服务价格为 $\lambda^{HB2}=\dfrac{(5+8\gamma)\theta}{4(3+4\gamma)}$，产品 1 和产品 2 的销售价格分别为 $p_1^{HB2}=\dfrac{3(7+8\gamma)\theta}{8(3+4\gamma)}$，$p_2^{HB2}=\dfrac{(17+24\gamma)\theta}{8(3+4\gamma)}$，零售商和服务提供商的利润与 RB 策略相同，制造商 1 的利润与 RB 策略时制造商 2 的利润相同，分别为 $\Pi_R^{HB2}=\dfrac{(29+88\gamma+64\gamma^2)\theta^2}{32(3+4\gamma)^2}-F_m$，$\Pi_{M1}^{HB2}=\dfrac{\theta^2}{24+32\gamma}-F_m$，$\Pi_S^{HB2}=\dfrac{(5+8\gamma)^2\theta^2}{16(3+4\gamma)^2}-F_s$。■

$HB2$ 策略与 RB 策略下零售商和服务提供商的均衡利润相同、$HB2$ 策略下制造商 1 和 RB 策略制造商 2 的利润相同，原因在于 $HB2$ 策略下，零售商从制造商 1 采购产品 1 后销售给消费者，零售商和制造商 2 作为共同主体来决策产品 2 的销售价格，零售商的经营模式就不再是混合模式，而是具有纯分销模式的形态。RB 策略下，零售商从制造商 2 采购产品 2 后销售给消费者，零售商和制造商 1 作为共同主体来决策产品 1 的销售价格。因此，$HB2$ 策略与 RB 策略下零售商和服务提供商的利润函数和决策顺序都相同，均衡利润也就相同。同时，$HB2$ 策略下制造商 1 与 RB 策略下制造商 2 的利润函数、决策顺序相同，根据对称性，二者的均衡利润也相同。

二、混合模式下不同纵向整合策略的选择

零售商采取混合模式时，根据定理 6.7 至定理 6.10，通过比较零售商在不进行纵向整合、前向整合策略、后向整合制造商 1 策略和后向整合制造商 2 策略下的利润，可以得出最优的纵向整合策略。

命题 6.8 混合模式下，零售商的最优纵向整合策略选择满足以下条件：

最优纵向整合策略	HN 策略	HF 策略	HB1 策略	HB2 策略
满足条件	$\Phi_7 < F_s$，$\Phi_8 < F_m$，$\Phi_9 < F_m$	$\Phi_7 > F_s$，$\Phi_{10} > F_s - F_m$，$\Phi_{11} > F_s - F_m$	$\Phi_8 > F_m$，$\Phi_{10} < F_s - F_m$，$\Phi_{12} > 0$	$\Phi_9 > F_m$，$\Phi_{11} < F_s - F_m$，$\Phi_{12} < 0$

其中，

$$\Phi_7 = \left(\frac{\Psi_4}{\Psi_5} - \frac{\Psi_2}{\Psi_3}\right)\theta^2,$$

$$\Phi_8 = \frac{\Psi_1\Psi_3 - 16\,\Psi_2(1+\gamma)(2-\alpha+3\gamma-\alpha\gamma)^2[4+8\gamma+(3-\alpha)\gamma^2]^2}{16\,\Psi_3(1+\gamma)(2-\alpha+3\gamma-\alpha\gamma)^2[4+8\gamma+(3-\alpha)\gamma^2]^2}\cdot\theta^2,$$

$$\Phi_9 = \frac{\Psi_3(29+88\gamma+64\,\gamma^2) - 32\,\Psi_2(3+4\gamma)^2}{32\,\Psi_3(3+4\gamma)^2}\cdot\theta^2,$$

$$\Phi_{10} = \frac{16\,\Psi_4(1+\gamma)(2-\alpha+3\gamma-\alpha\gamma)^2[4+8\gamma+(3-\alpha)\gamma^2]^2 - \Psi_1\Psi_5}{16\,\Psi_5(1+\gamma)(2-\alpha+3\gamma-\alpha\gamma)^2[4+8\gamma+(3-\alpha)\gamma^2]^2}\cdot\theta^2,$$

$$\Phi_{11} = \frac{32\,\Psi_4(3+4\gamma)^2 - \Psi_5(29+88\gamma+64\,\gamma^2)}{32\,\Psi_5(3+4\gamma)^2}\cdot\theta^2,$$

$$\Phi_{12} = \frac{2\,\Psi_1(3+4\gamma)^2 - (29+88\gamma+64\,\gamma^2)(1+\gamma)(2-\alpha+3\gamma-\alpha\gamma)^2[4+8\gamma+(3-\alpha)\gamma^2]^2}{2(1+\gamma)(3+4\gamma)^2(2-\alpha+3\gamma-\alpha\gamma)^2[4+8\gamma+(3-\alpha)\gamma^2]^2}\cdot\frac{\theta^2}{16}。 \blacksquare$$

从命题 6.8 可以看出，混合模式下零售商对 *HN* 策略、*HF* 策略、*HB*1 策略和 *HB*2 策略的选择受以下两方面因素的影响。

第一，不同纵向整合策略下的成本。命题 6.8 的结论表明，与分销模式和平台模式相同，当 F_m 和F_s 较大时，*HN* 策略是零售商的最优选择。

第二，不同纵向整合策略下的收益之差，即命题 5.8 中的 Φ_7、Φ_8、Φ_9、Φ_{10}、Φ_{11} 和Φ_{12}，其中，Φ_7 表示 *HF* 策略和 *HN* 策略的收益之差，Φ_8 表示 *HB*1 策略和 *HN* 策略的收益之差，Φ_9 表示 *HB*2 策略和 *HN* 策略的收益之差，Φ_{10} 表示 *HF* 策略和 *HB*1 策略的收益之差，Φ_{11} 表示 *HF* 策略和 *HB*2 策略的收益之差，Φ_{12} 表示 *HB*1 策略和 *HB*2 策略的收益之差。在不考虑固定成本的影响时，零售商对纵向整合的选择主要取决于Φ_7、Φ_8、Φ_9、Φ_{10}、Φ_{11} 和Φ_{12} 的大小，而Φ_7、Φ_8、Φ_9、Φ_{10}、Φ_{11} 和Φ_{12} 主要由潜在需求 θ、佣金费率 α 和产品之间竞争程度 γ 来决定。由于定理 6.7 至定理 6.10 中均衡时零售商的均衡利润函数较为复杂，接下来将通过数值分析 θ、α 和 γ 变化对零售商纵向整合策略选择的影响。

(1) 考虑潜在需求θ变动对零售商纵向整合策略选择的影响。如图6.5所示,假设$F_m=50$, $F_s=200$, $\gamma=0.5$,当θ较小时,*HN*策略占优;当θ适中时,*HB*1策略和*HB*2策略占优;当θ较大时,*HF*策略占优。这是因为θ较小时,纵向整合所创造的收益不足以承担零售商纵向整合后生产产品的运作成本或者提供服务的运营成本,*HN*策略占优;θ较大时,零售商能通过对服务提供商的整合来减少双重加价行为,同时也能获取提供服务的收益,随着θ的增加这种正向效应也在增加,*HF*策略占优;当θ适中时,后向整合的零售商能更好地控制产品1或产品2的产销过程,*HB*1策略和*HB*2策略占优。

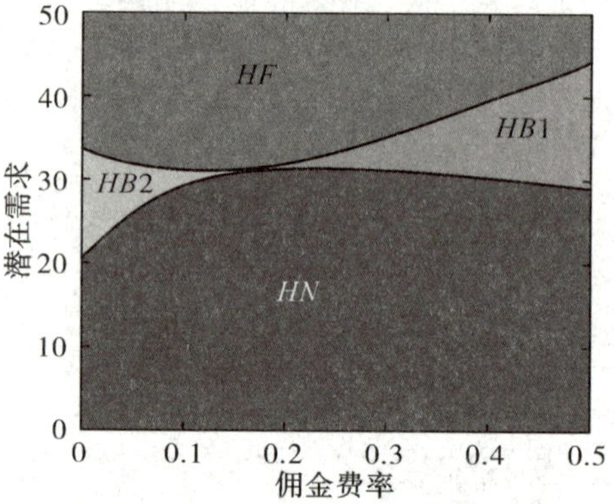

图6.5 潜在需求和佣金费率变动对纵向整合策略选择的影响

(2) 考虑佣金费率α和产品之间的竞争程度γ变动对零售商纵向整合策略选择的影响。如图6.6所示,假设$F_m=50$, $F_s=200$, $\theta=30$,当α较小时,*HB*2策略和*HF*策略占优;当α适中时,*HN*策略占优;当α较大时,*HB*1策略占优。这是因为α较小时,零售商整合制造商2能获得产品2的全部收益,

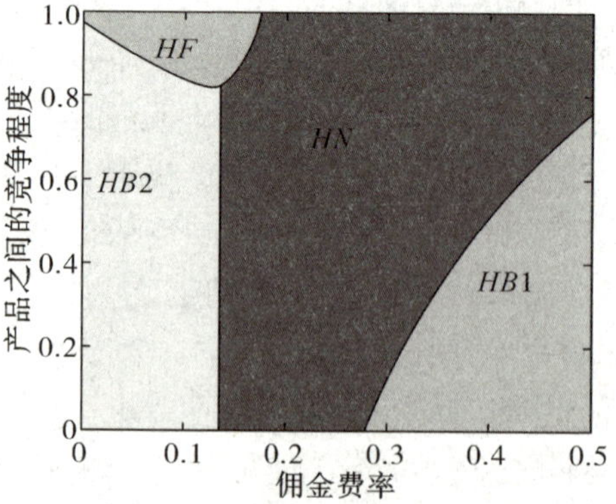

图6.6 佣金费率和产品之间竞争程度变动对纵向整合策略选择的影响

零售商整合服务提供商能拓宽盈利方式，$HB2$ 策略和 HF 策略占优；当 α 较大时，零售商后向整合制造商 1 后，不但可以获得产品 1 的完整收益，还无需承担产品 2 的生产运作成本，$HB1$ 策略占优；当 α 适中时，零售商不进行任何整合，也无需承担任何成本。受 α 的影响，γ 变动对零售商纵向整合策略选择的影响比较复杂。当 γ 较小时，$HB2$ 策略、HN 策略、$HB1$ 策略都可能占优；当 γ 较大时，HF 策略占优。这是因为当 γ 较大时，HF 策略能使零售商可以依靠销售服务来获得收益，增加零售商的盈利方式。

通过以上算例分析可以看出，混合模式下潜在需求 θ 对零售商纵向整合策略选择的影响与分销模式、平台模式基本相同。但是，受经营模式不同造成的定价权和盈利方式不同的影响，混合模式下佣金费率 α 和产品之间竞争程度 γ 对零售商纵向整合策略选择的影响与分销模式、平台模式不同。随着潜在需求 θ 的增加，零售商的最优纵向整合策略逐渐由不进行纵向整合变为后向整合制造商 1、后向整合制造商 2，最后变为前向整合策略；随着佣金费率 α 的增加，零售商的最优纵向整合策略逐渐由前向整合策略、后向整合制造商 2 变为不进行纵向整合，最后变为后向整合制造商 1；随着产品之间的竞争程度 γ 的增加，零售商的最优纵向整合策略逐渐由后向整合制造商 1、后向整合制造商 2、不进行纵向整合，变为前向整合策略。

第六节　经营模式对零售商纵向整合策略选择的影响

根据第三、四、五节的分析，可以得到不同经营模式下零售商对不进行纵向整合、后向整合和前向整合策略的选择条件。通过对比潜在需求、产品之间价格影响系数和佣金费率等因素对采取不同经营模式零售商的纵向整合策略选择的影响，进而分析经营模式的不同对零售商纵向整合策略的影响。

表 6.2　不同经营模式下不同因素对零售商纵向整合策略选择的影响

变量名称	经营模式	零售商最优纵向整合策略选择		
		较小	适中	较大
潜在需求 θ	分销模式	不进行纵向整合	后向整合	前向整合
	平台模式	不进行纵向整合	后向整合	前向整合
	混合模式	不进行纵向整合	后向整合制造商 1，后向整合制造商 2	前向整合

（续表）

变量名称	经营模式	零售商最优纵向整合策略选择		
		较小	适中	较大
产品之间竞争程度 γ	分销模式	后向整合	不进行纵向整合	前向整合
	平台模式（$\gamma > \gamma_1^P$）	后向整合	不进行纵向整合	前向整合
	混合模式	后向整合制造商 1，后向整合制造商 2，不进行纵向整合	—	前向整合
佣金费率 α	平台模式	前向整合	后向整合	不进行纵向整合
	混合模式	前向整合，后向整合制造商 2	不进行纵向整合	后向整合制造商 1

第一，潜在需求对采取不同经营模式零售商的纵向整合策略选择影响基本相同，混合模式下略有差异。相同之处在于：当潜在需求较小时，不进行纵向整合占优，当潜在需求适中时，后向整合策略占优，当潜在需求较大时，前向整合策略占优。不同之处在于：对于分销模式和平台模式，虽然零售商的获利方式不同，但潜在需求对零售商利润的影响相同，从而经营模式的变化并不改变潜在需求对零售商纵向整合策略的影响。对于分销模式（平台模式）和混合模式，二者略有差异的是混合模式下后向整合策略包括后向整合制造商 1 和后向整合制造商 2。由于混合模式兼具分销模式和平台模式的特征，而分销模式与平台模式的区别主要在于在收益的分配方式和产品的定价权不同，潜在需求对零售商利润的影响并不随经营模式的改变而改变。

第二，产品之间竞争程度对采取分销模式、平台模式和混合模式零售商的纵向整合策略选择影响基本相同，混合模式下略有差异。对于分销模式和平台模式，二者的相同之处在于当产品之间竞争程度较小时，后向整合策略占优，当产品之间竞争程度适中时，不进行纵向整合占优，当产品之间竞争程度较大时，前向整合策略占优；二者的不同之处在于：平台模式下满足上述结论的条件是 $\gamma > \gamma_1^P$。这是因为分销模式和平台模式下，虽然零售商的获利方式不同，但是除了后向整合策略外，产品之间竞争程度对零售商利润的影响基本相同，从而经营模式的变化没有完全改变产品之间竞争程度对零售商纵向整合策略的影响。对于分销模式（平台模式）与混合模式，混合模式下，受佣金费率的影响，产品之间竞争程度变动对零售商纵向整合策略选择的影响比较复杂，当产品之间竞争程度较小时，任何后向整合策略和不进行纵向整合都可能占优；当产品之间竞争程度较大时，前向整合策略占优。①

第三，佣金费率对采取平台模式和混合模式零售商的纵向整合策略选择影响并不完全相同。如图 6.7 所示，假设 $F_m = 50$，$F_s = 200$，$\theta = 30$，平台模式下，当佣金费率较小时前向整合策略占优，当佣金费率适中时后向整合策略占优，当佣金费率较大时不进行纵向整合占优；混合模式下，当佣金费率较小时前向整合策略、后向整合制造商 2 占优，当佣金费率适中时不进行纵向整合占优，当佣金费率较大时后向整合制造商 1 占优。由于佣金费率是影响收益分配的重要因素，在平台模式下，零售商主要通过向制造商收取佣金来获得收益，佣金费率的高低直接制约了零售商的纵向整合策略选择，在混合模式下，零售商同时通过向制造商收取佣金和销售产品来获得收益，佣金费率高低对零售商收益的制约作用降低，这就使得即使佣金费率不高（适中）时，零售商也可以选择不进行纵向整合。

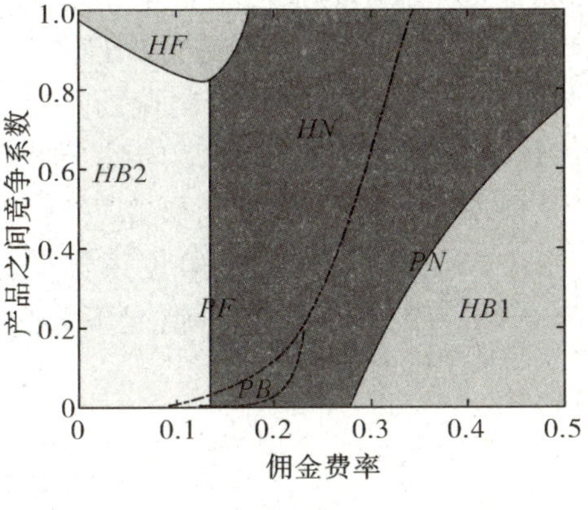

图 6.7　不同经营模式下佣金费率和产品之间竞争程度对纵向整合策略选择的影响

第七节　本 章 小 结

本章考虑了由两家制造商、一家零售商和一家服务提供商组成的供应链，研究了不同经营模式下的零售商的纵向整合策略选择问题。通过分别

① 现实生活中，零售商收取的佣金费率大多在 0～20%之间变化，最多不超过 50%。这里考虑的是佣金费率在 0～50%之间变动时产品之间竞争程度对零售商纵向整合策略的影响。

对比在分销模式、平台模式和混合模式下，零售商分别采取不进行纵向整合策略、前向整合策略和后向整合策略的利润，给出了不同经营模式下零售商最优的纵向整合策略选择条件，并分析了不同经营模式对零售商纵向整合策略选择的影响。

本章的主要研究结论有：第一，分销模式、平台模式和混合模式下，潜在需求对零售商纵向整合策略的影响基本相同。当潜在需求较小时，不进行纵向整合占优；当潜在需求适中时，后向整合策略占优；当潜在需求较大时，前向整合策略占优。第二，分销模式和平台模式下，产品之间竞争程度对零售商纵向整合策略的影响基本相同，混合模式则不相同。分销模式和平台模式下，当产品之间竞争程度较小时，后向整合策略占优；当产品之间竞争程度适中时，不进行纵向整合占优；当产品之间竞争程度较大时，前向整合策略占优。混合模式下，当产品之间竞争程度较小时，后向整合策略或者不进行纵向都有可能占优；当产品之间竞争程度较大时，前向整合策略占优。第三，平台模式和混合模式下，佣金费率对零售商纵向整合策略的影响不相同。平台模式下，当佣金费率较小时前向整合策略占优，当佣金费率适中时后向整合策略占优，当佣金费率较大时不进行纵向整合占优；混合模式下，当佣金费率较小时前向整合策略、后向整合制造商 2 占优，当佣金费率适中时不进行纵向整合占优，当佣金费率较大时后向整合制造商 1 占优。

当然，由于本章是以垄断情况为背景来研究零售商对纵向整合策略的选择，但是在现实生活中，零售商之间的竞争也很普遍，这些竞争也可能会影响到零售商的策略选择。因此，考虑竞争情况下零售商对纵向整合策略的选择将是值得进一步研究的方向之一。

第七章
总结与展望

随着互联网的发展，零售商商业模式中的两个重要方面（经营模式和纵向整合）正不断发生变化。从经营模式来看，呈现多样化和多变性的特点，零售商最早采取的经营模式是分销模式，之后发展出平台模式，最后又衍生出分销与平台混合模式，目前，这三种不同经营模式在市场上并存。同时，随着市场环境的改变，零售商对这三种不同经营模式的选择也是不断发生变化，零售商可以由分销模式转向平台模式、由平台模式转向分销模式、由分销模式或者平台模式转向混合模式。从纵向整合来看，互联网环境下零售商纵向整合策略也呈现多样性的特点，零售商既可以选择不进行纵向整合，也可选择后向整合策略来向供应链上游扩张或者前向整合策略来向供应链下游发展。本章是对本书研究内容的总结概括，通过归纳整理本书的主要结论，分析本书研究的管理启示，并在此基础上对未来的研究工作进行展望。

第一节　管 理 启 示

本书通过对现有文献进行梳理的基础上，对零售商商业模式概念和形式进行界定，从经营模式（内部）和纵向整合（外部）角度探讨了零售商商业模式的两方面重要选择。本书首先以单产品为研究对象，在考虑产品质量和服务水平的基础上，研究由制造商、零售商和服务提供商组成的三级供应链中，零售商对分销模式和平台模式的选择，以及在这两种经营模式下零售商对不进行纵向整合、前向整合策略和后向整合策略的选择。由于不同产品之间存在竞争性，产品之间的竞争性会影响需求，进而影响零售商商业模式选择。因此，随后本书以多产品为研究对象，在考虑产品之间竞争性的基础上，研究零售商对分销模式、平台模式和混合模式的选择，以及在这三种经营模式下零售商对不进行纵向整合、前向整合策略和后向整合策略的选择。基于上述研究，总结得出本书的管理启示如下。

(1) 单产品的零售商经营模式选择。当佣金费率外生时，若佣金费率和服务成本一大一小，分销模式占优，其他情况下平台模式占优。若佣金费率较低且服务成本较低，或佣金费率适中，零售商选择平台模式与制造商利润最大化一致；若佣金费率较高且服务成本较低，零售商选择分销模式与制造商利润最大化一致。若佣金费率较低且服务成本较低，或佣金费率适中且服务成本较高，零售商选择平台模式与服务提供商利润最大化一致；若佣金费率适中且服务成本较低，或佣金费率较高且服务成本较低，零售商选择分销模式与服务提供商利润最大化一致。当佣金费率内生时，若固定成本和服务成本一大一小，平台模式占优，其他情况下分销模式占优。

(2) 单产品的零售商纵向整合策略选择。首先，不进行纵向整合并非零售商的最优策略，零售商至少应该选择一种纵向整合策略。其次，经营模式会影响零售商对前向整合策略和后向整合策略的选择。在分销模式下，服务成本系数高于质量成本系数时，后向整合策略占优，服务成本系数低于质量成本系数时，前向整合策略占优；在平台模式下，受佣金费率的影响，只有当服务成本系数较高且佣金费率较小时，后向整合策略占优，其他情况下，前向整合策略占优。最后，存在成本分担的纵向整合改进策略能够实现零售商、制造商和服务提供商利润的增加。服务成本系数增加对纵向整合改进策略起负向作用，佣金费率对纵向整合改进策略起正向作用。与改进前的纵向整合策略相比，除了平台模式下佣金费率较小的情形外，佣金费率和服务成本系数对零售商纵向整合策略选择的影响基本一致。

(3) 竞争性产品的零售商经营模式选择。首先，零售商经营模式选择受产品之间价格影响系数、佣金费率等因素的影响。随着产品之间的价格影响系数、佣金费率、固定成本的增加，零售商最优经营模式由分销模式变为混合模式、最后变为平台模式；随着间接网络外部性的增加，零售商最优经营模式由平台模式变为混合模式、最后变为分销模式。同时，我国网络零售业发展的路径和现状也支持上述结论。其次，当市场环境变化时，采取分销模式(平台模式)的零售商可能会转向混合模式。当产品的潜在需求变化为正且佣金费率较高(较低)时，随着潜在需求变化的增加，采取分销模式(平台模式)的零售商更倾向于转向混合模式；当产品的潜在需求变化为负且佣金费率较低(较高)时,随着潜在需求变化的增加,采取分销模式(平台模式)的零售商更倾向于不改变经营模式。

(4) 竞争性产品的零售商纵向整合策略选择。首先,在任意经营模式下,潜在需求对零售商纵向整合策略的影响相同。当潜在需求较小时,不进行纵向整合占优;当潜在需求适中时,后向整合策略占优;当潜在需求较大时,前向整合策略占优。其次,不同经营模式下产品之间竞争程度对零售商纵向整合策略的影响并不完全相同。分销模式和平台模式下,当产品之间竞争程度较小时,后向整合策略占优;当产品之间竞争程度适中时,不进行纵向整合占优;当产品之间竞争程度较大时,前向整合策略占优。混合模式下,当产品之间竞争程度较小时,后向整合策略或者不进行纵向整合都有可能占优;当产品之间竞争程度较大时,前向整合策略占优。最后,平台模式和混合模式下,佣金费率对零售商纵向整合策略的影响不相同。平台模式下,当佣金费率较小时前向整合策略占优,当佣金费率适中时后向整合策略占优,当佣金费率较大时不进行纵向整合占优;混合模式下,当佣金费率较小时前向整合策略、后向整合制造商 2 占优,当佣金费率适中时不进行纵向整合占优,当佣金费率较大时后向整合制造商 1 占优。

第二节 未来展望

互联网的发展正改变消费者的购买行为,为零售商带来了更大市场需求的同时也带来了一定挑战,为此零售商需要对商业模式做出恰当的选择和调整。本书以经营模式和纵向整合为核心,构建了零售商商业模式选择的框架,在分别考虑产品质量、服务水平和产品竞争性等因素的基础上,研究了零售商的经营模式选择和纵向整合策略选择。受数据资料的限制,本书只对零售商经营模式选择做了一定的验证分析,但没有对零售商纵向整合策略选择做相应的实证分析。在以后的研究中,需要对这些研究问题做进一步的改进提高,以便能更好地为我国零售业发展提供借鉴参考。

对于未来的研究,我们可以从以下几个方面考虑。

第一,本书是以垄断情况为背景从经营模式和纵向整合角度来研究零售商商业模式选择,在现实生活中,零售商之间的竞争也很普遍,这些竞争可能会影响到零售商的策略选择,考虑竞争情况下零售商商业模式选择将是值得进一步研究的方向之一。

第二,本书分别考虑了产品之间竞争性对零售商商业模式选择的影响

(经营模式和纵向整合),在现实生活中,零售商销售的产品可能也存在一定的互补性,这些互补性可能会影响到零售商商业模式选择,考虑产品之间互补性时零售商商业模式选择以及产品选择的不同对零售商商业模式的影响也是值得进一步研究的方向之一。

第三,互联网环境下零售商还存在横向发展策略的选择,包括垂直化发展和综合化发展。垂直化发展是指在某一个行业或细分市场深化运作,综合化发展是指在多个行业或细分市场运作。零售商对于垂直化发展和综合化发展这两种横向策略的选择,也是不断发展变化的。最早的网络零售商是从垂直化经营开始,例如专营图书的当当网、专营数码的京东等,再到商品组合丰富的综合化电商,例如天猫以及转型之后的京东、当当等。这就使得零售商横向发展策略选择也成为值得进一步研究的方向之一。

希望通过对本书提出未来研究方向的深入探讨,能够起到抛砖引玉的作用,为互联网环境下零售业发展提供更有效的借鉴参考。

参 考 文 献

[1] 白玉，杨敏. 纵向一体化动因理论研究前沿及启示[J]. 当代经济，2008(20):144-145.

[2] 曹韫建，顾新一. 一类存在网络外部性的水平差异模型[J]. 管理科学学报，2002，5(1):59-64.

[3] 陈建斌，黄爱华，方德英. 多元化企业IT协同能力构成及其形成机理研究[J]. 外国经济与管理，2007，29(10):26-31.

[4] 陈可. 传统零售商转型电商的商业模式探讨[J]. 商业经济研究，2016(18):79-80.

[5] 陈云，王浣尘，沈惠璋. 互联网环境下双渠道零售商的定价策略研究[J]. 管理工程学报，2008，22(1):34-39.

[6] 陈远高，刘南. 存在差异性产品的双渠道供应链协调研究[J]. 管理工程学报，2011，25(2):239-244.

[7] 程愚，孙建国，宋文文，等. 商业模式、营运效应与企业绩效——对生产技术创新和经营方法创新有效性的实证研究[J]. 中国工业经济，2012(7):83-95.

[8] 董烨然. 大零售商逆纵向控制合约选择与零供企业收益比较[J]. 管理世界，2012(4):115-124.

[9] 董烨然. 纵向交易合约理论研究进展[J]. 经济学动态，2013(10):132-142.

[10] 但斌，徐广业，张旭梅，等. 电子商务环境下双渠道供应链协调的补偿策略研究[J]. 管理工程学报，2012，26(1):125-130.

[11] 但斌，肖剑，张旭梅. 双渠道供应链的产品互补合作策略研究[J]. 管理工程学报，2011，25(3)，162-166.

[12] 范莉莉，艾兴政，唐小我. 主从竞争链的纵向控制结构选择[J]. 管理学报，2013，10(4):597-601.

[13] 范小军，刘艳. 制造商引入在线渠道的双渠道价格与服务竞争策略[J]. 中国管理科学，2016，24(7):143-148.

[14] 高闯，关鑫. 企业商业模式创新的实现方式与演进机理——一种基于

价值链创新的理论解释[J]. 中国工业经济，2006(11)：83-90.
[15] 郭金龙，林文龙. 中国市场十种盈利模式[M]. 清华大学出版社，2005.
[16] 韩冰. 基于策略性消费的零售百货业盈利模式研究[J]. 财经问题研究，2015(s1)：79-82.
[17] 黄松，杨超，杨珺. 需求和成本同时扰动下双渠道供应链定价与生产决策[J]. 系统工程理论与实践，2014，34(5)：1219-1229.
[18] 孔翰宁，张维迎，奥赫贝. 2010 商业模式：企业竞争优势的创新驱动力[M]. 机械工业出版社，2007.
[19] 李飞，胡赛全，詹正茂. 零售通道费形成机理——基于中国市场情境的多业态、多案例研究[J]. 中国工业经济，2013(3)：124-136.
[20] 李海舰，田跃新，李文杰. 互联网思维与传统企业再造[J]. 中国工业经济，2014(10)：135-146.
[21] 李雷，赵先德，简兆权. 网络环境下平台企业的运营策略研究[J]. 管理科学学报，2016，19(3)：15-33.
[22] 李莉，何洁，赵杰. 中小制造企业在线直销与传统分销双渠道定价决策研究[J]. 中国管理科学，2016(6)：70-77.
[23] 李青原，唐建新. 企业纵向一体化的决定因素与生产效率——来自我国制造业企业的经验证据[J]. 南开管理评论，2010，13(3)：60-69.
[24] 李玉龙，李雪欣. 传统大型零售企业"O2O"双重商业模式整合分析[J]. 学习与实践，2015(2)：23-30.
[25] 刘贵容，王哲，林毅. 电商转化率影响因素分析与改进策略[J]. 商业经济研究，2015(34)：72-74.
[26] 刘汉进，范小军，陈宏民. 零售商价格领导权结构下的双渠道定价策略研究[J]. 中国管理科学，2015，23(6)：91-98.
[27] 罗伯特. D. 巴泽尔，布拉德利. T. 盖尔. 战略与绩效：PIMS 原则[M]. 华夏出版社，2000.
[28] 罗珉，李亮宇. 互联网时代的商业模式创新：价值创造视角[J]. 中国工业经济，2015，57(1)：95-107.
[29] 吕魁，胡汉辉，王旭辉. 考虑范围经济与转换成本的混合捆绑竞争[J]. 管理科学学报，2012，15(12)：10-24.
[30] 彭虎锋，黄漫宇. 新技术环境下零售商业模式创新及其路径分析——以苏宁云商为例[J]. 宏观经济研究，2014(2)：108-115.
[31] 浦徐进，龚磊. 消费者"搭便车"行为影响下的双渠道供应链定价和促

销策略研究[J]. 中国管理科学，2016，24(10)：86-94.
[32] 乔为国. 商业模式创新[M]. 上海远东出版社，2009.
[33] 尚秀芬，陈宏民. 双边市场特征的企业竞争策略与规制研究综述[J]. 产业经济研究，2009(4)：89-94.
[34] 盛亚，徐璇，何东平. 电子商务环境下零售企业商业模式：基于价值创造逻辑[J]. 科研管理，2015，36(10)：122-129.
[35] 孙维峰. 纵向一体化理论研究[J]. 生产力研究，2009(19)：17-20.
[36] 王琴. 基于价值网络重构的企业商业模式创新[J]. 中国工业经济，2011(1)：79-88.
[37] 王瑞丰，韦恒. 我国零售市场约束机制研究——基于零售业盈利模式转换的视角[J]. 北京工商大学学报(社会科学版)，2014，29(2)：39-45.
[38] 王素娟，胡奇英. 3C零售商商业模式研究：促销与贸易方式交互影响[J]. 管理科学学报，2011，14(4)：1-11.
[39] 王先甲，周亚平，钱桂生. 生产商规模不经济的双渠道供应链协调策略选择[J]. 管理科学学报，2017(1)：17-31.
[40] 魏农建，左鹏，刘静波. 全球化、信息化条件下中国零售业发展环境分析与商业模式选择[J]. 上海大学学报(社会科学版)，2012，29(5)：70-81.
[41] 魏炜，朱武祥，林桂平. 基于利益相关者交易结构的商业模式理论[J]. 管理世界，2012(12)：125-131.
[42] 吴利华，周勤，杨家兵. 钢铁行业上市公司纵向整合与企业绩效关系实证研究——中国钢铁行业集中度下降的一个分析视角[J]. 中国工业经济，2008(5)：57-66.
[43] 谢莉娟. 互联网时代的流通组织重构——供应链逆向整合视角[J]. 中国工业经济，2015(4)：44-56.
[44] 杨盈盈. 并购绩效：来自上市公司的实证研究——并购前后的绩效差异和不同并购方式的绩效比较[J]. 南京财经大学学报，2004(1)：82-85.
[45] 易余胤，杨海深，张显玲. 网络外部性下双零售商竞争的演化博弈分析[J]. 管理科学学报，2016，19(9).
[46] 原磊. 商业模式体系重构[J]. 中国工业经济，2007(6)：70-79.
[47] 原磊. 零售企业的商业模式创新[J]. 经济管理，2009(3)：83-86.
[48] 原小能. 服务创新视角下的零售企业盈利模式转变研究[J]. 中国流通

经济，2011，25(12):76-82.

[49] 张敬伟，王迎军. 商业模式与战略关系辨析——兼论商业模式研究的意义[J]. 外国经济与管理，2011，30(4):10-18.

[50] 张仁华，黎志成，张金隆. 范围经济与纵向一体化[J]. 管理工程学报，1997(4):219-224.

[51] 张艳. 中国零售商业模式研究[J]. 北京工商大学学报:社会科学版，2013，28(4):31-37.

[52] 郑方. 从纵向一体化到纵向分离——基于对立统一关系的分析[J]. 中国工业经济，2010(11):98-108.

[53] 周勤，吴利华，杨家兵. 中国钢铁行业上市公司纵向整合的模式选择[J]. 中国工业经济，2007(7).

[54] Abhishek V, Jerath K, Zhang Z J. Agency Selling or Reselling? Channel Structures in Electronic Retailing[J]. Management Science, 2016, 62(8):2259-2280.

[55] Alt R, Zimmermann H D. Introduction to Special Section Business Models[J]. Electronic Markets, 2001, 11(1):3-9.

[56] Arrow K J. Vertical Integration and Communication[J]. Bell Journal of Economics, 1975, 6(1):173-183.

[57] Arya A, Mittendorf B. The Changing Face of Distribution Channels: Partial Forward Integration and Strategic Investments[J]. Production and Operations Management, 2013, 22(5):1077-1088.

[58] Arya A, Loffler C, Mittendorf B, et al. The Middleman as a Panacea for Supply Chain Coordination Problems[J]. European Journal of Operational Research, 2015, 240(2):393-400.

[59] Berry L L. Relationship Marketing of Services—Growing Interest, Emerging Perspectives[J]. Journal of the Academy of Marketing Science, 1995, 23(4):236-245.

[60] Boudreau K. Open Platform Strategies and Innovation: Granting Access vs. Devolving Control[J]. Management Science, 2010, 56(10):1849-1872.

[61] Jullien C B. Chicken & Egg: Competition among Intermediation Service Providers[J]. The RAND Journal of Economics, 2003, 34(2):309-328.

[62] Cao, Lanlan. Business Model Transformation in Moving to a Cross-

Channel Retail Strategy: A Case Study[J]. International Journal of Electronic Commerce, 2014, 18(4):69-96.

[63] Carlton D W. Vertical Integration in Competitive Markets Under Uncertainty[J]. The Journal of Industrial Economics, 1979, 27(3):189-209.

[64] Cennamo C, Santalo J. Platform Competition: Strategic Trade—offs in Platform Markets[J]. Strategic Management Journal, 2013, 34(11).

[65] Chen Y. On Vertical Mergers and Their Competitive Effects[J]. The RAND Journal of Economics, 2001, 32(4):667-685.

[66] Chiang W Y K, Chhajed D, Hess J D. Direct Marketing, Indirect Profits: A Strategic Analysis of Dual-Channel Supply-Chain Design[J]. Management Science, 2003, 49(1):1-20.

[67] Chiang W Y K. Product Availability in Competitive and Cooperative Dual-channel Distribution with Stock-out Based Substitution[J]. European Journal of Operational Research, 2010, 200(1):111-126.

[68] Chipty, Tasneem. Vertical Integration, Market Foreclosure, and Consumer Welfare in the Cable Television Industry[J]. American Economic Review, 2001, 91(3):428-453.

[69] Al-Debei M M, Avison D. Developing a Unified Framework of the Business Model Concept[J]. European Journal of Information Systems, 2010, 19(3):359-376.

[70] Dong Y, Yao Y, Cui T H. When Acquisition Spoils Retention: Direct Selling vs. Delegation Under CRM[J]. Social Science Electronic Publishing, 2011, 57(7):1288-1299.

[71] Dumrongsiri A, Fan M, Jain A, et al. A Supply Chain Model with Direct and Retail Channels[J]. European Journal of Operational Research, 2008, 187(3):691-718.

[72] Economides N, Katsamakas E. Two-Sided Competition of Proprietary vs. Open Source Technology Platforms and the Implications for the Software Industry [J]. Management Science, 2006, 52(7):1057-1071.

[73] Forbes S J, Lederman M. Adaptation and Vertical Integration in the Airline Industry[J]. American Economic Review, 2009, 99(5):1831-

1849.

[74] Gupta S, Loulou R. Process Innovation, Product Differentiation, and Channel Structure: Strategic Incentives in a Duopoly[J]. Marketing Science, 1998, 17(4):301-316.

[75] Hagiu A. Merchant or Two-Sided Platform? [J]. Review of Network Economics, 2007, 6(2):115-133.

[76] Hagiu A, Wright J. Marketplace or Reseller? [J]. Management Science, 2016, 61(1):184-203.

[77] Hagiu, Andrei, Wright J. Multi-Sided Platforms[J]. American Economic Review, 2018, 108(9):2758-2760.

[78] Hastings J S, Gilbert R J. Market Power, Vertical Integration and the Wholesale Price of Gasoline of Industrial [J]. The Journal of Industrial Economics, 2005, 53(4):469-492.

[79] Girotra K, Netessine S. Business Model Innovation for Sustainability [J]. Manufacturing & Service Operations Management, 2013, 15 (4):537-544.

[80] Keister L A. Engineering Growth: Business Group Structure and Firm Performance in China's Transition Economy[J]. American Journal of Sociology, 1998, 104(2):404-440.

[81] Khouja M, Park S, Cai G. Channel Selection and Pricing in the Presence of Retail-Captive Consumers[J]. International Journal of Production Economics, 2010, 125(1):84-95.

[82] Klein B. Why Hold-Ups Occur: The Self-Enforcing Range of Contractual Relationships [J]. Economic Inquiry, 1996, 34(3):444-463.

[83] Klein B. Transaction Cost Determinants of "Unfair" Contractual Arrangements. [J]. American Economic Review, 2001, 70(2):133-140.

[84] Klein B, Crawford R G, Alchian A A. Vertical Integration, Appropriable Rents, and the Competitive Contracting Process [J]. The Journal of Law and Economics, 1978, 21(2):297-326.

[85] Krickx, Guido A. The Relationship between Uncertainty and Vertical Integration[J]. The International Journal of Organizational Analysis, 2000, 8(3):309-329.

[86] Lin Y T, Parlaktürk, Ali K, Swaminathan J M. Vertical Integration under Competition: Forward, Backward, or No Integration? [J].

Production and Operations Management, 2014, 23(1):19-35.
[87] Lindgardt Z, Reeves M, Jr G S, et al. Business Model Innovation: When the Game Gets Tough, Change the Game[M]// Own the Future: 50 Ways to Win from the Boston Consulting Group. John Wiley & Sons, Inc. 2015.
[88] Liu C, Arnett K P. Exploring the Factors Associated with Web Site Success in the Context of Electronic Commerce[J]. Information and Management, 2000, 38(1):23-33.
[89] Magretta J. Why Business Models Matter[J]. Harv Bus Rev, 2002, 80(5):86-92.
[90] Casadesus-Masanell R, Ricart J E. From Strategy to Business Models and onto Tactics[J]. Long Range Planning, 2010, 43(2):195-215.
[91] Mcguire T W, Staelin R. An Industry Equilibrium Analysis of Downstream Vertical Integration[J]. Marketing Science, 2008, 27(1):115-130.
[92] Moorthy K S. Strategic Decentralization in Channels[J]. Marketing Science, 1988, 7(4):335-355.
[93] Morris M, Schindehutte M, Allen J. The Entrepreneur's Business Model: Toward a Unified Perspective[J]. Journal of Business Research, 2005, 58(6):726-735.
[94] Parker G G, Van Alstyne M W. Two-Sided Network Effects: A Theory of Information Product Design[J]. Management Science, 2005, 51(10):1494-1504.
[95] Park S Y, Keh H T. Modelling Hybrid Distribution Channels: a Game-theoretic Analysis[J]. Journal of Retailing and Consumer Services, 2003, 10(3):155-167.
[96] Rappa M A. The Utility Business Model and the Future of Computing Services[M]. IBM Corp. 2004,43(1):32-42.
[97] Reisinger M, Tarantino E. Vertical Integration, Foreclosure, and Productive Efficiency[J]. The RAND Journal of Economics, 2015, 46(3):461-479.
[98] Tirole R J. Two-Sided Markets: A Progress Report[J]. The RAND Journal of Economics, 2006, 37(3):645-667.
[99] Ryan J K, Sun D, Zhao X. Competition and Coordination in Online

Marketplaces[J]. Production & Operations Management, 2012, 21(6):997-1014.

[100] Rysman M. The Economics of Two-Sided Markets[J]. Journal of Economic Perspectives, 2009, 23(3):125-143.

[101] Shy O, Wang Z. Why Do Payment Card Networks Charge Proportional Fees? [J]. American Economic Review, 2011, 101(4):1575-1590.

[102] Vives S X. Price and Quantity Competition in a Differentiated Duopoly[J]. The RAND Journal of Economics, 1984, 15(4):546-554.

[103] Spiegel, Yossi. Backward Integration, Forward Integration, and Vertical Foreclosure[J]. Social Science Electronic Publishing, 2013.

[104] Tan Y, Carrillo J E, Cheng H K. The Agency Model for Digital Goods[J]. Decision Sciences, 2016, 47(4).

[105] Tian L, Vakharia A, Tan Y, et al. Marketplace, Reseller, or Hybrid: A Strategic Analysis of Emerging E-Commerce Model[J]. Social Science Electronic Publishing.

[106] Trivedi M. Distribution Channels: An Extension of Exclusive Retailership[J]. Management Science, 1998, 44(7):896-909.

[107] Tsay A A, Agrawal N. Modeling Conflict and Coordination in Multi-Channel Distribution Systems: A Review[M]// Handbook of Quantitative Supply Chain Analysis. Springer US, 2004.

[108] Williamson O E. The Vertical Integration of Production: Market Failure Considerations. [J]. American Economic Review, 1971, 61(2):112-123.

[109] Wu C, Petruzzi N C, Chhajed D. Vertical Integration with Price-Setting Competitive Newsvendors[J]. Decision Sciences, 2007, 38(4):581-610.

[110] Kwark Y, Chen J, Raghunathan S. Online Product Reviews: Implications for Retailers and Competing Manufacturers[J]. Information Systems Research, 2014, 25(1):93-110.

[111] Zott C, Amit R. Business Model Design: An Activity System Perspective[J]. Long Range Planning, 2010, 43(2-3):216-226.

附　录

1. 定理 3.1 的证明

证明：用逆向归纳法求解，

首先，对Π_r^R求关于p_r的偏导，可得$\frac{\partial \Pi_r^R}{\partial p_r}=\theta+t_r+s_r-w_r-\lambda_r-2p_r$，令$\frac{\partial \Pi_r^R}{\partial p_r}=0$，可得$p_r=\frac{\theta+t_r+s_r-w_r-\lambda_r}{2}$。

其次，对Π_r^S求关于λ_r和s_r的偏导，可得$\frac{\partial \Pi_r^S}{\partial \lambda_r}=\frac{1}{2}(\theta+t_r+s_r-w_r-2\lambda_r)$，$\frac{\partial \Pi_r^S}{\partial s_r}=\frac{\lambda_r}{2}-2ks_r$，$\frac{\partial^2 \Pi_r^S}{\partial \lambda_r^2}=-1$，$\frac{\partial^2 \Pi_r^S}{\partial s_r^2}=-2k$，$\frac{\partial^2 \Pi_r^S}{\partial \lambda_r \partial s_r}=\frac{1}{2}$，$\frac{\partial^2 \Pi_r^S}{\partial s_r \partial \lambda_r}=\frac{1}{2}$，根据海塞矩阵判定当$k>\frac{1}{8}$时，存在最优解。令$\frac{\partial \Pi_r^S}{\partial \lambda_r}=0$，$\frac{\partial \Pi_r^S}{\partial s_r}=0$，可得$\lambda_r=\frac{4(\theta+t_r-w_r)k}{8k-1}$，$s_r=\frac{\theta+t_r-w_r}{8k-1}$。

最后，对Π_r^M求关于w_r和t_r的偏导，可得$\frac{\partial \Pi_r^M}{\partial w_r}=\frac{2(\theta+t_r-2w_r)k}{8k-1}$，$\frac{\partial \Pi_r^M}{\partial t_r}=\frac{2(w_r k+t_r-8t_r k)}{8k-1}$，$\frac{\partial^2 \Pi_r^M}{\partial w_r^2}=\frac{-4k}{8k-1}$，$\frac{\partial^2 \Pi_r^M}{\partial t_r^2}=-2$，$\frac{\partial^2 \Pi_r^M}{\partial w_r \partial t_r}=\frac{2k}{8k-1}$，$\frac{\partial^2 \Pi_r^M}{\partial t_r \partial w_r}=\frac{2k}{8k-1}$，根据海塞矩阵判定当$k>\frac{2}{15}$时，存在最优解。令$\frac{\partial \Pi_r^M}{\partial w_r}=0$，$\frac{\partial \Pi_r^M}{\partial t_r}=0$，求得$w_r$和$t_r$，并代入$\lambda_r$、$s_r$、$p_r$可得定理 3.1 的结论。同时，当$k>\frac{2}{15}$时，$w_r$，$\lambda_r$，$t_r$，$s_r$，$q_r$，$p_r \geqslant 0$。

证毕！

2. 性质3.1的证明

证明：(a) $\frac{\partial \Pi_r^R}{\partial \theta}=\frac{8\theta k^2}{(15k-2)^2}>0$，$\frac{\partial \Pi_r^M}{\partial \theta}=\frac{2\theta k}{15k-2}>0$，$\frac{\partial \Pi_r^S}{\partial \theta}=\frac{2\theta k(8k-1)}{(15k-2)^2}>0$；

(b) $\frac{\partial \Pi_r^R}{\partial F}=-1<0$；

(c) $\frac{\partial \Pi_r^R}{\partial k}=-\frac{16k\theta^2}{(15k-2)^3}$，$\frac{\partial \Pi_r^M}{\partial k}=-\frac{2\theta^2}{(15k-2)^2}$，$\frac{\partial \Pi_r^S}{\partial k}=-\frac{(17k-2)\theta^2}{(15k-2)^3}$。由于$k>\frac{2}{15}$，因此，$\frac{\partial \Pi_r^R}{\partial k}<0$，$\frac{\partial \Pi_r^M}{\partial k}<0$，$\frac{\partial \Pi_r^S}{\partial k}<0$。

证毕!

3. 性质3.2的证明

证明：(a) $\frac{\partial \Pi_p^R}{\partial \theta}=\frac{4\theta\alpha(5+\alpha)k^2}{[2k(3+\alpha)+\alpha-1]^2}>0$，$\frac{\partial \Pi_p^M}{\partial \theta}=\frac{2\theta(1-\alpha)(3+\alpha)k^2}{[2k(3+\alpha)+\alpha-1]^2}>0$，$\frac{\partial \Pi_p^S}{\partial \theta}=\frac{2\theta(1-\alpha)k}{2k(3+\alpha)+\alpha-1}>0$；

(b) $\frac{\partial \Pi_p^M}{\partial F}=-1<0$；

(c) $\frac{\partial \Pi_p^R}{\partial k}=-\frac{4k(1-\alpha)\alpha(5+\alpha)\theta^2}{[\alpha+2k(3+\alpha)-1]^3}$，$\frac{\partial \Pi_p^M}{\partial k}=-\frac{2k(1-\alpha)^2(3+\alpha)\theta^2}{[\alpha+2k(3+\alpha)-1]^3}$，$\frac{\partial \Pi_p^S}{\partial k}=-\frac{(1-\alpha)^2\theta^2}{[\alpha+2k(3+\alpha)-1]^2}$。由于$k>\frac{1-\alpha}{2(3+\alpha)}$，因此，$\frac{\partial \Pi_p^R}{\partial k}<0$，$\frac{\partial \Pi_p^M}{\partial k}<0$，$\frac{\partial \Pi_p^S}{\partial k}<0$；

(d) $\frac{\partial \Pi_p^R}{\partial \alpha}=-\frac{2k^2[5+7\alpha-2k(15+\alpha)]\theta^2}{[\alpha+2k(3+\alpha)-1]^3}$，$\frac{\partial \Pi_p^M}{\partial \alpha}=-\frac{4k^2[1-\alpha+2k(3+\alpha)]\theta^2}{[\alpha+2k(3+\alpha)-1]^3}$，$\frac{\partial \Pi_p^S}{\partial \alpha}=-\frac{8k^2\theta^2}{[\alpha+2k(3+\alpha)-1]^2}$，由于$k>\frac{1-\alpha}{2(3+\alpha)}$，因此$\frac{\partial \Pi_p^M}{\partial \alpha}<0$，$\frac{\partial \Pi_p^S}{\partial \alpha}<0$，当$\frac{1-\alpha}{2(3+\alpha)}<k<\frac{5+7\alpha}{2(15+\alpha)}$时，$\frac{\partial \Pi_p^R}{\partial \alpha}<0$，当$k>\frac{5+7\alpha}{2(15+\alpha)}$时，$\frac{\partial \Pi_p^R}{\partial \alpha}>0$。

证毕!

4. 命题 3.1 的证明

证明： $\Pi_r^R - \Pi_p^R = \frac{4\theta^2 k^2}{(15k-2)^2} - F - \frac{2\theta^2\alpha(5+\alpha)k^2}{[2k(3+\alpha)+\alpha-1]^2} = U_1 - F$，当 $U_1 > F$ 时，$\Pi_r^R > \Pi_p^R$，当 $U_1 < F$ 时，$\Pi_r^R < \Pi_p^R$。

证毕！

5. 命题 3.2 的证明

证明： 不考虑固定成本，$\Pi_r^R - \Pi_p^R$ 的大小主要取决于 Δ_1，其中，$\Delta_1 = k^2(72 - 1\,077\alpha - 217\alpha^2) + 4k(-6 + 79\alpha + 17\alpha^2) - 2(-1 + 12\alpha + \alpha^2)$。

$\frac{\partial^2 \Delta_1}{\partial k^2} = 2(72 - 1\,077\alpha - 217\alpha^2)$，令 $2(72 - 1\,077\alpha - 217\alpha^2) = 0$ 可得 $\alpha_1 = \frac{3}{434}(5\sqrt{5\,433} - 359)$，当 $\alpha < \alpha_1$ 时，$\frac{\partial^2 \Delta_1}{\partial k^2} > 0$，当 $\alpha > \alpha_1$ 时，$\frac{\partial^2 \Delta_1}{\partial k^2} < 0$。

由于需满足 $k > \max\left[\frac{1-\alpha}{2(3+\alpha)}, \frac{2}{15}\right]$，令 $\frac{1-\alpha}{2(3+\alpha)} = \frac{2}{15}$，可得 $\alpha_2 = \frac{3}{19}$，当 $\alpha < \alpha_2$ 时，$\frac{1-\alpha}{2(3+\alpha)} > \frac{2}{15}$，当 $\alpha > \alpha_2$ 时，$\frac{1-\alpha}{2(3+\alpha)} < \frac{2}{15}$。因此，当 $0 \leqslant \alpha < \alpha_1$ 时，需满足 $k > \frac{1-\alpha}{2(3+\alpha)}$，$\frac{\partial^2 \Delta_1}{\partial k^2} > 0$；当 $\alpha_1 \leqslant \alpha < \alpha_2$ 时，需满足 $k > \frac{1-\alpha}{2(3+\alpha)}$，$\frac{\partial^2 \Delta_1}{\partial k^2} < 0$；当 $\alpha \geqslant \alpha_2$ 时，需满足 $k > \frac{2}{15}$，$\frac{\partial^2 \Delta_1}{\partial k^2} < 0$。

$\frac{\partial \Delta_1}{\partial k} = 2k(72 - 1\,077\alpha - 217\alpha^2) + 4(-6 + 79\alpha + 17\alpha^2)$，当 $0 \leqslant \alpha < \alpha_1$ 时，令 $\frac{\partial \Delta_1}{\partial k} = 0$，可得 $k' = \frac{2(79\alpha + 17\alpha^2 - 6)}{1\,077\alpha - 72 + 217\alpha^2}$，$k > k'$ 时，$\frac{\partial \Delta_1}{\partial k} > 0$，$k < k'$ 时，$\frac{\partial \Delta_1}{\partial k} < 0$；当 $\alpha_1 \leqslant \alpha < \alpha_2$ 时，$\max \frac{\partial \Delta_1}{\partial k} < 0$，$\frac{\partial \Delta_1}{\partial k} < 0$；当 $\alpha \geqslant \alpha_2$ 时，可得 $k < k'$ 时，$\frac{\partial \Delta_1}{\partial k} > 0$，$k > k'$ 时，$\frac{\partial \Delta_1}{\partial k} < 0$。

因此，当 $0 \leqslant \alpha < \alpha_1$ 时，$k = k'$ 时 $\min \Delta_1 < 0$，$k \to +\infty$ 时 $\Delta_1 > 0$，$k \to \frac{1-\alpha}{2(3+\alpha)}$ 时 $\Delta_1 < 0$，存在 k_1，使得若 $k > k_1$ 时，$\Delta_1 > 0$，分销模式占优，若 $k < k_1$ 时，$\Delta_1 < 0$，平台模式占优，其中

$$k_1 = \frac{-12 + 158\alpha + 34\alpha^2 - \sqrt{2}\sqrt{45\alpha - 561\alpha^2 + 1\,691\alpha^3 + 361\alpha^4}}{-72 + 1\,077\alpha + 217\alpha^2};$$

当 $\alpha_1 \leqslant \alpha < \alpha_2$ 时，$k \to \dfrac{1-\alpha}{2(3+\alpha)}$ 时 $\max \Delta_1 < 0$，$\Delta_1 < 0$，$\Delta_1 < 0$，平台模式占优；当 $\alpha \geqslant \alpha_2$ 时，$\max \Delta_1 > 0$，$k \to +\infty$ 时 $\Delta_1 < 0$，$k \to \dfrac{1-\alpha}{2(3+\alpha)}$ 时 $\Delta_1 > 0$，存在 k_2，使得若 $k > k_2$ 时，$\Delta_1 < 0$，平台模式占优，若 $k < k_2$ 时，$\Delta_1 > 0$，分销模式占优。其中

$$k_2 = \frac{-12+158\alpha+34\alpha^2+\sqrt{2}\sqrt{45\alpha-561\alpha^2+1\,691\alpha^3+361\alpha^4}}{-72+1\,077\alpha+217\alpha^2}。$$

证毕！

6. 命题 3.3 的证明

证明：不考虑固定成本时，

$$\Pi_r^M - \Pi_p^M = \frac{\theta^2 k\{[2k(3+\alpha)+\alpha-1]^2-(15k-2)(1-\alpha)(3+\alpha)k\}}{(15k-2)[2k(3+\alpha)+\alpha-1]^2},$$

令 $$\Delta_2 = [2k(3+\alpha)+\alpha-1]^2-(15k-2)(1-\alpha)(3+\alpha)k,$$

则 $\dfrac{\partial^2 \Delta_2}{\partial k^2} = 2(3+\alpha)(-3+19\alpha)$，当 $\alpha > \alpha_2 = \dfrac{3}{19}$ 时，$\dfrac{\partial^2 \Delta_2}{\partial k^2} > 0$，当 $0 < \alpha < \alpha_2$ 时，$\dfrac{\partial^2 \Delta_2}{\partial k^2} < 0$。

由于 $\dfrac{\partial \Delta_2}{\partial k} = 2(3+\alpha)[-1+\alpha+k(-3+19\alpha)]$，当 $\alpha > \alpha_2$ 时，$\dfrac{\partial^2 \Delta_2}{\partial k^2} > 0$，需满足 $k > \max\left[\dfrac{1-\alpha}{2(3+\alpha)}, \dfrac{2}{15}\right]$，此时，$\dfrac{1-\alpha}{2(3+\alpha)} < \dfrac{2}{15}$，$\min \dfrac{\partial \Delta_2}{\partial k} = \dfrac{2}{15}(3+\alpha)(-21+53\alpha)$，$\max \dfrac{\partial \Delta_2}{\partial k} > 0$，则 $\alpha > \alpha_3 = \dfrac{21}{53}$ 时，$\min \dfrac{\partial \Delta_2}{\partial k} > 0$，$\dfrac{\partial \Delta_2}{\partial k} > 0$，$\alpha_2 < \alpha < \alpha_3 = \dfrac{21}{53}$ 时，$\min \dfrac{\partial \Delta_2}{\partial k} < 0$，存在 $k > \dfrac{1-\alpha}{19\alpha-3}$，$\dfrac{\partial \Delta_2}{\partial k} > 0$，$\dfrac{2}{15} < k < \dfrac{1-\alpha}{19\alpha-3}$，$\dfrac{\partial \Delta_2}{\partial k} < 0$；当 $0 < \alpha < \alpha_2$ 时，$\dfrac{\partial^2 \Delta_2}{\partial k^2} < 0$，需满足 $k > \max\left[\dfrac{1-\alpha}{2(3+\alpha)}, \dfrac{2}{15}\right]$，此时，$\dfrac{1-\alpha}{2(3+\alpha)} > \dfrac{2}{15}$，$\max \dfrac{\partial \Delta_2}{\partial k} = (1-\alpha)(-9+17\alpha) < 0$，$\dfrac{\partial \Delta_2}{\partial k} < 0$。因此，当 $0 < \alpha < \alpha_2$ 时，$\dfrac{\partial \Delta_2}{\partial k} < 0$；当 $\alpha_2 < \alpha < \alpha_3$ 时，若 $k > \dfrac{1-\alpha}{19\alpha-3}$，$\dfrac{\partial \Delta_2}{\partial k} > 0$，若 $\dfrac{2}{15} < k < \dfrac{1-\alpha}{19\alpha-3}$，$\dfrac{\partial \Delta_2}{\partial k} < 0$；当 $\alpha > \alpha_3$ 时，$\dfrac{\partial \Delta_2}{\partial k} > 0$。

由于 $\Delta_2=[2k(3+\alpha)+\alpha-1]^2-(15k-2)(1-\alpha)(3+\alpha)k$，当 $0<\alpha<\alpha_2$ 时，$\frac{\partial\Delta_2}{\partial k}<0$，$\max\Delta_2=\frac{(1-\alpha)^2(-3+19\alpha)}{4(3+\alpha)}<0$，$\Delta_2<0$；当 $\alpha>\alpha_3$ 时，$\frac{\partial\Delta_2}{\partial k}>0$，$\min\Delta_2=\left[-1+\alpha+\frac{4(3+\alpha)}{15}\right]^2>0$，$\Delta_2>0$；当$\alpha_2<\alpha<\alpha_3$ 时，若 $k>\frac{1-\alpha}{19\alpha-3}>\frac{2}{15}$，$\frac{\partial\Delta_2}{\partial k}>0$，$\min\Delta_2=\frac{6(-1+\alpha)^2(-1+3\alpha)}{-3+19\alpha}<0$，$\max\Delta_2>0$，存在$k_3=\frac{3-2\alpha-\alpha^2+\sqrt{6}\sqrt{3-14\alpha+16\alpha^2-2\alpha^3-3\alpha^4}}{-9+54\alpha+19\alpha^2}$，当 $k>k_3$ 时，$\Delta_2>0$，当$\frac{1-\alpha}{19\alpha-3}<k<k_3$ 时，$\Delta_2<0$，若$\frac{2}{15}<k<\frac{1-\alpha}{19\alpha-3}$，$\frac{\partial\Delta_2}{\partial k}<0$，$\min\Delta_2=\frac{6(-1+\alpha)^2(-1+3\alpha)}{-3+19\alpha}<0$，$\max\Delta_2>0$，存在 $k_4=\frac{3-2\alpha-\alpha^2-\sqrt{6}\sqrt{3-14\alpha+16\alpha^2-2\alpha^3-3\alpha^4}}{-9+54\alpha+19\alpha^2}$，当$\frac{2}{15}<k<k_4$ 时，$\Delta_2>0$，当$k_4<k<\frac{1-\alpha}{19\alpha-3}$ 时，$\Delta_2<0$。

综上所述，当 $0<\alpha<\alpha_2$ 时，$\Delta_2<0$；当$\alpha_2<\alpha<\alpha_3$ 时，若$\frac{2}{15}<k<k_4$ 时，$\Delta_2>0$，若$k_4<k<k_3$，$\Delta_2<0$，若 $k>k_3$ 时，$\Delta_2>0$；当 $\alpha>\alpha_3$ 时，$\Delta_2>0$。

证毕!

7. 命题 3.4 的证明

证明: 由于

$$\Pi_r^S-\Pi_p^S=\frac{\theta^2k[k(46-54\alpha)+3(-1+\alpha)+k^2(-177+241\alpha)]}{(2-15k)^2[-1+\alpha+2k(3+\alpha)]},$$

$\Pi_r^S-\Pi_p^S$ 是否大于 0 取决于$\Delta_3=k(46-54\alpha)+3(-1+\alpha)+k^2(-177+241\alpha)$ 是否大于 0。

由于 $\frac{\partial^2\Delta_3}{\partial k^2}=2(-177+241\alpha)$，令 $2(-177+241\alpha)=0$ 可得$\alpha_4=\frac{177}{241}$，当$\alpha_4<\alpha<1$ 时，$\frac{\partial^2\Delta_3}{\partial k^2}>0$，当$0<\alpha<\alpha_4$ 时，$\frac{\partial^2\Delta_3}{\partial k^2}<0$。

由于 $\frac{\partial\Delta_3}{\partial k}=46-54\alpha+2k(-177+241\alpha)$，当$\alpha_4<\alpha<1$ 时，$\frac{\partial^2\Delta_3}{\partial k^2}>0$，

需满足$k>\max\left[\frac{1-\alpha}{2(3+\alpha)},\frac{2}{15}\right]$，令$\frac{1-\alpha}{2(3+\alpha)}=\frac{2}{15}$，可得$\alpha_2=\frac{3}{19}$，当$\alpha<\alpha_2$时，$\frac{1-\alpha}{2(3+\alpha)}>\frac{2}{15}$，当$\alpha>\alpha_2$时，$\frac{1-\alpha}{2(3+\alpha)}<\frac{2}{15}$。由于$\alpha_4>\alpha_2$，$\min\frac{\partial\Delta_3}{\partial k}=\frac{2}{15}(-9+77\alpha)>0$，$\frac{\partial\Delta_3}{\partial k}>0$。

当$0<\alpha<\alpha_4$时，$\frac{\partial^2\Delta_3}{\partial k^2}<0$，首先，考虑$0<\alpha<\alpha_2$时，$\max\frac{\partial\Delta_3}{\partial k}=\frac{-39+302\alpha-295\alpha^2}{3+\alpha}$，可得在$0<\alpha<\alpha_2$范围内的唯一解$\alpha_5=\frac{1}{295}(151-4\sqrt{706})$，此时，当$0<\alpha<\alpha_5$时，$\max\frac{\partial\Delta_3}{\partial k}<0$，$\frac{\partial\Delta_3}{\partial k}<0$，当$\alpha_5<\alpha<\alpha_2$时，$\max\frac{\partial\Delta_3}{\partial k}>0$，$\min\frac{\partial\Delta_3}{\partial k}<0$，此时，$k<\frac{-23+27\alpha}{-177+241\alpha}$时，$\frac{\partial\Delta_3}{\partial k}>0$，$k>\frac{-23+27\alpha}{-177+241\alpha}$时，$\frac{\partial\Delta_3}{\partial k}<0$。随后，考虑$\alpha_2<\alpha<\alpha_4$时，$\max\frac{\partial\Delta_3}{\partial k}=\frac{2}{15}(-9+77\alpha)>0$，$\min\frac{\partial\Delta_3}{\partial k}<0$，此时，$k<\frac{-23+27\alpha}{-177+241\alpha}$时，$\frac{\partial\Delta_3}{\partial k}>0$，$k>\frac{-23+27\alpha}{-177+241\alpha}$时，$\frac{\partial\Delta_3}{\partial k}<0$。

因此，当$0<\alpha<\alpha_5$时，$\frac{\partial\Delta_3}{\partial k}<0$；当$\alpha_5<\alpha<\alpha_1$时，若$k<\frac{-23+27\alpha}{-177+241\alpha}$，$\frac{\partial\Delta_3}{\partial k}>0$，若$k>\frac{-23+27\alpha}{-177+241\alpha}$，$\frac{\partial\Delta_3}{\partial k}<0$；当$\alpha_4<\alpha<1$时，$\frac{\partial\Delta_3}{\partial k}>0$。

由于$\Delta_3=k(46-54\alpha)+3(-1+\alpha)+k^2(-177+241\alpha)$，当$0<\alpha<\alpha_5$时，$\frac{\partial\Delta_3}{\partial k}<0$，$\max\Delta_3=\frac{(3-19\alpha)^2(-1+\alpha)}{4(3+\alpha)^2}<0$，$\Delta_3<0$。当$\alpha_4<\alpha<1$时，$\frac{\partial\Delta_3}{\partial k}>0$，$\min\Delta_3=\frac{1}{225}(-3+19\alpha)>0$，$\Delta_3>0$。

当$\alpha_5<\alpha<\alpha_4$时，若$k<\frac{-23+27\alpha}{-177+241\alpha}$，$\frac{\partial\Delta_3}{\partial k}>0$，$\max\Delta_3=-\frac{2(-1+6\alpha+3\alpha^2)}{-177+241\alpha}>0$，考虑$\alpha_5<\alpha<\alpha_2$时，$k>\frac{1-\alpha}{2(3+\alpha)}$，$\min\Delta_3=\frac{(3-19\alpha)^2(-1+\alpha)}{4(3+\alpha)^2}<0$，此时，存在$\frac{1-\alpha}{2(3+\alpha)}<k<k_5=$

$\frac{-23+27\alpha+\sqrt{2}\sqrt{-1+6\alpha+3\alpha^2}}{-177+241\alpha}$，$\Delta_3<0$，$k_5<k<\frac{-23+27\alpha}{-177+241\alpha}$，$\Delta_3>0$。考虑$\alpha_2<\alpha<\alpha_4$时，$k>\frac{2}{15}$，$\min\Delta_3=\frac{1}{225}(-3+19\alpha)>0$，此时，$\Delta_3>0$。

若$k>\frac{-23+27\alpha}{-177+241\alpha}>\max\left[\frac{1-\alpha}{2(3+\alpha)},\frac{2}{15}\right]$，$\frac{\partial\Delta_3}{\partial k}<0$，$\max\Delta_3=-\frac{2(-1+6\alpha+3\alpha^2)}{-177+241\alpha}>0$，$\min\Delta_3<0$，存在$\frac{-23+27\alpha}{-177+241\alpha}<k<k_6=\frac{-23+27\alpha-\sqrt{2}\sqrt{-1+6\alpha+3\alpha^2}}{-177+241\alpha}$，$\Delta_3>0$，$k>k_6$，$\Delta_3<0$。

综上，当$0<\alpha<\alpha_5$时，$\Delta_3<0$；当$\alpha_5<\alpha<\alpha_2$时，若$k<k_5$，$\Delta_3<0$，若$k_5<k<k_6$，$\Delta_3>0$，若$k>k_6$，$\Delta_3<0$；当$\alpha_2<\alpha<\alpha_4$时，若$k<k_6$，$\Delta_3>0$，若$k>k_6$，$\Delta_3<0$；当$\alpha_4<\alpha<1$时，$\Delta_3>0$。

证毕!

8. 定理3.3的证明

证明: 由于零售商给定的佣金费率至少需要使制造商在平台模式下的利润与分销模式下的利润相等，佣金费率α^*需满足：$\Pi_p^M=\Pi_r^M$，即

$$\frac{\theta^2(1-\alpha^*)(3+\alpha^*)k^2}{[2k(3+\alpha^*)+\alpha^*-1]^2}-F=\frac{\theta^2k}{15k-2}。$$

因此，佣金费率为满足以下等式的α^*：

$$F=\frac{\theta^2(1-\alpha^*)(3+\alpha^*)k^2}{[2k(3+\alpha^*)+\alpha^*-1]^2}-\frac{\theta^2k}{15k-2}$$

解上述等式，可得

$$\alpha_1^*=-\frac{2\sqrt{\theta^2k^3(15k-2)[8F(15k-2)+3\theta^2k(5k+2)]}}{F(15k-2)(2k+1)^2+\theta^2k(19k^2+2k+1)}+\frac{F(180k^3+36k^2-23k+2)+27\theta^2k^3+2\theta^2k^2-\theta^2k}{F(15k-2)(2k+1)^2+\theta^2k(19k^2+2k+1)}$$

$$\alpha_2^*=\frac{2\sqrt{\theta^2k^3(15k-2)[8F(15k-2)+3\theta^2k(5k+2)]}}{F(15k-2)(2k+1)^2+\theta^2k(19k^2+2k+1)}-\frac{F(180k^3+36k^2-23k+2)-27\theta^2k^3-2\theta^2k^2+\theta^2k}{F(15k-2)(2k+1)^2+\theta^2k(19k^2+2k+1)}$$

佣金费率α^*为满足

$$\max\left\{\frac{2\theta^2\alpha_1^*(5+\alpha_1^*)k^2}{[2k(3+\alpha_1^*)+\alpha_1^*-1]^2},\ \frac{2\theta^2\alpha_2^*(5+\alpha_2^*)k^2}{[2k(3+\alpha_2^*)+\alpha_2^*-1]^2}\right\}$$

的α_1^* 或α_2^* 。

将α^* 代入t_p、s_p，λ_p，p_p，q_p，Π_p^R，Π_p^M，Π_p^S 可得定理 3.3 的结论。

证毕!

9. 性质 3.3 的证明

证明: (a) 对 $F=\frac{\theta^2(1-\alpha^*)(3+\alpha^*)k^2}{[2k(3+\alpha^*)+\alpha^*-1]^2}-\frac{\theta^2 k}{15k-2}$ 两端求关于θ的导数可得:

$$\frac{2\theta k^2(1-\alpha^*)(3+\alpha)}{[2k(3+\alpha^*)+\alpha^*-1]^2}+\theta^2\cdot\frac{-k^2\frac{\partial\alpha^*}{\partial\theta}(3+\alpha^*)+k^2(1-\alpha^*)\frac{\partial\alpha^*}{\partial\theta}}{[2k(3+\alpha^*)+\alpha^*-1]^2}+$$

$$\frac{-2k^2(1-\alpha^*)(3+\alpha^*)\left(2k\frac{\partial\alpha^*}{\partial\theta}+\frac{\partial\alpha^*}{\partial\theta}\right)}{[2k(3+\alpha^*)+\alpha^*-1]^3}-\frac{2\theta k}{15k-2}=0$$

因此,$\frac{\partial\alpha^*}{\partial\theta}=$

$$-\frac{[2k(3+\alpha^*)+\alpha^*-1][(1-\alpha^*)^2+(19\alpha^{*2}+54\alpha^*-9)k^2+2(\alpha^{*2}+2\alpha^*-3)k]}{2\theta k(15k-2)[2(\alpha^*+3)k-\alpha^*+1]}$$

<0。

(b) 对 $F=\frac{\theta^2(1-\alpha^*)(3+\alpha^*)k^2}{[2k(3+\alpha^*)+\alpha^*-1]^2}-\frac{\theta^2 k}{15k-2}$ 两端求关于 F 的导数可得:

$$\frac{-2\theta^2 k\frac{\partial\alpha^*}{\partial F}}{[2k(3+\alpha^*)+\alpha^*-1]^2}\left[1+\alpha^*+\frac{(1-\alpha^*)(3+\alpha^*)(2k+1)}{2k(3+\alpha^*)+\alpha^*-1}\right]=1$$

因此,$\frac{\partial\alpha^*}{\partial F}<0$,随着 F 增加,佣金费率α^* 逐渐减少。

(c) 对 $F=\frac{\theta^2(1-\alpha^*)(3+\alpha^*)k^2}{[2k(3+\alpha^*)+\alpha^*-1]^2}-\frac{\theta^2 k}{15k-2}$ 两端求关 k 于的导数可得:

$$\frac{\theta^2 k}{[2k(3+\alpha^*)+\alpha^*-1]^2}\left\{-\frac{\partial\alpha^*}{\partial k}(3+\alpha^*)k+\frac{\partial\alpha^*}{\partial k}(1-\alpha^*)k+(1-\alpha^*)(3+\alpha^*)k\right.$$

$$\left.-\frac{2(1-\alpha^*)(3+\alpha)k\left[2k\frac{\partial\alpha^*}{\partial k}+2(3+\alpha^*)+\frac{\partial\alpha^*}{\partial k}\right]}{2k(3+\alpha^*)+\alpha^*-1}\right\}+\frac{15\theta^2 k}{(15k-2)^2}=0$$

整理得 $\frac{\partial\alpha^*}{\partial k}=\Delta_4$，当$\Delta_4>0$ 时，$\frac{\partial\alpha^*}{\partial k}>0$；当$\Delta_4<0$ 时，$\frac{\partial\alpha^*}{\partial k}<0$。

证毕!

10. 命题3.5的证明

证明: 分销模式与平台模式的利润差为:

$$\Pi_r^R-\Pi_p^R=U_1^*-F$$

其中，$U_1^*=\frac{4\theta^2k^2}{(15k-2)^2}-\frac{2\theta^2\alpha^*(5+\alpha^*)k^2}{[2k(3+\alpha^*)+\alpha^*-1]^2}$。当$U_1^*>F$时，$\Pi_r^R>\Pi_p^R$，当$U_1^*<F$ 时，$\Pi_r^R<\Pi_p^R$。

证毕!

11. 命题3.6的证明

证明: 根据命题 3.5 可知，佣金费率 α^* 满足：$\Pi_p^M=\Pi_r^M$，即 $\frac{\theta^2(1-\alpha^*)(3+\alpha^*)k^2}{[2k(3+\alpha^*)+\alpha^*-1]^2}-F=\frac{\theta^2k}{15k-2}$。根据性质 3.3 可知，$\frac{\partial\alpha^*}{\partial F}<0$。

由于 $\Pi_r^R-\Pi_p^R=\frac{4\theta^2k^2}{(15k-2)^2}-\frac{2\theta^2\alpha^*(5+\alpha^*)k^2}{[2k(3+\alpha^*)+\alpha^*-1]^2}-F$，满足 $F=\frac{\theta^2(1-\alpha^*)(3+\alpha^*)k^2}{[2k(3+\alpha^*)+\alpha^*-1]^2}-\frac{\theta^2k}{15k-2}$，则

$$\begin{aligned}\Pi_r^R-\Pi_p^R=&\frac{4\theta^2k^2}{(15k-2)^2}-\frac{2\theta^2\alpha^*(5+\alpha^*)k^2}{[2k(3+\alpha^*)+\alpha^*-1]^2}\\&-\frac{\theta^2(1-\alpha^*)(3+\alpha^*)k^2}{[2k(3+\alpha^*)+\alpha^*-1]^2}+\frac{\theta^2k}{15k-2}\end{aligned}$$

$$\frac{\partial(\Pi_r^R-\Pi_p^R)}{\partial\alpha^*}=\frac{2k^2[7+2k(\alpha^*-9)+5\alpha^*]\theta^2}{[2k(3+\alpha^*)+\alpha^*-1]^3}$$

由于 $k>\frac{1-\alpha^*}{2(3+\alpha^*)}$，当$\frac{1-\alpha^*}{2(3+\alpha^*)}<k<\frac{7+5\alpha^*}{2(9-\alpha^*)}$ 时，$\frac{\partial(\Pi_r^R-\Pi_p^R)}{\partial\alpha^*}>0$；当 $k>\frac{7+5\alpha^*}{2(9-\alpha^*)}$ 时，$\frac{\partial(\Pi_r^R-\Pi_p^R)}{\partial\alpha^*}<0$。

由于 $\frac{\partial(\Pi_r^R-\Pi_p^R)}{\partial F}=\frac{\partial(\Pi_r^R-\Pi_p^R)}{\partial\alpha^*}\frac{\partial\alpha^*}{\partial F}$，则当 $\frac{1-\alpha^*}{2(3+\alpha^*)}<k<\frac{7+5\alpha^*}{2(9-\alpha^*)}$ 时，$\frac{\partial(\Pi_r^R-\Pi_p^R)}{\partial F}<0$，存在$F_1$ 使得 $F<F_1$ 时$\Pi_r^R>\Pi_p^R$，$F>F_1$ 时

$\Pi_r^R < \Pi_p^R$；当 $k > \frac{7+5\alpha^*}{2(9-\alpha^*)}$ 时，$\frac{\partial(\Pi_r^R - \Pi_p^R)}{\partial F} > 0$，存在 F_2 使得 $F > F_2$ 时 $\Pi_r^R > \Pi_p^R$，$F < F_2$ 时 $\Pi_r^R < \Pi_p^R$。

证毕！

12. 命题 4.1 的证明

证明： 要使在 *RN* 策略、*RB* 策略、*RF* 策略下零售商、制造商和服务提供商的质量水平、服务水平、产品价格等因素均存在均衡解，需满足 $k > \frac{2}{7}$，则

$$\Delta_r^{BN} = \Pi_r^{BR} - \Pi_r^{NR} = \frac{\theta^2 k^2 (8-132k+531k^2)}{(6k-1)^2(15k-2)^2}$$

由于 $\frac{\partial^2(8-132k+531k^2)}{\partial k^2} = 1\ 062 > 0$，$\min\left[\frac{\partial(8-132k+531k^2)}{\partial k}\right] = 171.43 > 0$，$\min(8-132k+531k^2) = -13.633$，因此，$\Delta_r^{BN} > 0$。

$$\Delta_r^{FN} = \Pi_r^{FR} - \Pi_r^{NR} = \frac{\theta^2 k(-4+60k-353k^2+704k^3)}{(7k-2)^2(15k-2)^2}$$

由于 $\frac{\partial^2(-4+60k-353k^2+704k^3)}{\partial k^2} = -706 + 4224k > 0$，$\min\left[\frac{\partial(-4+60k-353k^2+704k^3)}{\partial k}\right] > 0$，$\min(8-132k+531k^2) > 0$，因此，$\Delta_r^{FN} > 0$。

$$\Delta_r^{BF} = \Pi_r^{BR} - \Pi_r^{FR} = \frac{\theta^2 k(1-4k+3k^3)}{(7k-2)^2(6k-1)^2}$$

由于 $\frac{\partial^2(1-4k+3k^3)}{\partial k^2} = 18k > 0$，$\min\left[\frac{\partial(1-4k+3k^3)}{\partial k}\right] < 0$，$\max\left[\frac{\partial(1-4k+3k^3)}{\partial k}\right] > 0$，令 $\frac{\partial(1-4k+3k^3)}{\partial k} = -4+9k^2 = 0$，可得 $k = \frac{2}{3}$。当 $k > \frac{2}{3}$ 时，$\frac{\partial(1-4k+3k^3)}{\partial k} > 0$，当 $\frac{2}{7} < k \leqslant \frac{2}{3}$ 时，$\frac{\partial(1-4k+3k^3)}{\partial k} \leqslant 0$。当 $k > \frac{2}{3}$ 时，$\min(1-4k+3k^3) < 0$，$\max(1-4k+3k^3) > 0$，令 $1-4k+3k^3 = 0$，在 $k \in \left[\frac{2}{3}, \infty\right]$ 的区间范围内，存在唯一解 $k = 1$，则 $k > 1$ 时，$1-4k+3k^3 > 0$，$\Delta_r^{BF} > 0$，$\frac{2}{3} < k < 1$ 时，$1-4k+3k^3 < 0$，$\Delta_r^{BF} < 0$。当

$\frac{2}{7} < k \leqslant \frac{2}{3}$ 时，$\max(1-4k+3k^3)<0$，则$\Delta_r^{BF}<0$。因此，当 $k>1$ 时，$\Delta_r^{BF}>0$，当 $k<1$ 时，$\Delta_r^{BF}<0$。

证毕！

13. 命题 4.2 的证明

证明： $\Pi_r^{FM}-\Pi_r^{NM}=\frac{\theta^2 k}{7k-2}-\frac{\theta^2 k}{15k-2}>0$，$\Pi_r^{BS}-\Pi_r^{NS}=\frac{\theta^2 k}{6k-1}-\frac{\theta^2 k(8k-1)}{(15k-2)^2}=\theta^2 k\cdot\frac{3-46k+177k^2}{(6k-1)(15k-2)^2}>0$

证毕！

14. 命题 4.3 的证明

证明： 要使在 PN 策略、PB 策略、PF 策略下零售商、制造商和服务提供商的质量水平、服务水平、产品价格等因素均存在均衡解，需满足 $k>\frac{1}{6-2\alpha}$，则

$$\Delta_p^{FN}=\Pi_p^{FR}-\Pi_p^{NR}=\theta^2 k\left\{\frac{4k^2(9-9\alpha+3\alpha^2+\alpha^3)-6k(2-3\alpha+\alpha^2)+(1-\alpha)^2}{(6k-1-2\alpha k)[2k(3+\alpha)+\alpha-1]^2}\right\}$$

由于 $k>\frac{1}{6-2\alpha}$，$6k-1-2\alpha k>0$，Δ_p^{FN} 的大小取决于 $4k^2(9-9\alpha+3\alpha^2+\alpha^3)-6k(2-3\alpha+\alpha^2)+(1-\alpha)^2$，令$H_1=4k^2(9-9\alpha+3\alpha^2+\alpha^3)-6k(2-3\alpha+\alpha^2)+(1-\alpha)^2$，则$\frac{\partial^2 H_1}{\partial k^2}=8(9-9\alpha+3\alpha^2+\alpha^3)>0$，$\frac{\partial H_1}{\partial k}=-6(2-3\alpha+\alpha^2)+8k(9-9\alpha+3\alpha^2+\alpha^3)$，$\min\frac{\partial H_1}{\partial k}=\frac{2\alpha(15-12\alpha+5\alpha^2)}{3-\alpha}>0$，$\frac{\partial H_1}{\partial k}>0$，$\min H_1=(1-\alpha)^2>0$，$H_1>0$。因此，$\Delta_p^{FN}>0$。$\Delta_p^{BF}=\Pi_p^{BR}-\Pi_p^{FR}=\theta^2 k\cdot\frac{(-18-6\alpha)k^2+9k-1}{(6k-1-2\alpha k)(6k-1)^2}-F$

令 $U_1=\theta^2 k\cdot\frac{(-18-6\alpha)k^2+9k-1}{(6k-1-2\alpha k)(6k-1)^2}$，当$U_1>F$时，$\Delta_p^{BF}>0$；当$U_1<F$时，$\Delta_p^{BF}<0$。

$\Delta_p^{BN}=\Pi_p^{BR}-\Pi_p^{NR}$

$$=\theta^2 k^2 \cdot \frac{12k^2(9-24\alpha-5\alpha^2)+36k(-1+4\alpha+\alpha^2)+3-16\alpha+\alpha^2}{(6k-1)^2(2k(3+\alpha)+\alpha-1)^2}-F$$

令$U_2=\theta^2 k^2 \cdot \dfrac{12k^2(9-24\alpha-5\alpha^2)+36k(-1+4\alpha+\alpha^2)+3-16\alpha+\alpha^2}{(6k-1)^2(2k(3+\alpha)+\alpha-1)^2}$，当$U_2>F$时，$\Delta_p^{BN}>0$；当$U_2<F$时，$\Delta_p^{BN}<0$。

当$U_1>U_2$时，若$U_2<F<U_1$，则$\Pi_p^{NR}>\Pi_p^{BR}>\Pi_p^{FR}>\Pi_p^{NR}$，矛盾，只有当$U_1<U_2$合理。

当$U_1<U_2$时，若$F<U_1$，$\Pi_p^{BR}>\Pi_p^{FR}>\Pi_p^{NR}$；若$U_1<F<U_2$，$\Pi_p^{FR}>\Pi_p^{BR}>\Pi_p^{NR}$；若$F>U_2$，$\Pi_p^{FR}>\Pi_p^{NR}>\Pi_p^{BR}$。

证毕!

15. 命题 4.4 的证明

证明: 由于$\dfrac{\partial \Delta_p^{BF}}{\partial\alpha}=-\dfrac{2k^2\theta^2}{[1+2k(-3+\alpha)]^2}<0$，$0<\alpha<1$，$\min\Delta_p^{BF}=\theta^2 k\cdot\dfrac{9k-1-24k^2}{(4k-1)(-1+6k)^2}-F<0$，$\max\Delta_p^{BF}=\theta^2 k\cdot\dfrac{9k-1-18k^2}{(6k-1)^3}-F$。

令$U_3=\theta^2 k\cdot\dfrac{9k-1-18k^2}{(6k-1)^3}-F$，$\dfrac{\partial U_3}{\partial k}=-\dfrac{\theta^2}{(6k-1)^3}$，$k>\dfrac{1}{6}$，$\dfrac{\partial U_3}{\partial k}<0$，$\min U_3\to-\infty$，$\max U_3\to+\infty$，因此，存在$k<k^*$，使得$U_3>0$，$k>k^*$，使得$U_3<0$。

当$k<k^*$，$U_3>0$时，$\max\Delta_p^{BF}>0$，存在α^*，使得若$\alpha<\alpha^*$，$\Delta_p^{BF}>0$，若$\alpha>\alpha^*$，$\Delta_p^{BF}<0$。当$k>k^*$，$U_3<0$时，$\max\Delta_p^{BF}<0$，$\Delta_p^{BF}<0$。

证毕!

16. 命题 4.5 的证明

证明: $\Pi_p^{FM}-\Pi_p^{NM}=\dfrac{\theta^2(1-\alpha)(3+\alpha)k^2}{(6k-1-2\alpha k)^2}-\dfrac{\theta^2(1-\alpha)(3+\alpha)k^2}{[2k(3+\alpha)+\alpha-1]^2}>0$，

$\Pi_p^{BS}-\Pi_p^{NS}=\dfrac{\theta^2 k}{6k-1}-\dfrac{\theta^2(1-\alpha)k}{2k(3+\alpha)+\alpha-1}>0$。

证毕!

17. 定理 4.7 的证明

证明: 由于$\dfrac{\partial\Pi^I}{\partial p^I}=\theta+t^I+s^I-2p^I$，$\dfrac{\partial\Pi^I}{\partial t^I}=p^I-2t^I$，$\dfrac{\partial\Pi^I}{\partial s^I}=p^I-2ks^I$，

海塞矩阵为$\begin{bmatrix}-2 & 1 & 1\\ 1 & -2 & 0\\ 1 & 0 & -2k\end{bmatrix}$，则$k>\frac{1}{3}$时，海塞矩阵负定，存在最优解。令$\frac{\partial \Pi^I}{\partial p^I}=0$，$\frac{\partial \Pi^I}{\partial t^I}=0$，$\frac{\partial \Pi^I}{\partial s^I}=0$，可得$p^I=\frac{2\theta k}{3k-1}$，$t^I=\frac{\theta k}{3k-1}$，$s^I=\frac{\theta}{3k-1}$，$\Pi^I=\frac{\theta^2 k}{3k-1}-F$。因此，$I$策略下，满足$k>\frac{1}{3}$存在均衡，代入利润函数可得定理4.7的结论。

证毕！

18. 定理4.8的证明

证明： 首先，求解RB改进策略下，零售商分担服务提供商提高服务水平的成本时的均衡利润。由逆向归纳法求解，可得：$\lambda_r^B=\frac{3k\theta(1-\varphi)}{6k-1-6k\varphi}$，$s_r^B=\frac{\theta}{6k-1-6k\varphi}$，$p_r^B=\frac{5k\theta(1-\varphi)}{6k-1-6k\varphi}$，$t_r^B=\frac{k\theta(1-\varphi)}{6k-1-6k\varphi}$，$q_r^B=\frac{2k\theta(1-\varphi)}{6k-1-6k\varphi}$，$\Pi_r^{BR}=\frac{k\theta^2[3k(1-\varphi)^2-\varphi]}{(6k-1-6k\varphi)^2}-F$，$\Pi_r^{BS}=\frac{k\theta^2(1-\varphi)}{6k-1-6k\varphi}$，均衡时需满足$\lambda_r^B$，$s_r^B$，$q_r^B$，$p_r^B$，$t_r^B>0$，则需满足$\varphi<\frac{6k-1}{6k}$。

其次，确定零售商采取分担成本改进策略时的成本分担比例。要使零售商和服务提供商接受成本分担比例，需满足：$\frac{k\theta^2[3k(-1+\varphi)^2-\varphi]}{[1+6k(-1+\varphi)]^2}\geqslant\frac{3\theta^2k^2}{(6k-1)^2}$，$\frac{k\theta^2(-1+\varphi)}{1+6k(-1+\varphi)}\geqslant\frac{\theta^2 k}{6k-1}$，令$\Phi_1=\frac{k\theta^2[3k(-1+\varphi)^2-\varphi]}{[1+6k(-1+\varphi)]^2}-\frac{3\theta^2k^2}{(6k-1)^2}$，$\Phi_2=\frac{k\theta^2(-1+\varphi)}{1+6k(-1+\varphi)}-\frac{\theta^2 k}{6k-1}$。

由于$\frac{\partial \Pi_r^{BS}}{\partial\varphi}=\frac{k\theta^2}{[1+6k(-1+\varphi)]^2}>0$，$\frac{\partial \Pi_r^{BR}}{\partial\varphi}=\frac{k\theta^2(1-12k\varphi)}{(6k-1-6k\varphi)^3}$。当$k<\frac{1}{4}$时，$\frac{1}{12k}>\frac{6k-1}{6k}$，$\frac{\partial \Pi_r^{BR}}{\partial\varphi}>0$，不存在均衡。当$k>\frac{1}{4}$时，$\frac{1}{12k}\leqslant\frac{6k-1}{6k}$，则$\frac{1}{12k}<\varphi<\frac{6k-1}{6k}$时，$\frac{\partial \Pi_r^{BR}}{\partial\varphi}<0$，$\varphi<\frac{1}{12k}$时，$\frac{\partial \Pi_r^{BR}}{\partial\varphi}>0$。

令$\Phi_2=0$，可得$\varphi=0$。由于$\frac{\partial \Pi_r^{BS}}{\partial\varphi}>0$，当$\varphi\geqslant 0$时，$\Phi_2\geqslant 0$。

令$\Phi_1=0$，可得$\varphi=0$，$\varphi=\frac{6k-1}{3k(12k-1)}$。

当 $k \geqslant \frac{1}{4}$ 时，$\frac{1}{12k} < \varphi < \frac{6k-1}{6k}$ 时，$\frac{\partial \Pi_r^{BR}}{\partial \varphi} < 0$，$\varphi < \frac{1}{12k}$ 时，$\frac{\partial \Pi_r^{BR}}{\partial \varphi} > 0$，由于 $\frac{2(-1+6k)}{1-12k+48k^2} > \frac{1}{8k-1}$，$\varphi = \frac{1}{12k}$ 时 Π_r^{BR} 取最大值。

将 $\varphi = \frac{1}{12k}$ 代入，

$$\Pi_r^{BR} = \frac{(1+12k)\theta^2}{36(4k-1)} - F > \frac{3\theta^2 k^2}{(6k-1)^2} - F,$$

$$\Pi_r^{BS} = \frac{(12k-1)\theta^2}{72k-18} > \frac{\theta^2 k}{6k-1}。$$

最后，将 $\varphi = \frac{1}{12k}$ 代入 λ_r^B，s_r^B，p_r^B，t_r^B，q_r^B，可得 $\lambda_r^B = \frac{12k\theta-\theta}{24k-6}$，$t_r^B = \frac{12k\theta-\theta}{72k-18}$，$s_r^B = \frac{2\theta}{12k-3}$，$p_r^B = \frac{5(12k-1)\theta}{72k-18}$，$q_r^B = \frac{12k\theta-\theta}{36k-9}$。

证毕！

19. 定理 4.9 的证明

证明： 首先，求解 RF 改进策略下，零售商分担制造商提高产品质量成本时的均衡利润。

由逆向归纳法求解可得：

$$w_r^F = \frac{(4k-1)\theta(1-\varphi)}{2\varphi-2+k(7-8\varphi)},$$

$$t_r^F = \frac{k\theta}{2\varphi-2+k(7-8\varphi)},$$

$$p_r^F = \frac{(6k-1)\theta(1-\varphi)}{2\varphi-2+k(7-8\varphi)},$$

$$s_r^F = \frac{\theta(1-\varphi)}{2\varphi-2+k(7-8\varphi)},$$

$$q_r^F = \frac{2k\theta(1-\varphi)}{2\varphi-2+k(7-8\varphi)},$$

$$\Pi_r^{FR} = \frac{k\theta^2[k(4-9\varphi+4\varphi^2)-(1-\varphi)^2]}{[2\varphi-2+k(7-8\varphi)]^2} - F,$$

$$\Pi_r^{FM} = \frac{k\theta^2(1-\varphi)}{2\varphi-2+k(7-8\varphi)},$$

均衡时需满足 w_r^F，t_r^F，p_r^F，q_r^F，$s_r^F > 0$，则需满足 $\varphi < \frac{7k-2}{2(4k-1)}$，$k > \frac{1}{4}$。

其次，确定零售商采取分担成本改进策略时的成本分担比例。要使零售商和服务提供商接受成本分担比例，需满足：

$$\frac{k\theta^2[k(4-9\varphi+4\varphi^2)-(1-\varphi)^2]}{[2\varphi-2+k(7-8\varphi)]^2} \geqslant \frac{\theta^2 k(4k-1)}{(7k-2)^2},$$

$$\frac{k\theta^2(1-\varphi)}{2\varphi-2+k(7-8\varphi)} \geqslant \frac{\theta^2 k}{7k-2},$$

令

$$\Phi_3 = \frac{k\theta^2[k(4-9\varphi+4\varphi^2)-(1-\varphi)^2]}{[2\varphi-2+k(7-8\varphi)]^2} - \frac{\theta^2 k(4k-1)}{(7k-2)^2},$$

$$\Phi_4 = \frac{k\theta^2(1-\varphi)}{2\varphi-2+k(7-8\varphi)} - \frac{\theta^2 k}{7k-2}。$$

由于

$$\frac{\partial \Pi_r^{FM}}{\partial\varphi} = \frac{k^2\theta^2}{[2\varphi-2+k(7-8\varphi)]^2} > 0,$$

$$\frac{\partial \Pi_r^{FR}}{\partial\varphi} = \frac{k^2\theta^2[4\varphi+k(1-16\varphi)]}{[2\varphi-2+k(7-8\varphi)]^3}。$$

当 $\frac{4}{13} \geqslant k > \frac{1}{4}$ 时，$\frac{k}{4(4k-1)} > \frac{7k-2}{2(4k-1)}$，$\frac{\partial \Pi_r^{FR}}{\partial\varphi} > 0$，不存在均衡。当 $k > \frac{4}{13}$ 时，$\frac{k}{4(4k-1)} < \frac{7k-2}{2(4k-1)}$，则 $\frac{7k-2}{2(4k-1)} > \varphi > \frac{k}{4(4k-1)}$ 时，$\frac{\partial \Pi_r^{FR}}{\partial\varphi} < 0$，$\varphi < \frac{k}{4(4k-1)}$ 时，$\frac{\partial \Pi_r^{FR}}{\partial\varphi} > 0$。

令 $\Phi_4 = 0$，可得 $\varphi = 0$。

令 $\Phi_3 = 0$，可得 $\varphi = 0$，$\varphi = \frac{k(7k-2)}{4-31k+60k^2}$。

当 $k > \frac{4}{13}$ 时，$\frac{7k-2}{2(4k-1)} > \varphi > \frac{k}{4(4k-1)}$ 时，$\frac{\partial \Pi_r^{FR}}{\partial\varphi} < 0$，$\varphi < \frac{k}{4(4k-1)}$ 时，$\frac{\partial \Pi_r^{FR}}{\partial\varphi} > 0$，由于 $\frac{k(7k-2)}{4-31k+60k^2} > \frac{k}{4(4k-1)}$，$\varphi = \frac{k}{4(4k-1)}$ 时 Π_r^{FR} 取最大值。

将 $\varphi = \frac{k}{4(4k-1)}$ 代入，$\Pi_r^{FR} = \frac{(-4+17k)\theta^2 k}{4(4-29k+52k^2)} - F > \frac{\theta^2 k(4k-1)}{(7k-2)^2} - F$，$\Pi_r^{FM} = \frac{(-4+15k)\theta^2 k}{8-58k+104k^2} > \frac{\theta^2 k}{7k-2}$。

最后，将 $\varphi=\frac{k}{4(4k-1)}$ 代入 w_r^F，t_r^F，q_r^F，s_r^F，可得 $w_r^F=\frac{(15k-4)\theta}{26k-8}$，$t_r^F=\frac{2k\theta}{13k-4}$，$p_r^F=\frac{(6k-1)(15k-4)\theta}{8-58k+104k^2}$，$s_r^F=\frac{(15k-4)\theta}{8-58k+104k^2}$，$q_r^F=\frac{k(15k-4)\theta}{4-29k+52k^2}$。

证毕！

20. 命题 4.6 的证明

证明：
$$\Delta_r^{BF}=\Pi_r^{BR}-\Pi_r^{FR}=\frac{(1+12k)\theta^2}{36(4k-1)}-\frac{(17k-4)\theta^2 k}{4(4-29k+52k^2)}$$
$$=\frac{(-4+k+3k^2)\theta^2}{36(4-29k+52k^2)},$$

需满足 $k>\max\left[\frac{4}{13},\frac{1}{4}\right]=\frac{4}{13}$，$36(4-29k+52k^2)>0$，$\Pi_r^{BR}-\Pi_r^{FR}$ 的大小主要取决于 $-4+k+3k^2$。显然，当 $k>1$ 时，$-4+k+3k^2>0$，$\Pi_r^{BR}>\Pi_r^{FR}$，当 $k<1$ 时，$-4+k+3k^2<0$，$\Pi_r^{BR}<\Pi_r^{FR}$。

证毕！

21. 定理 4.11 的证明

证明： 首先，求解 PF 改进策略下，零售商分担制造商提高产品质量成本时的均衡利润。由逆向归纳法求解可得：

$$\lambda_p^F=\frac{k(1-\alpha)^2\theta(3-(6+\alpha)\varphi+4\varphi^2)}{k(6-13\varphi+\alpha^2\varphi+8\varphi^2+\alpha(4\varphi-4\varphi^2-2))-(1-\varphi)^2},$$

$$s_p^F=\frac{\theta(1-\varphi)^2}{k[6-13\varphi+\alpha^2\varphi+8\varphi^2+\alpha(4\varphi-4\varphi^2-2)]-(1-\varphi)^2},$$

$$p_p^F=\frac{k\theta[5-10\varphi+\alpha^2\varphi+6\varphi^2+\alpha(5\varphi-3-4\varphi^2)]}{k[6-13\varphi+\alpha^2\varphi+8\varphi^2+\alpha(4\varphi-4\varphi^2-2)]-(1-\varphi)^2},$$

$$t_p^F=\frac{k(1-\alpha)\theta(1-\varphi)}{k[6-13\varphi+\alpha^2\varphi+8\varphi^2+\alpha(4\varphi-4\varphi^2-2)]-(1-\varphi)^2},$$

$$q_p^F=\frac{2k\theta(1-\varphi)^2}{k[6-13\varphi+\alpha^2\varphi+8\varphi^2+\alpha(4\varphi-4\varphi^2-2)]-(1-\varphi)^2},$$

$$\Pi_p^{FR}=\frac{k\theta^2(1-\varphi)^2}{k[6-13\varphi+\alpha^2\varphi+8\varphi^2+\alpha(4\varphi-4\varphi^2-2)]-(1-\varphi)^2},$$

$$\Pi_p^{FM}=\frac{k^2(1-\alpha)\theta^2(3+\alpha-4\varphi)(1-\varphi)^3}{\{k[6-13\varphi+\alpha^2\varphi+8\varphi^2+\alpha(4\varphi-4\varphi^2-2)]-(1-\varphi)^2\}^2}-F。$$

均衡时需满足λ_p^F，t_p^F，p_p^F，q_p^F，$s_p^F>0$,则需满足

$$k>\frac{(1-\varphi)^2}{[6-13\varphi+\alpha^2\varphi+8\varphi^2+\alpha(4\varphi-4\varphi^2-2)]}。$$

其次,确定零售商采取分担成本改进策略时的成本分担比例。要使零售商和制造商均接受成本分担比例,需满足:

$$\frac{k\theta^2(1-\varphi)^2}{k[6-13\varphi+\alpha^2\varphi+8\varphi^2+\alpha(4\varphi-4\varphi^2-2)]-(1-\varphi)^2}\geqslant\frac{\theta^2k}{6k-1-2\alpha k},$$

$$\frac{k^2(1-\alpha)\theta^2(3+\alpha-4\varphi)(1-\varphi)^3}{\{k[6-13\varphi+\alpha^2\varphi+8\varphi^2+\alpha(4\varphi-4\varphi^2-2)]-(1-\varphi)^2\}^2}-F$$

$$\geqslant\frac{\theta^2(1-\alpha)(3+\alpha)k^2}{(6k-1-2\alpha k)^2}-F,$$

令$\Phi_5=\dfrac{k\theta^2(1-\varphi)^2}{k[6-13\varphi+\alpha^2\varphi+8\varphi^2+\alpha(4\varphi-4\varphi^2-2)]-(1-\varphi)^2}-\dfrac{\theta^2k}{6k-1-2\alpha k}$,

$$\Phi_6=\frac{k^2(1-\alpha)\theta^2(3+\alpha-4\varphi)(1-\varphi)^3}{\{k[6-13\varphi+\alpha^2\varphi+8\varphi^2+\alpha(4\varphi-4\varphi^2-2)]-(1-\varphi)^2\}^2}-\frac{\theta^2(1-\alpha)(3+\alpha)k^2}{(6k-1-2\alpha k)^2}。$$

由于

$$\frac{\partial\Pi_p^{FR}}{\partial\varphi}=\frac{k^2(1-\alpha)\theta^2(1-\varphi)(1+\alpha-3\varphi+\alpha\varphi)}{\{(1-\varphi)^2-k[6-13\varphi+\alpha^2\varphi+8\varphi^2+\alpha(-2+4\varphi-4\varphi^2)]\}^2},\ \frac{\partial\Pi_p^{FM}}{\partial\varphi}=$$

$$\frac{k^2(1-\alpha)^2\theta^2(1-\varphi)^2\{(1-\varphi)^2+k[\alpha^2(2+\varphi)+\varphi(-13+16\varphi)-2\alpha(-5+6\varphi+2\varphi^2)]\}}{\{k[6-13\varphi+\alpha^2\varphi+8\varphi^2+\alpha(4\varphi-2-4\varphi^2)]-(1-\varphi)^2\}^3}。$$

当$\varphi>\dfrac{1+\alpha}{3-\alpha}$，$\dfrac{\partial\Pi_p^{FR}}{\partial\varphi}<0$,当$\varphi<\dfrac{1+\alpha}{3-\alpha}$，$\dfrac{\partial\Pi_p^{FR}}{\partial\varphi}>0$。

令$\Phi_6=0$,可得$\varphi=0$。

令$\Phi_5=0$,可得$\varphi=0$,$\varphi=\dfrac{1+\alpha}{2}$。

由于$\dfrac{1+\alpha}{2}>\dfrac{1+\alpha}{3-\alpha}$，$\varphi=\dfrac{1+\alpha}{3-\alpha}$时$\Pi_p^{FR}$取最大值。

将$\varphi=\dfrac{1+\alpha}{3-\alpha}$代入$\Phi_5$、$\Phi_6$可得,$\Phi_5=\dfrac{k(1+\alpha)^2}{[2k(3-\alpha)-1][k(23-10\alpha-\alpha^2)-4]}$,

$$\Phi_6=\frac{k^2(1-\alpha^2)[8k(9-8\alpha-\alpha^2)-8-k^2(147-326\alpha+60\alpha^2+22\alpha^3+\alpha^4)]\theta^2}{[1+2k(-3+\alpha)]^2[4+k(-23+10\alpha+\alpha^2)]^2}。$$

由于

$$\frac{\partial\{[2k(3-\alpha)-1](k(23-10\alpha-\alpha^2)-4\}}{\partial k}=-47+18\alpha+\alpha^2+4k(69-53\alpha+7\alpha^2+\alpha^3),$$

$k>\dfrac{4}{23-10\alpha-\alpha^2}$，$\dfrac{\partial\{[2k(3-\alpha)-1][k(23-10\alpha-\alpha^2)-4]\}}{\partial k}>0$，则

$(2k(3-\alpha)-1)(k(23-10\alpha-\alpha^2)-4)>0$，$\Phi_5>0$。

由于 $\frac{\partial[8k(9-8\alpha-\alpha^2)-8-k^2(147-326\alpha+60\alpha^2+22\alpha^3+\alpha^4)]}{\partial k}$

$=-8(-9+8\alpha+\alpha^2)-2k(147-326\alpha+60\alpha^2+22\alpha^3+\alpha^4)$，

当 $\alpha>\alpha_1$，$\frac{4}{23-10\alpha-\alpha^2}<k<\frac{4(9-8\alpha-\alpha^2)}{147-326\alpha+60\alpha^2+22\alpha^3+\alpha^4}$，

$\frac{\partial[8k(9-8\alpha-\alpha^2)-8-k^2(147-326\alpha+60\alpha^2+22\alpha^3+\alpha^4)]}{\partial k}>0$，

$8k(9-8\alpha-\alpha^2)-8-k^2(147-326\alpha+60\alpha^2+22\alpha^3+\alpha^4)>0$，

$\Phi_6>0$；$k>\frac{4(9-8\alpha-\alpha^2)}{147-326\alpha+60\alpha^2+22\alpha^3+\alpha^4}$，

$\frac{\partial[8k(9-8\alpha-\alpha^2)-8-k^2(147-326\alpha+60\alpha^2+22\alpha^3+\alpha^4)]}{\partial k}<0$，

$8k(9-8\alpha-\alpha^2)-8-k^2(147-326\alpha+60\alpha^2+22\alpha^3+\alpha^4)>0$，$\Phi_6>0$。

当 $\alpha<\alpha_1$ 不存在均衡。

最后，将 $\varphi=\frac{1+\alpha}{3-\alpha}$ 代入 λ_p^F，s_p^F，q_p^F，t_p^F，Π_p^{FR}，Π_p^{FM}，可得

$$\lambda_p^F=\frac{k(1-\alpha)^2(13+\alpha)\theta}{k(23-10\alpha-\alpha^2)-4},\ s_p^F=\frac{4\theta}{k(23-10\alpha-\alpha^2)-4},$$

$$p_p^F=\frac{k(21-12\alpha-\alpha^2)\theta}{k(23-10\alpha-\alpha^2)-4},\ t_p^F=\frac{2k(3-\alpha)\theta}{k(23-10\alpha-\alpha^2)-4},$$

$$q_p^F=\frac{8k\theta}{k(23-10\alpha-\alpha^2)-4},\ \Pi_p^{FR}=\frac{4k\theta^2}{k(23-10\alpha-\alpha^2)-4},$$

$$\Pi_p^{FM}=\frac{8k^2(1-\alpha)(5+\alpha)\theta^2}{(4+k(-23+10\alpha+\alpha^2))^2}-F。$$

证毕！

22. 命题 4.7 的证明

证明：由于

$$\Delta_p^{BF}=\Pi_p^{BR}-\Pi_p^{FR}=\theta^2\cdot\frac{k(119-10\alpha-\alpha^2)-4-12k^2(5+\alpha)^2}{36(4k-1)[k(23-10\alpha-\alpha^2)-4]}-F,$$

令

$$U_4=\frac{k(119-10\alpha-\alpha^2)-4-12k^2(5+\alpha)^2}{36(4k-1)[k(23-10\alpha-\alpha^2)-4]},$$

则当$U_4 > F$时，$\Pi_p^{BR} > \Pi_p^{FR}$，当$U_4 < F$时，$\Pi_p^{BR} < \Pi_p^{FR}$。

证毕!

23. 命题 4.8 的证明

证明: 当不考虑固定成本的情况下，Δ_p^{BF} 的大小主要取决于U_4，由于 $k > \max\left[\frac{4}{23-10\alpha-\alpha^2}, \frac{1}{4}\right]$，$36(4k-1)[k(23-10\alpha-\alpha^2)-4] > 0$，$U_4$ 的大小主要取决于 $k(119-10\alpha-\alpha^2)-4-12k^2(5+\alpha)^2$。

由于 $k > \max\left[\frac{4}{23-10\alpha-\alpha^2}, \frac{1}{4}\right]$，当$\alpha_1 < \alpha \leqslant \alpha^{**}$ 时，需满足 $k > \frac{1}{4}$，当 $\alpha_1 < \alpha \leqslant 1$ 时，需满足 $k > \frac{4}{23-10\alpha-\alpha^2}$，其中，$\alpha^{**} = -5+4\sqrt{2}$。

令$\Psi_1 = k(119-10\alpha-\alpha^2)-4-12k^2(5+\alpha)^2$，$\frac{\partial^2 \Psi_1}{\partial k^2} = -24(5+\alpha)^2 < 0$，$\frac{\partial \Psi_1}{\partial k} = 119-10\alpha-\alpha^2-24k(5+\alpha)^2$，当$\alpha^* < \alpha \leqslant \alpha_1$ 时，$k > \frac{1}{4}$，$k \to \frac{1}{4}$ 时 $\max \frac{\partial \Psi_1}{\partial k} < 0$，$\frac{\partial \Psi_1}{\partial k} < 0$；当$\alpha_1 < \alpha \leqslant 1$ 时，$k > \frac{4}{23-10\alpha-\alpha^2}$，$k \to \frac{4}{23-10\alpha-\alpha^2}$ 时 $\max \frac{\partial \Psi_1}{\partial k} < 0$，$\frac{\partial \Psi_1}{\partial k} < 0$。

因此，当$\alpha_1 < \alpha \leqslant \alpha^{**}$ 时，$k > \frac{1}{4}$，$k \to \frac{1}{4}$ 时 $\max \Psi_1 > 0$，$k \to \infty$ 时 $\max \Psi_1 < 0$，令$\Psi_1 = 0$ 可得唯一解

$$k^{**} = \frac{119-10\alpha-\alpha^2+\sqrt{9\,361-4\,300\alpha-330\alpha^2+20\alpha^3+\alpha^4}}{24(25+10\alpha+\alpha^2)},$$

$\frac{1}{4} < k < k^{**}$ 时 $\Psi_1 > 0$，$k > k^{**}$ 时 $\Psi_1 < 0$；当$\alpha^{**} < \alpha \leqslant 1$ 时，$k > \frac{4}{23-10\alpha-\alpha^2}$，$k \to \frac{4}{23-10\alpha-\alpha^2}$ 时 $\max \Psi_1 < 0$，$\Psi_1 < 0$。

证毕!

24. 性质 4.1 的证明

证明: 不考虑固定成本时，根据定理 4.8 和定理 4.2 可知，

$$\frac{\Pi_r^{BR*}}{\Pi_r^{BR}} = \frac{(1-6k)^2(1+12k)}{108k^2(4k-1)},$$

由于$k>\frac{1}{4}$,则

$$\frac{\partial\left(\frac{\Pi_r^{BR*}}{\Pi_r^{BR}}\right)}{\partial k}=\frac{1-6k}{54(1-4k)^2k^3}<0;\quad \frac{\Pi_r^{BS*}}{\Pi_r^{BS}}=\frac{(6k-1)(12k-1)}{k(72k-18)},$$

$$\frac{\partial\left(\frac{\Pi_r^{BS*}}{\Pi_r^{BS}}\right)}{\partial k}=\frac{1-8k}{18(1-4k)^2k^2}<0。$$

证毕!

25. 性质 4.2 的证明

证明:不考虑固定成本时,根据定理 4.9 和定理 4.3 可知,

$$\frac{\Pi_r^{FR*}}{\Pi_r^{FR}}=\frac{(2-7k)^2(17k-4)}{4(1-4k)^2(13k-4)},$$

由于$k>\frac{4}{13}$,则

$$\frac{\partial\left(\frac{\Pi_r^{FR*}}{\Pi_r^{FR}}\right)}{\partial k}=-\frac{3k^2(7k-2)}{2(4-13k)^2(4k-1)^3}<0;$$

$$\frac{\Pi_r^{FM*}}{\Pi_r^{FM}}=\frac{(7k-2)(15k-4)}{8-58k+104k^2},\quad \frac{\partial\left(\frac{\Pi_r^{FM*}}{\Pi_r^{FM}}\right)}{\partial k}=\frac{(8-29k)k}{2(4-29k+52k^2)^2}<0。$$

证毕!

26. 命题 5.1 的证明

证明:(a) 根据定理 5.1 至定理 5.3 可知,

$$\Delta_{PR}=\Pi_{IP}-\Pi_{IR}=\left[2\alpha-\frac{1}{2(1+\gamma)}\right]\frac{\theta^2u_1^2}{(2+\gamma)^2}+u_2F$$

令$U_1=\left[\frac{1}{2(1+\gamma)}-2\alpha\right]\frac{\theta^2u_1^2}{u_2(2+\gamma)^2}$,则若$F>U_1$时,$\Delta_{PR}>0$;若$F<U_1$时,$\Delta_{PR}<0$。

(b) 根据定理 5.1 至定理 5.3 可知,

$$\Delta_{HR}=\Pi_{IH}-\Pi_{IR}=\left[\frac{\Phi_1}{\Phi_2}\frac{\theta^2 u_1^2}{4(2-\gamma^2)^2}-\frac{\theta^2 u_1^2}{2(2+\gamma)^2(1+\gamma)}\right]+(u_2-1)F$$

令$U_2=\left[\frac{1}{2(2+\gamma)^2(1+\gamma)}-\frac{\Phi_1}{\Phi_2}\frac{1}{4(2-\gamma^2)^2}\right]\frac{\theta^2 u_1^2}{u_2-1}$，则若$F>U_2$，$\Delta_{HR}>0$，若$F<U_2$，$\Delta_{HR}<0$。

(c) 根据定理5.1至定理5.3可知，

$$\Delta_{HP}=\Pi_{IH}-\Pi_{IP}=\left[\frac{\Phi_1}{4\Phi_2(2-\gamma^2)^2}-\frac{2\alpha}{(2+\gamma)^2}\right]\theta^2 u_1^2-F$$

令$U_3=\frac{\Phi_1\theta^2 u_1^2}{4\Phi_2(2-\gamma^2)^2}-\frac{2\alpha\theta^2 u_1^2}{(2+\gamma)^2}$，可得，若$U_3>F$，$\Delta_{HP}>0$，若$U_3<F$，$\Delta_{HP}<0$。

当$U_1<U_2<U_3$时，若$U_1<F<U_2<U_3$，则$\Pi_{IP}>\Pi_{IR}>\Pi_{IH}>\Pi_{IP}$，矛盾；当$U_1<U_3<U_2$时，若$U_1<F<U_3<U_2$，则$\Pi_{IP}>\Pi_{IR}>\Pi_{IH}>\Pi_{IP}$，矛盾；当$U_2<U_3<U_1$时，若$U_2<U_3<F<U_1$，则$\Pi_{IP}>\Pi_{IH}>\Pi_{IR}>\Pi_{IP}$，矛盾；当$U_3<U_2<U_1$时，若$U_3<U_2<F<U_1$，则$\Pi_{IP}>\Pi_{IH}>\Pi_{IR}>\Pi_{IP}$，矛盾。只有当$U_2<U_1<U_3$，$U_3<U_1<U_2$这两种情况下合理。

当$U_2<U_1<U_3$时，若$F<U_2$，$\Pi_{IR}>\Pi_{IH}>\Pi_{IP}$；若$U_2<F<U_1$，$\Pi_{IH}>\Pi_{IR}>\Pi_{IP}$；若$U_1<F<U_3$，$\Pi_{IH}>\Pi_{IP}>\Pi_{IR}$；若$F>U_3$，$\Pi_{IP}>\Pi_{IH}>\Pi_{IR}$。

当$U_3<U_1<U_2$时，若$F<U_3$，$\Pi_{IR}>\Pi_{IH}>\Pi_{IP}$；若$U_3<F<U_1$，$\Pi_{IR}>\Pi_{IP}>\Pi_{IH}$；若$U_1<F<U_2$，$\Pi_{IP}>\Pi_{IR}>\Pi_{IH}$；若$F>U_2$，$\Pi_{IP}>\Pi_{IH}>\Pi_{IR}$。

证毕！

27. 命题5.2的证明

证明： 由于$-1\leqslant\gamma\leqslant 0$，

$$p_{aR}-p_{aP}=p_{bR}-p_{bP}=\frac{\theta u_1}{2(2+\gamma)(1+\gamma)}>0$$

由于$\frac{\partial p_{aH}}{\partial\alpha}=\frac{(-2+\gamma)\gamma\theta u_1}{[4-(1+\alpha)\gamma^2]^2}>0$，$\frac{\partial p_{bH}}{\partial\alpha}=\frac{(2-\gamma)\gamma^2\theta u_1}{2[4-(1+\alpha)\gamma^2]^2}>0$，$0\leqslant\alpha\leqslant 1$，则

$$\max(p_{aH}-p_{aR})=\frac{\gamma\theta u_1}{8+12\gamma-6\gamma^3-2\gamma^4}<0$$

$$\min(p_{aH}-p_{aP})=\frac{\theta u_1}{(2+\gamma)(2-\gamma^2)}>0$$

$$\max(p_{bH}-p_{bR})=\frac{(-4-2\gamma+\gamma^2+\gamma^3)\theta u_1}{4(1+\gamma)(2+\gamma)(2-\gamma^2)}<0$$

$$\min(p_{bH}-p_{bP})=\frac{-\gamma\theta u_1}{2(2+\gamma)(2-\gamma^2)}>0$$

因此，$p_{aH}<p_{aR}$，$p_{aH}>p_{aP}$，$p_{bH}<p_{bR}$，$p_{bH}>p_{bP}$，由于$p_{aR}>p_{aP}$，$p_{bR}>p_{bP}$，则$p_{aR}>p_{aH}>p_{aP}$，$p_{bR}>p_{bH}>p_{bP}$。

证毕！

28. 推论 5.1 的证明

证明：首先判断$\frac{\partial\Delta_{PR}}{\partial\alpha}$、$\frac{\partial\Delta_{HR}}{\partial\alpha}$和$\frac{\partial\Delta_{HP}}{\partial\alpha}$的大小。

(1) $\frac{\partial\Delta_{PR}}{\partial\alpha}=\frac{2\theta^2u_1^2}{(2+\gamma)^2}>0$。

(2) $\frac{\partial\Delta_{HR}}{\partial\alpha}=\frac{\partial U_2}{\partial\alpha}=\frac{\partial\Pi_{IH}}{\partial\alpha}>0$，证明过程如下。

令$\gamma'=-\gamma>0$，$\frac{\partial\Pi_{IH}}{\partial\alpha}=\left(\Phi_2\frac{\partial\Phi_1}{\partial\alpha}-\frac{\partial\Phi_2}{\partial\alpha}\Phi_1\right)\frac{\theta^2u_1^2}{4\Phi_2^{\ 2}(2-\gamma^2)^2}$，判断$\frac{\partial\Phi_1}{\partial\alpha}$、$\frac{\partial\Phi_2}{\partial\alpha}$的大小。

由于$\frac{\partial\Phi_1}{\partial\alpha}=3\alpha^2H_2+H_3-2\alpha\gamma^2H_1$，$\frac{\partial^2\Phi_1}{\partial\alpha^2}=6\alpha H_2-2\gamma^2H_1<(1-\gamma)^2\cdot\gamma^4(3-\gamma^2)-2\gamma^2(28-52\gamma+10\gamma^2+26\gamma^3-11\gamma^4-2\gamma^5+\gamma^6)=-56\gamma'^2-104\gamma'^3-17\gamma'^4+58\gamma'^5+24\gamma'^6-6\gamma'^7-3\gamma'^8<0$，$\min\left(\frac{\partial\Phi_1}{\partial\alpha}\right)=\gamma'(98-180\gamma'^2+82\gamma'^4)+(64+14\gamma'-52\gamma'^2-36\gamma'^4+33\gamma'^6-10\gamma'^7-5\gamma'^8)$。

由于$\frac{\partial(98-180\gamma'^2+82\gamma'^4)}{\partial\gamma'}=-360\gamma'+328\gamma'^4<0$，$\min(98-180\gamma'^2+82\gamma'^4)=0$，$98-180\gamma'^2+82\gamma'^4\geqslant0$，则$\gamma'(98-180\gamma'^2+82\gamma'^4)\geqslant0$。$64+14\gamma'-52\gamma'^2-36\gamma'^4+33\gamma'^6-10\gamma'^7-5\gamma'^8>64+14\gamma'-52\gamma'^2-36\gamma'^4+33\gamma'^6-10\gamma'^7-5\gamma'^8>64+14\gamma'$

$-52\gamma'^2-36\gamma'^4+18\gamma'^6>\gamma'(64+14-52\gamma'-36\gamma'^3+18\gamma'^5)$，由于 $\frac{\partial(64+14-52\gamma'-36\gamma'^3+18\gamma'^5)}{\partial\gamma'}=-52-108\gamma'^2+90\gamma'^4<0$，$\min(64+14-52\gamma'-36\gamma'^3+18\gamma'^5)=8>0$，$\gamma'(64+14-52\gamma'-36\gamma'^3+18\gamma'^5)>0$，则 $64+14\gamma'-52\gamma'^2-36\gamma'^4+33\gamma'^6-10\gamma'^7-5\gamma'^8>0$。

因此，$\gamma'(98-180\gamma'^2+82\gamma'^4)+(64+14\gamma'-52\gamma'^2-36\gamma'^4+33\gamma'^6-10\gamma'^7-5\gamma'^8)>0$，$\min\left(\frac{\partial\Phi_1}{\partial\alpha}\right)>0$，则 $\frac{\partial\Phi_1}{\partial\alpha}>0$。显然，

$$\frac{\partial\Phi_2}{\partial\alpha}=-2(4-(1+\alpha)\gamma^2)\gamma^2<0,$$

$$\frac{\partial\Pi_{IH}}{\partial\alpha}=\left(\Phi_2\frac{\partial\Phi_1}{\partial\alpha}-\frac{\partial\Phi_2}{\partial\alpha}\Phi_1\right)\frac{\theta^2u_1^2}{4\Phi_2^{\ 2}(2-\gamma^2)^2}>0。$$

(3) $\frac{\partial\Delta_{HP}}{\partial\alpha}=\frac{\partial U_3}{\partial\alpha}=\frac{D_1}{4(2+\gamma)^2(2-\gamma^2)^2[-4+(1+\alpha)\gamma^2]^3}$

其中，

$$D_1=1\,024+768\gamma-64(31+14\alpha)\gamma^2-64(16+9\alpha)\gamma^3+16(89+83\alpha+15\alpha^2)\gamma^4+16(31+45\alpha+9\alpha^2)\gamma^5-4(121+154\alpha+72\alpha^2+5\alpha^3)\gamma^6-4(26+80\alpha+39\alpha^2+3\alpha^3)\gamma^7+(79+81\alpha+81\alpha^2+19\alpha^3)\gamma^8+2(4+30\alpha+27\alpha^2+5\alpha^3)\gamma^9+(-5+9\alpha+6\alpha^2-2\alpha^3)\gamma^{10}-2\alpha(2+3\alpha+\alpha^2)\gamma^{11}-\alpha(2+3\alpha+\alpha^2)\gamma^{12}。$$

由于 $\frac{1}{4(2+\gamma)^2(2-\gamma^2)^2[-4+(1+\alpha)\gamma^2]^3}<0$，$\frac{\partial\Delta_{HP}}{\partial\alpha}$ 的大小取决于D_1。令D_1 关于 α 的 n 阶导数为D_{1n}，则$D_{13}=-120\gamma^6-72\gamma^7+114\gamma^8+60\gamma^9-12\gamma^{10}-12\gamma^{11}-6\gamma^{12}<0$，$\min D_{12}=\gamma^4(480+288\gamma-696\gamma^2-384\gamma^3+276\gamma^4+168\gamma^5-24\gamma^6-12\gamma^7)>0$，$D_{12}>0$，同理可得，当 $\gamma>\gamma_1$，且$\gamma_1\approx0.71$ 时，$D_1>0$，此时$\frac{\partial\Delta_{HP}}{\partial\alpha}<0$。

其次分析佣金费率变动对零售商经营模式选择的影响。

当 $\gamma>\gamma_1$ 时，$\frac{\partial\Delta_{PR}}{\partial\alpha}>0$，$\frac{\partial\Delta_{HR}}{\partial\alpha}>0$，$\frac{\partial\Delta_{HP}}{\partial\alpha}<0$，存在$\alpha^1$ 使得当 $\alpha>\alpha^1$ 时，$\Pi_{IP}>\Pi_{IR}$，当 $\alpha<\alpha^1$ 时，$\Pi_{IP}<\Pi_{IR}$；存在α^2 使得当 $\alpha>\alpha^2$ 时，$\Pi_{IH}>\Pi_{IR}$，当 $\alpha<\alpha^2$ 时，$\Pi_{IH}<\Pi_{IR}$；存在α^3 使得当 $\alpha>\alpha^3$ 时，$\Pi_{IP}>\Pi_{IH}$，当 $\alpha<\alpha^3$ 时，$\Pi_{IP}<\Pi_{IH}$。

综上所述，存在α^*、α^{**}，且$\alpha^*<\alpha^{**}$，使得当 $0<\alpha<\alpha^*$ 时，$\Pi_{IR}>$

$\max[\Pi_{IP}, \Pi_{IH}]$，当$\alpha^* < \alpha < \alpha^{**}$时，$\Pi_{IH} > \max[\Pi_{IR}, \Pi_{IP}]$，当$\alpha > \alpha^{**}$时，$\Pi_{IP} > \max[\Pi_{IH}, \Pi_{IR}]$（证明方法同命题 4.1）。

证毕！

29. 推论 5.2 的证明

证明：根据推论 5.1 可知，Δ_{MR}、Δ_{HR}、Δ_{HM}会随着佣金费率α的变化而产生连续单调变化。

当$\alpha = 0$时，

$$\Delta_{PR} = -\frac{\theta^2 u_1^2}{2(2+\gamma)^2(1+\gamma)} + u_2 F$$

$$\Delta_{HR} = \left[\frac{(4-2\gamma-2\gamma^2+\gamma^3)^2}{4(2-\gamma^2)^2(4-\gamma^2)^2} - \frac{1}{2(2+\gamma)^2(1+\gamma)}\right]\theta^2 u_1^2 + (u_2-1)F$$

$$\Delta_{HP} = \frac{(4-2\gamma-2\gamma^2+\gamma^3)^2}{4(2-\gamma^2)^2(4-\gamma^2)^2}\theta^2 u_1^2 - F$$

此时，$\frac{\partial \Delta_{PR}}{\partial \gamma} > 0$，$\frac{\partial \Delta_{HR}}{\partial \gamma} > 0$，$\frac{\partial \Delta_{HP}}{\partial \gamma} = \frac{\partial \Pi_{IH}}{\partial \gamma} < 0$。

当$\alpha = 0.1$时，

$$\Delta_{PR} = \frac{(-0.3+0.2\gamma)\theta^2 u_1^2}{(1+\gamma)(2+\gamma)^2} + u_2 F$$

$$\Delta_{HR} = \Big[0.25(22.4-27.2\gamma-11.88\gamma^2+24.12\gamma^3-2.597\gamma^4-5.466\gamma^5 + 1.612\gamma^6+0.022\gamma^7-0.011\gamma^8)\div(8-6.2\gamma^2+1.1\gamma^4)^2 - \frac{1}{2(1+\gamma)(2+\gamma)^2}\Big]\theta^2 u_1^2 + (u_2-1)F$$

$$\Delta_{HP} = (9.6-4.8\gamma-13.64\gamma^2+5.44\gamma^3+7.345\gamma^4-2.033\gamma^5-1.775\,25\gamma^6+0.267\,5\gamma^7+0.172\gamma^8-0.0055\gamma^9-0.002\,75\gamma^{10})\theta^2 u_1^2 \div [(2+\gamma)^2(4-1.1\gamma^2)^2(-2+\gamma^2)^2] - F$$

此时，$\frac{\partial \Delta_{PR}}{\partial \gamma} > 0$，$\frac{\partial \Delta_{HR}}{\partial \gamma} > 0$，$\frac{\partial \Delta_{HP}}{\partial \gamma} < 0$。

因此，当$\alpha \in [0, 0.1]$时，存在γ^*、γ^{**}，且$\gamma^{**} > \gamma^*$，使得当$\gamma_1 < \gamma < \gamma^*$时，$\Pi_{IR} > \max[\Pi_{IP}, \Pi_{IH}]$，当$\gamma^* < \gamma < \gamma^{**}$时，$\Pi_{IH} > \max[\Pi_{IR}, \Pi_{IP}]$，当$\gamma > \gamma^{**}$时，$\Pi_{IP} > \max[\Pi_{IH}, \Pi_{IR}]$。

证毕！

30. 推论 5.3 的证明

证明: 根据推论 5.1 可知，Δ_{PR}、Δ_{HR}、Δ_{HP} 会随着佣金费率 α 的变化而产生连续单调变化。

当 $\alpha=0$ 时，$\frac{\partial \Delta_{PR}}{\partial u_1}<0$，$\frac{\partial \Delta_{HR}}{\partial u_1}<0$，$\frac{\partial \Delta_{HP}}{\partial u_1}>0$。

当 $\alpha=0.1$ 时，$\frac{\partial \Delta_{PR}}{\partial u_1}<0$，

$$\frac{\partial \Delta_{HR}}{\partial u_1}=-\frac{\theta^2 u_1}{(1+\gamma)(2+\gamma)^2}+0.5(22.4-27.2\gamma-11.88\gamma^2+24.12\gamma^3-2.597\gamma^4-5.466\gamma^5+1.612\gamma^6+0.022\gamma^7-0.011\gamma^8)\theta^2 u_1 \div(8-6.2\gamma^2+1.1\gamma^4)^2,$$

当 $\gamma<\gamma_2$ 时，$\gamma_2>\gamma_1$，$\frac{\partial \Delta_{HR}}{\partial u_1}<0$，$\frac{\partial \Delta_{HP}}{\partial u_1}>0$。

根据连续性可知，当 $\alpha\in[0,0.1]$，$\gamma<\gamma_2$ 时，$\frac{\partial \Delta_{PR}}{\partial u_1}<0$，$\frac{\partial \Delta_{HR}}{\partial u_1}<0$，$\frac{\partial \Delta_{HP}}{\partial u_1}>0$。因此，当 $\alpha\in[0,0.1]$，$\gamma<\gamma_2$ 时，存在 u_1^{1*}、u_1^{1**}，且 $u_1^{1**}>u_1^{1*}$，使得当 $1<u_1<u_1^{1*}$ 时，$\Pi_{IP}>\max[\Pi_{IR},\Pi_{IH}]$，当 $u_1^{1*}<u_1<u_1^{1**}$ 时，$\Pi_{IH}>\max[\Pi_{IR},\Pi_{IP}]$，当 $u_1>u_1^{1**}$ 时，$\Pi_{IR}>\max[\Pi_{IH},\Pi_{IP}]$。

证毕!

31. 推论 5.4 的证明

证明: 由定理 5.2 可知，$\frac{\partial \Delta_{PR}}{\partial F}>0$，$\frac{\partial \Delta_{HR}}{\partial F}>0$，$\frac{\partial \Delta_{HP}}{\partial F}<0$，存在 F^*、F^{**}，且 $F^{**}>F^*$，使得当 $0<F<F^*$ 时，$\Pi_{IR}>\max[\Pi_{IP},\Pi_{IH}]$，当 $F^*<F<F^{**}$ 时，$\Pi_{IH}>\max[\Pi_{IR},\Pi_{IP}]$，当 $F>F^{**}$ 时，$\Pi_{IP}>\max[\Pi_{IH},\Pi_{IR}]$。

证毕!

32. 定理 5.4 的证明

证明: 零售商不改变经营模式时，由定理 5.1 可知，

$$w_{aRR}=w_{bRR}=\frac{\theta u_1}{2+\gamma},\ p_{aRR}=p_{bRR}=\frac{(3+2\gamma)\theta u_1}{2(2+\gamma)(1+\gamma)},$$

$$D_{aRR}=\frac{\theta u_1}{4+2\gamma}>0,\ D_{bRR}=\frac{(2\Delta\theta_b(2+\gamma)+\theta)u_1}{2(2+\gamma)},$$

当 $\Delta\theta_b > 0$ 时，$D_{bRR} > 0$，当 $\Delta\theta_b < 0$ 时，需满足 $\Delta\theta_b > \frac{-\theta}{2(2+\gamma)}$，$D_{bRR} > 0$。

此时，$\Pi_{IRR} = \frac{\theta[\Delta\theta_b(2+\gamma)+\theta]u_1^2}{2(1+\gamma)(2+\gamma)^2} - F_{IRR}$。

证毕!

33. 定理 5.5 的证明

证明: 零售商由分销模式变为混合模式时，由定理 5.1 可知，$w_{aRH} = \frac{\theta u_1}{2+\gamma}$，$p_{aRH} = \frac{(3+2\gamma)\theta u_1}{2(2+\gamma)(1+\gamma)}$，零售商与制造商 B 重新签订契约，零售商给定 α，制造商 B 决策 p_{bRH}，此时，

$$\frac{\partial \Pi_{BRH}}{\partial p_{bRH}} = (1-\alpha)\left[-2p_{bRH} - \frac{\gamma(3+2\gamma)\theta u_1}{2(1+\gamma)(2+\gamma)} + (\Delta\theta_b+\theta)u_1\right],$$

$$\frac{\partial^2 \Pi_{BRH}}{\partial {p_{bRH}}^2} = -2(1-\alpha) < 0,$$

利润函数 Π_{BRH} 存在关于 p_{bRH} 的最优解。令 $\frac{\partial \Pi_{BRH}}{\partial p_{bRH}} = 0$，则

$$p_{bRH} = \frac{[2\Delta\theta_b(2+3\gamma+\gamma^2)+(4+3\gamma)\theta]u_1}{4(1+\gamma)(2+\gamma)},$$

$$D_{aRH} = \frac{[-2\Delta\theta_b\gamma(2+3\gamma+\gamma^2)+(2+4\gamma+\gamma^2)\theta]u_1}{4(1+\gamma)(2+\gamma)},$$

$$D_{bRH} = \frac{[2\Delta\theta_b(2+3\gamma+\gamma^2)+(4+3\gamma)\theta]u_1}{4(1+\gamma)(2+\gamma)},$$

满足 $-2\Delta\theta_b\gamma(2+3\gamma+\gamma^2)+(2+4\gamma+\gamma^2)\theta > 0$，$2\Delta\theta_b(2+3\gamma+\gamma^2)+(4+3\gamma)\theta > 0$ 时，$D_{aRH} > 0$，$D_{bRH} > 0$，代入到 Π_{IRH} 可得，

$$\Pi_{IRH} = \frac{\{4(\Delta\theta_b)^2\alpha(2+3\gamma+\gamma^2)^2+4\Delta\theta_b(2+3\gamma+\gamma^2)[\alpha(4+3\gamma)-\gamma]\theta\}u_1^2}{16(1+\gamma)^2(2+\gamma)^2} + \frac{[\alpha(4+3\gamma)^2+2(2+4\gamma+\gamma^2)]\theta^2u_1^2}{16(1+\gamma)^2(2+\gamma)^2} - F_{IRH}。$$

证毕!

34. 命题 5.3 的证明

证明: 由定理 5.4 和定理 5.5 可知，

$$\Pi_{IRH} - \Pi_{IRR} = Z_1 - (F_{IRH} - F_{IRR})$$

当$Z_1 > F_{IRH} - F_{IRR}$时，$\Pi_{IRH} > \Pi_{IRR}$，当$Z_1 < F_{IRH} - F_{IRR}$时，$\Pi_{IRH} < \Pi_{IRR}$。

证毕！

35. 推论 5.5 的证明

证明： 由命题 5.3 可知，

$$\frac{\partial(\Pi_{IRH} - \Pi_{IRR})}{\partial \Delta \theta_b} = \frac{4u_1^2(2+3\gamma+\gamma^2)\{2\alpha(2+3\gamma+\gamma^2)\Delta\theta_b - [2+\gamma-\alpha(4+3\gamma)]\theta\}}{16(1+\gamma)^2(2+\gamma)^2}$$

由于 $4u_1^2(2+3\gamma+\gamma^2) > 0$，当 $2\alpha(2+3\gamma+\gamma^2)\Delta\theta_b > [2+\gamma-\alpha(4+3\gamma)]\theta$ 时，$\frac{\partial(\Pi_{IRH}-\Pi_{IRR})}{\partial\Delta\theta_b} > 0$，当 $2\alpha(2+3\gamma+\gamma^2)\Delta\theta_b < [2+\gamma-\alpha(4+3\gamma)]\theta$ 时，$\frac{\partial(\Pi_{IRH}-\Pi_{IRR})}{\partial\Delta\theta_b} < 0$。

证毕！

36. 定理 5.6 的证明

证明： 零售商不改变经营模式时，由定理 5.2 可知，

$$p_{aPP} = p_{bPP} = \frac{\theta u_1}{2+\gamma},\quad D_{aPP} = \frac{[\Delta\theta_a(2+\gamma)+\theta]u_1}{2+\gamma},$$

当 $\Delta\theta_a > 0$ 时，$D_{aPP} > 0$，当 $\Delta\theta_a < 0$ 时，满足 $\Delta\theta_a > -\frac{\theta}{2+\gamma}$ 时，$D_{aPP} > 0$，$D_{bPP} = \frac{\theta u_1}{2+\gamma} > 0$。此时，

$$\Pi_{IPP} = \frac{\alpha\theta[\Delta\theta_a(2+\gamma)+2\theta]u_1^2}{(2+\gamma)^2}。$$

证毕！

37. 定理 5.7 的证明

证明： 零售商由平台模式变为混合模式时，由定理 5.2 可知，$p_{bPH} = \frac{\theta u_1}{2+\gamma}$，零售商与制造商 A 重新签订契约，制造商 B 决策w_{aPH}，零售商决策p_{aPH}。此时，$\frac{\partial \Pi_{IPH}}{\partial p_{aPH}} = (1-\alpha)\left[-2p_{aPH} - \frac{\gamma(3+2\gamma)\theta u_1}{2(1+\gamma)(2+\gamma)} + (\Delta\theta_a+\theta)u_1\right]$，$\frac{\partial^2 \Pi_{IPH}}{\partial {p_{aPH}}^2} = -2(1-\alpha) < 0$，利润函数$\Pi_{IPH}$存在关于$p_{aPH}$的最优解。令$\frac{\partial \Pi_{IPH}}{\partial p_{aPH}}$

$=0$，则$p_{aPH}=\dfrac{[\Delta\theta_a(2+\gamma)+(2-\alpha\gamma)\theta]u_1+(2+\gamma)w_{aPH}}{2(2+\gamma)}$，代入到$\Pi_{APH}$，并求关于$w_{aPH}$的导数可得，

$$\frac{\partial\Pi_{APH}}{\partial w_{aPH}}=\frac{-2w_{aMH}(2+\gamma)+[\Delta\theta_a(2+\gamma)+(2+\alpha\gamma)\theta]u_1}{2(2+\gamma)},$$

$\dfrac{\partial^2\Pi_{APH}}{\partial w_{aPH}{}^2}=-1<0$，利润函数$\Pi_{APH}$存在关于$w_{aPH}$的最优解。令$\dfrac{\partial\Pi_{APH}}{\partial w_{aPH}}=0$，则

$$w_{aPH}=\frac{[\Delta\theta_a(2+\gamma)+(2+\alpha\gamma)\theta]u_1}{2(2+\gamma)},$$

$$p_{aPH}=\frac{[3\Delta\theta_a(2+\gamma)+(6-\alpha\gamma)\theta]u_1}{4(2+\gamma)},$$

$$D_{aPH}=\frac{[\Delta\theta_a(2+\gamma)+(2+\alpha\gamma)\theta]u_1}{4(2+\gamma)},$$

$$D_{bPH}=\frac{[-3\Delta\theta_a\gamma(2+\gamma)+(4-2\gamma+\alpha\gamma^2)\theta]u_1}{4(2+\gamma)},$$

满足$\Delta\theta_a(2+\gamma)+(2+\alpha\gamma)\theta>0$且$-3\Delta\theta_a\gamma(2+\gamma)+(4-2\gamma+\alpha\gamma^2)\theta>0$时，$D_{aPH}>0$，$D_{bPH}>0$，此时，

$$\Pi_{IPH}=\frac{\{(\Delta\theta_a)^2(2+\gamma)^2+2\Delta\theta_a(2+\gamma)(2-7\alpha\gamma)\theta+[4+\alpha^2\gamma^2+4\alpha(4-3\gamma)]\theta^2\}u_1^2}{16(2+\gamma)^2}-F_{IPH}。$$

证毕！

38. 命题 5.4 的证明

证明： 由定理 5.6 和定理 5.7 可知，

$$\Pi_{IPH}-\Pi_{IPM}=Z_2-F_{IPH}$$

当$Z_2>F_{IPH}$时，$\Pi_{IPH}>\Pi_{IPP}$，当$Z_2<F_{IPH}$时，$\Pi_{IPH}<\Pi_{IPP}$。

证毕！

39. 推论 5.6 的证明

证明： 由命题 5.4 可知：

$$\frac{\partial(\Pi_{IPH}-\Pi_{IPP})}{\partial\Delta\theta_a}=\frac{\{(2+\gamma)\Delta\theta_a+[2-\alpha(8+7\gamma)]\theta\}u_1^2}{8(2+\gamma)}$$

由于$8(2+\gamma)>0$，当$(2+\gamma)\Delta\theta_a>[\alpha(8+7\gamma)-2]\theta$时，

$\frac{\partial(\Pi_{IPH}-\Pi_{IPP})}{\partial\Delta\theta_a}>0$；当$(2+\gamma)\Delta\theta_a<[\alpha(8+7\gamma)-2]\theta$时，$\frac{\partial(\Pi_{IPH}-\Pi_{IPP})}{\partial\Delta\theta_a}<0$。

证毕！

40. 推论 5.7 的证明

证明：由定理 5.5 和定理 5.7 可知，由分销模式转为混合模式的零售商与由平台模式转为混合模式的零售商的利润差$\Delta\Pi_{RPH}$为：

$$\Delta\Pi_{RPH}=Z_3-F_{IRH}+F_{IPH}$$

当$Z_3>F_{IRH}-F_{IPH}$时，$\Delta\Pi_{RPH}>0$；当$Z_3<F_{IRH}-F_{IPH}$时，$\Delta\Pi_{RPH}<0$。

证毕！

41. 推论 5.8 的证明

证明：(a) 由定理 5.3 可知，潜在需求不改变时，采取混合模式的零售商利润为：$\frac{\Phi_1}{\Phi_2}\frac{\theta^2u_1^2}{4(2-\gamma^2)^2}-F$，根据定理 5.5，潜在需求改变时，最初采取分销模式后变为混合模式时的零售商利润为：

$$\frac{\Phi_3u_1^2}{16(1+\gamma)^2(2+\gamma)^2}-F_{IRH}-u_2F,$$

其中，u_2F为对潜在需求θ的投入，则潜在需求变动前后零售商的利润差$\Delta\Pi_{RH}$为：

$$\Delta\Pi_{RH}=Z_4+F-F_{IRH}-u_2F$$

当$Z_4>F_{IRH}+(u_2-1)F$时，$\Delta\Pi_{RH}>0$；当$Z_4<F_{IRH}+(u_2-1)F$时，$\Delta\Pi_{RH}<0$。

(b) 由定理 5.3 可知，潜在需求不改变时，采取混合模式的零售商利润为：$\frac{\Phi_1}{\Phi_2}\frac{\theta^2u_1^2}{4(2-\gamma^2)^2}-F$，根据定理 5.7，潜在需求改变时，最初采取平台模式后变为混合模式时的零售商利润为：$\frac{\Phi_4u_1^2}{16(2+\gamma)^2}-F_{IPH}$，则潜在需求变动前后零售商的利润差$\Delta\Pi_{PH}$为：

$$\Delta\Pi_{PH}=Z_5+F-F_{IPH}$$

当 $Z_5 > F_{IPH} - F$ 时，$\Delta\Pi_{PH} > 0$；当 $Z_5 < F_{IPH} - F$ 时，$\Delta\Pi_{PH} < 0$。

证毕！

42. 命题 6.1 的证明

证明： 令 $\Delta_R^{FN} = \Pi_R^{RF} - \Pi_R^{RN} = \Phi_1 - F_s$，$\Delta_R^{BN} = \Pi_R^{RB} - \Pi_R^{RN} = \Phi_2 - F_m$，$\Delta_R^{FB} = \Pi_R^{RF} - \Pi_R^{RB} = \Phi_3 + F_m - F_s$，当 $\Phi_1 < F_s$、$\Phi_2 < F_m$ 时，$\Pi_R^{RN} > \max[\Pi_R^{RB}, \Pi_R^{RF}]$；当 $\Phi_1 > F_s$、$\Phi_3 > F_s - F_m$ 时，$\Pi_R^{RF} > \max[\Pi_R^{RB}, \Pi_R^{RN}]$；当 $\Phi_2 < F_m$、$\Phi_3 < F_s - F_m$ 时，$\Pi_R^{RB} > \max[\Pi_R^{RF}, \Pi_R^{RN}]$。

证毕！

43. 命题 6.2 的证明

证明： 由于

$$\frac{\partial \Delta_R^{FN}}{\partial\theta} = \frac{\partial \Phi_1}{\partial\theta} = \frac{(64 + 228\gamma + 315\gamma^2 + 200\gamma^3 + 48\gamma^4)\theta}{4(2+\gamma)^2(5+4\gamma)^2} > 0,$$

$$\frac{\partial \Delta_R^{BN}}{\partial\theta} = \frac{\partial \Phi_2}{\partial\theta} = 2\theta \cdot \frac{401 + 1\,632\gamma + 2\,128\gamma^2 + 896\gamma^3}{32(3+4\gamma)^2(5+4\gamma)^2} > 0,$$

$$\frac{\partial \Delta_R^{FB}}{\partial\theta} = \frac{\partial \Phi_3}{\partial\theta} = 2\theta \cdot \frac{28 + 204\gamma + 531\gamma^2 + 552\gamma^3 + 192\gamma^4}{32(3+4\gamma)^2(2+\gamma)^2} > 0。$$

因此，存在 θ_1^R、θ_2^R，且 $\theta_2^R > \theta_1^R$，使得当 $0 < \theta < \theta_1^R$ 时，$\Pi_R^{RN} > \max[\Pi_R^{RB}, \Pi_R^{RF}]$，当 $\theta_1^R < \theta < \theta_2^R$ 时，$\Pi_R^{RB} > \max[\Pi_R^{RN}, \Pi_R^{RF}]$，当 $\theta > \theta_2^R$ 时，$\Pi_R^{RF} > \max[\Pi_R^{RB}, \Pi_R^{RN}]$。

证毕！

44. 命题 6.3 的证明

证明： 由于

$$\frac{\partial \Delta_R^{FN}}{\partial\gamma} = \theta^2 \cdot \frac{77 + 289\gamma + 408\gamma^2 + 250\gamma^3 + 56\gamma^4}{(2+\gamma)^3(5+4\gamma)^3} > 0,$$

$$\frac{\partial \Delta_R^{BN}}{\partial\gamma} = -\frac{(37 + 439\gamma + 1\,188\gamma^2 + 1\,232\gamma^3 + 448\gamma^4)\theta^2}{(3+4\gamma)^3(5+4\gamma)^3} < 0,$$

$$\frac{\partial \Delta_R^{FB}}{\partial\gamma} = \frac{(19 + 115\gamma + 234\gamma^2 + 201\gamma^3 + 63\gamma^4)\theta^2}{(2+\gamma)^3(3+4\gamma)^3} > 0,$$

因此，存在γ_1^R、γ_2^R，且$\gamma_2^R > \gamma_1^R$，使得当$0 < \gamma < \gamma_1^R$时，$\Pi_R^{RB} > \max[\Pi_R^{RN}, \Pi_R^{RF}]$，当$\gamma_1^R < \gamma < \gamma_2^R$时，$\Pi_R^{RN} > \max[\Pi_R^{RB}, \Pi_R^{RF}]$，当$\gamma > \gamma_2^R$时，$\Pi_R^{RF} > \max[\Pi_R^{RB}, \Pi_R^{RN}]$。

证毕！

45. 命题6.4的证明

证明：令$\Delta_P^{FN} = \Pi_R^{PF} - \Pi_R^{PN} = \Phi_4 - F_s$，$\Delta_P^{BN} = \Pi_R^{PB} - \Pi_R^{PN} = \Phi_5 - F_m$，$\Delta_P^{FB} = \Pi_R^{PF} - \Pi_R^{PB} = \Phi_6 + F_m - F_s$，当$\Phi_4 < F_s$、$\Phi_5 < F_m$时，$\Pi_R^{PN} > \max[\Pi_R^{PB}, \Pi_R^{PF}]$；当$\Phi_4 > F_s$、$\Phi_6 > F_s - F_m$时，$\Pi_R^{PF} > \max[\Pi_R^{PB}, \Pi_R^{PN}]$；当$\Phi_5 < F_m$、$\Phi_6 < F_s - F_m$时，$\Pi_R^{PB} > \max[\Pi_R^{PF}, \Pi_R^{PN}]$。

证毕！

46. 命题6.5的证明

证明：由于

$$\frac{\partial \Delta_P^{FN}}{\partial \alpha} = \frac{\partial \Phi_4}{\partial \alpha} = \theta^2 \left\{ -\frac{(1+\gamma)[(2+\gamma)^3 + \alpha^2(3+\gamma) - 2\alpha(6+5\gamma+\gamma^2)]}{2(2+\gamma)^2(2-\alpha+\gamma)^2} \right\},$$

令$H_1 = (2+\gamma)^3 + \alpha^2(3+\gamma) - 2\alpha(6+5\gamma+\gamma^2)$，则$H_1$关于$\alpha$的$n$阶偏导为$H_{1n}$，$H_{12} = 2(3+\gamma) > 0$，$H_{11} = 2\alpha(3+\gamma) - 2(6+5\gamma+\gamma^2)$，$0 < \alpha < 0.2$，$\max H_{11} = -2(3+4\gamma+\gamma^2) < 0$，$H_{11} < 0$，$\max H_1 = (2+\gamma)^3 > 0$，$\min H_1 = 5.72 + 10.04\gamma + 5.6\gamma^2 + \gamma^3 > 0$，因此，$H_1 > 0$，$\frac{\partial \Phi_4}{\partial \alpha} < 0$。

由于

$$\frac{\partial \Delta_P^{BN}}{\partial \alpha} = \frac{\partial \Phi_5}{\partial \alpha} = \frac{H_2\theta^2}{16(1+\gamma)(2+\gamma)^2(2-\alpha+3\gamma-\alpha\gamma)^3[4+8\gamma+(3-\alpha)\gamma^2]^3},$$

其中$H_2 = -[4(2+\gamma)^2(2+3\gamma)^5(8+28\gamma+36\gamma^2+19\gamma^3+3\gamma^4) + \alpha^6\gamma^6(12+48\gamma+73\gamma^2+55\gamma^3+22\gamma^4+4\gamma^5) - 2\alpha(2+\gamma)^2(2+3\gamma)^4(40+180\gamma+346\gamma^2+339\gamma^3+166\gamma^4+36\gamma^5) - 3\alpha^5\gamma^4(48+288\gamma+736\gamma^2+1\,056\gamma^3+929\gamma^4+504\gamma^5+160\gamma^6+24\gamma^7) + 3\alpha^2(2+3\gamma)^3(128+768\gamma+2\,128\gamma^2+3\,600\gamma^3+4\,080\gamma^4+3\,132\gamma^5+1\,561\gamma^6+458\gamma^7+60\gamma^8) - \alpha^3(2+3\gamma)^2(128+896\gamma+3\,440\gamma^2+8\,640\gamma^3+14\,248\gamma^4+15\,608\gamma^5+11\,569\gamma^6+5\,706\gamma^7+1\,716\gamma^8+240\gamma^9) + \alpha^4\gamma^2(512+4\,096\gamma+14\,992\gamma^2+33\,216\gamma^3+48\,856\gamma^4+48\,896\gamma^5+33\,145\gamma^6+14\,860\gamma^7+4\,092\gamma^8+540\gamma^9)]$。同理可证$H_2 < 0$，$\frac{\partial \Phi_5}{\partial \alpha} <$

0。

由于

$$\frac{\partial \Delta_P^{FB}}{\partial \alpha}=\frac{\partial \Phi_6}{\partial \alpha}=\frac{H_3\theta^2}{16(1+\gamma)(2-\alpha+\gamma)^2(2-\alpha+3\gamma-\alpha\gamma)^3(4+8\gamma+(3-\alpha)\gamma^2)^3},$$

其中，$H_3=-[\alpha^8\gamma^6(1+2\gamma)^2(3+5\gamma+2\gamma^2)-\alpha^7\gamma^4(1+2\gamma)^2(36+132\gamma+201\gamma^2+158\gamma^3+54\gamma^4+4\gamma^5)+4(2+\gamma)^2(2+3\gamma)^5(8+44\gamma+88\gamma^2+83\gamma^3+37\gamma^4+6\gamma^5)-2\alpha(2+3\gamma)^4(480+3\,344\gamma+9\,728\gamma^2+15\,672\gamma^3+15\,410\gamma^4+9\,493\gamma^5+3\,590\gamma^6+768\gamma^7+72\gamma^8)+\alpha^2(2+3\gamma)^3(2\,304+18\,176\gamma+61\,936\gamma^2+120\,880\gamma^3+149\,616\gamma^4+121\,612\gamma^5+64\,593\gamma^6+21\,594\gamma^7+4\,164\gamma^8+360\gamma^9)+\alpha^6\gamma^2(160+1\,504\gamma+6\,372\gamma^2+16\,244\gamma^3+27\,583\gamma^4+31\,926\gamma^5+24\,571\gamma^6+11\,813\gamma^7+3\,138\gamma^8+340\gamma^9+8\gamma^{10})-\alpha^3(2+3\gamma)^2(2\,496+22\,304\gamma+88\,816\gamma^2+209\,360\gamma^3+324\,228\gamma^4+342\,850\gamma^5+247\,977\gamma^6+119\,626\gamma^7+36\,452\gamma^8+6\,320\gamma^9+480\gamma^{10})-\alpha^5(256+2\,816\gamma+15\,312\gamma^2+54\,688\gamma^3+139\,312\gamma^4+257\,424\gamma^5+343\,923\gamma^6+328\,036\gamma^7+217\,441\gamma^8+95\,088\gamma^9+24\,936\gamma^{10}+3\,264\gamma^{11}+144\gamma^{12})+\alpha^4(2\,560+29\,440\gamma+156\,640\gamma^2+513\,520\gamma^3+1\,156\,656\gamma^4+1\,874\,864\gamma^5+2\,217\,786\gamma^6+1\,902\,721\gamma^7+1\,157\,769\gamma^8+479\,192\gamma^9+125\,412\gamma^{10}+18\,180\gamma^{11}+1\,080\gamma^{12})]$。同理可证$H_3<0$，$\frac{\partial \Phi_6}{\partial \alpha}<0$。

因此，存在 α_1^P、α_2^P，且$\alpha_2^P>\alpha_1^P$，使得当 $0<\alpha<\alpha_1^P$ 时，$\Pi_R^{PF}>\max[\Pi_R^{PN},\Pi_R^{PB}]$，当$\alpha_1^P<\alpha<\alpha_2^P$ 时，$\Pi_R^{PB}>\max[\Pi_R^{PN},\Pi_R^{PF}]$，当 $\alpha>\alpha_2^P$ 时，$\Pi_R^{PN}>\max[\Pi_R^{PF},\Pi_R^{PB}]$。

证毕！

47. 命题 6.6 的证明

证明：由于

$$\frac{\partial \Delta_P^{FN}}{\partial \theta}=\frac{\partial \Phi_4}{\partial \theta}=2\theta\cdot\frac{2(1+\gamma)[(2+\gamma)^2+\alpha^2(3+\gamma)-\alpha(6+5\gamma+\gamma^2)]}{2(2+\gamma)^2(4-2\alpha+2\gamma)}>0$$

$$\frac{\partial \Delta_P^{BN}}{\partial \theta}=\frac{\partial \Phi_5}{\partial \theta}=2\theta\cdot\frac{\Psi_1(2+\gamma)^2-8\alpha(1+\gamma)(2-\alpha+3\gamma-\alpha\gamma)^2[4+8\gamma+(3-\alpha)\gamma^2]^2(1+\gamma)(3+\gamma)}{16(1+\gamma)(2-\alpha+3\gamma-\alpha\gamma)^2[4+8\gamma+(3-\alpha)\gamma^2]^2(2+\gamma)^2}$$

当 $\alpha=0$ 时，$\Phi_5=\frac{(1+\gamma)(2+3\gamma)^2}{4(4+8\gamma+3\gamma^2)^2}\theta^2>0$，当 $\alpha=0.2$ 时，

$\Phi_5=(7.62+72.19\gamma+291.54\gamma^2+653.38\gamma^3+886.35\gamma^4+743.44\gamma^5+375.88\gamma^6+104.67\gamma^7+12.29\gamma^8+8.88\gamma^9)\theta^2\div[(1+\gamma)(2+\gamma)^2\cdot$

$(1.8+2.8\gamma)^2(4+8\gamma+2.8\gamma^2)^2]>0$,

根据单调性可知，$\Phi_5>0$，$\dfrac{\partial\Delta_P^{BN}}{\partial\theta}>0$。

$$\frac{\partial\Delta_P^{FB}}{\partial\theta}=\frac{\partial\Phi_6}{\partial\theta}=2\theta\cdot\frac{16(1+\gamma)^2(2-\alpha+3\gamma-\alpha\gamma)^2[4+8\gamma+(3-\alpha)\gamma^2]^2-(4-2\alpha+2\gamma)\Psi_1}{16(1+\gamma)(4-2\alpha+2\gamma)(2-\alpha+3\gamma-\alpha\gamma)^2[4+8\gamma+(3-\alpha)\gamma^2]^2}$$

当 $\alpha=0$ 时，$\Phi_6=\dfrac{(1+\gamma)(3+2\gamma)}{4(2+\gamma)^2}\theta^2>0$，当 $\alpha=0.2$ 时，

$$\Phi_6=(30.99+284.42\gamma+1\,121.6\gamma^2+2\,476.9\gamma^3+3\,342.26\gamma^4+2\,813.99\gamma^5+1\,439.44\gamma^6+408.13\gamma^7+49.17\gamma^8)\theta^2\div[(1+\gamma)(3.6+2\gamma)(7.2+25.6\gamma+27.44\gamma^2+7.84\gamma^3)^2]>0,$$

根据单调性可知 $\Phi_6>0$，$\dfrac{\partial\Delta_P^{FB}}{\partial\theta}>0$。

因此，存在 θ_1^P、θ_2^P，且 $\theta_2^P>\theta_1^P$，使得当 $0<\theta<\theta_1^P$ 时，$\Pi_R^{PN}>\max[\Pi_R^{PB},\Pi_R^{PF}]$，当 $\theta_1^P<\theta<\theta_2^P$ 时，$\Pi_R^{PB}>\max[\Pi_R^{PN},\Pi_R^{PF}]$，当 $\theta>\theta_2^P$ 时，$\Pi_R^{PF}>\max[\Pi_R^{PB},\Pi_R^{PN}]$。

证毕！

48. 命题 6.7 的证明

证明：由于

$$\frac{\partial\Delta_P^{FN}}{\partial\gamma}=\frac{\partial\Phi_4}{\partial\gamma}=\theta^2\cdot\frac{-2\alpha^3+4\alpha^2(2+\gamma)+(2+\gamma)^3-\alpha(2+\gamma)^2(4+\gamma)}{2(2+\gamma)^3(2-\alpha+\gamma)^2},$$

当 $\alpha=0$ 时，$\dfrac{\partial\Phi_4}{\partial\gamma}=\dfrac{\theta^2}{2(2+\gamma)^2}>0$，当 $\alpha=0.2$ 时，

$$\frac{\partial\Phi_4}{\partial\gamma}=\frac{1.376+2.32\gamma+1.4\gamma^2+0.3\gamma^3}{(1.6+\gamma)^2(2+\gamma)^3}\theta^2>0,$$

根据连续性可知 $\dfrac{\partial\Phi_4}{\partial\gamma}>0$。

$$\frac{\partial\Delta_P^{BN}}{\partial\gamma}=\frac{\partial\Phi_5}{\partial\gamma}=\frac{H_4\theta^2}{16(1+\gamma)^2(2+\gamma)^3(2-\alpha+3\gamma-\alpha\gamma)^3[4+8\gamma+(3-\alpha)\gamma^2]^3}$$

其中，$H_4=-4\gamma(1+\gamma)^2(2+\gamma)^3(2+3\gamma)^6+4\alpha(2+3\gamma)^4(2+3\gamma+\gamma^2)^3(8+18\gamma+27\gamma^2)+\alpha^7\gamma^6(24+116\gamma+202\gamma^2+171\gamma^3+81\gamma^4+24\gamma^5+4\gamma^6)-\alpha^2(2+\gamma)^2(2+3\gamma)^3(160+1\,008\gamma+3\,304\gamma^2+6\,504\gamma^3+7\,696\gamma^4+5\,409\gamma^5+2\,160\gamma^6+396\gamma^7)-\alpha^6\gamma^3(-64-160\gamma+592\gamma^2+3\,144\gamma^3+5\,944\gamma^4+6\,236\gamma^5+4\,086\gamma^6+1\,767\gamma^7+504\gamma^8+76\gamma^9)+\alpha^3$

$(2+3\gamma)^2(1\ 024+7\ 744\gamma+28\ 832\gamma^2+68\ 880\gamma^3+114\ 624\gamma^4+136\ 284\gamma^5+115\ 906\gamma^6+69\ 335\gamma^7+27\ 961\gamma^8+6\ 880\gamma^9+780\gamma^{10})+2\alpha^5\gamma(-128-640\gamma-320\gamma^2+5\ 344\gamma^3+19\ 784\gamma^4+37\ 032\gamma^5+44\ 368\gamma^6+36\ 614\gamma^7+21\ 377\gamma^8+8\ 745\gamma^9+2\ 322\gamma^{10}+306\gamma^{11})-2\alpha^4(512+4\ 992\gamma+24\ 000\gamma^2+75\ 360\gamma^3+169\ 792\gamma^4+284\ 408\gamma^5+359\ 508\gamma^6+344\ 694\gamma^7+249\ 258\gamma^8+133\ 038\gamma^9+49\ 953\gamma^{10}+11\ 880\gamma^{11}+1\ 350\gamma^{12})$，当 $\alpha=0$ 时，$\frac{\partial\Phi_5}{\partial\gamma}<0$，当 $\alpha=0.2$ 时，当 $\gamma<\gamma_1^P$ 时，$\frac{\partial\Phi_5}{\partial\gamma}<0$，根据连续性可知 $\frac{\partial\Phi_5}{\partial\gamma}<0$。

$$\frac{\partial\Delta_P^{FB}}{\partial\gamma}=\frac{\partial\Phi_6}{\partial\gamma}=(410.91+5\ 466.22\gamma+32\ 488.17\gamma^2+113\ 774.75\gamma^3+260\ 628.47\gamma^4+409\ 712.8\gamma^5+450\ 699.72\gamma^6+346\ 776.15\gamma^7+182\ 883.69\gamma^8+62\ 996.28\gamma^9+12\ 771.76\gamma^{10}+1\ 156.54\gamma^{11})\theta^2\div[(1+\gamma)^2(3.6+2\gamma)^2\cdot(7.2+25.6\gamma+27.44\gamma^2+7.84\gamma^3)^3]$$

当 $\alpha=0$ 时，$\Phi_6=\frac{(1+\gamma)(3+2\gamma)}{4(2+\gamma)^2}\theta^2>0$，当 $\alpha=0.2$ 时，

$$\Phi_6=(30.99+284.42\gamma+1\ 121.6\gamma^2+2\ 476.9\gamma^3+3\ 342.26\gamma^4+2\ 813.99\gamma^5+1\ 439.44\gamma^6+408.13\gamma^7+49.17\gamma^8)\theta^2\div[(1+\gamma)\cdot(3.6+2\gamma)(7.2+25.6\gamma+27.44\gamma^2+7.84\gamma^3)^2]>0,$$

根据连续性可知 $\frac{\partial\Delta_P^{FB}}{\partial\gamma}>0$。

因此，存在 γ_2^P、γ_3^P，且 $\gamma_3^P>\gamma_2^P$，使得当 $\gamma_1^P<\gamma<\gamma_2^P$ 时，$\Pi_R^{PB}>\max[\Pi_R^{PN},\Pi_R^{PF}]$，当 $\gamma_2^R<\gamma<\gamma_3^R$ 时，$\Pi_R^{PN}>\max[\Pi_R^{PB},\Pi_R^{PF}]$，当 $\gamma>\gamma_3^R$ 时，$\Pi_R^{PF}>\max[\Pi_R^{PB},\Pi_R^{PN}]$。

证毕!

49. 命题 6.8 的证明

证明: 令 $\Delta_H^{FN}=\Pi_R^{HF}-\Pi_R^{HN}=\Phi_7-F_s$，$\Delta_H^{B1N}=\Pi_R^{HB1}-\Pi_R^{HN}=\Phi_8-F_m$，$\Delta_H^{B2N}=\Pi_R^{HB2}-\Pi_R^{HN}=\Phi_9-F_m$，$\Delta_H^{FB1}=\Pi_R^{HF}-\Pi_R^{HB1}=\Phi_{10}+F_m-F_s$，$\Delta_H^{FB2}=\Pi_R^{HF}-\Pi_R^{HB2}=\Phi_{11}+F_m-F_s$，$\Delta_H^{B1B2}=\Pi_R^{HB1}-\Pi_R^{HB2}=\Phi_{12}$。

要使 *HN* 策略占优，需同时满足 $\Delta_H^{FN}<0$、$\Delta_H^{B1N}<0$ 和 $\Delta_H^{B2N}<0$，即 $\Phi_7<F_s$、$\Phi_8<F_m$、$\Phi_9<F_m$。

要使 *HF* 策略占优，需同时满足 $\Delta_H^{FN}>0$、$\Delta_H^{FB1}>0$、$\Delta_H^{FB2}>0$，即 $\Phi_7>$

F_s、$\Phi_{10} > F_s - F_m$、$\Phi_{11} > F_s - F_m$。

要使 $HB1$ 策略占优,需同时满足 $\Delta_H^{B1N} > 0$、$\Delta_H^{FB1} < 0$、$\Delta_H^{B1B2} > 0$,即$\Phi_8 > F_m$、$\Phi_{10} < F_s - F_m$、$\Phi_{12} > 0$。

要 使 $HB2$ 策略占优,需同时满足$\Delta_H^{B2N} > 0$、$\Delta_H^{FB2} < 0$、$\Delta_H^{B1B2} < 0$,即$\Phi_9 > F_m$、$\Phi_{11} < F_s - F_m$、$\Phi_{12} < 0$。

证毕!